スターリンの原爆開発と戦後世界

ベルリン封鎖と朝鮮戦争の真実

本多巍耀 著

芙蓉書房出版

まえがき

本書は、第二次大戦直後から朝鮮戦争終結までの冷戦期前半を描いたノンフィクション作品です。冷戦を語るうえで独裁者スターリンの存在が巨大だったという事実は、スターリンが死んでこの世からいなくなった瞬間、朝鮮戦争が休戦となったことからも明らかでしょう。

そこで私は、まずスターリンの臨終に焦点を当て、そこから一挙八年前にさかのぼり、時間を下り落ちるという倒叙的な書き方をしました。

さて、スターリンが何よりも恐怖したのは原爆であり、そこでこの独裁者は西側の原爆独占を阻止するため、何が何でもこれを作り上げろと厳命しました。

本書では、ソ連が原爆完成に向かって悪戦苦闘したプロセスを明らかにするため、元ソ連ＫＧＢ秘密警察職員アレクサンドル・フェクリソフが著した回想記を参考にしています。ちなみにロシアの秘密警察は帝政時代のオフラナ（Okhrana）に端を発し、革命後、フェリックス・ジェルジンスキー創設のチェカーに変わり、さらにゲーペーウー、ＮＫＶＤ、ＭＧＢ、ＭＶＤと名称変更され、最後にＫＧＢになってソ連崩壊まで続きましたが、本書では混乱を回避するため比較的お馴染みの《ＫＧＢ》で統一しています。

話をフェクリソフ職員に戻すと、この人は自国が短期間で核保有国となることに貢献し、かつ、スターリンの目と耳の役目を果たした功績によりソ連邦英雄勲章を授与されました。そういう経歴を持つ人物の回想記には次の一文があります。

「西側の核兵器独占は、文字通り地球全体を第三次大戦の瀬戸際にまで追い込んでいた。戦後の冷戦期、KGBエージェントが盗み出した様々な機密文書が私のデスクに置かれ、その中にはケンブリッジ・ファイブという五人の英国人エージェントが持って来た《トータリティー計画》[*1]や《ドロップショット作戦》[*2]があった。この中でも、ドロップショット作戦立案者は『限定的なものであれば、一九五〇年一月一日が作戦発動には最も好都合な時期だ』としていた。米英は本気でソ連侵攻を考えていたのだ」（以上、フェクリソフ回想録より）

これを知っていればこそ、スターリンは、まだ原爆をその手に握っていなかったにもかかわらず、一九四八年六月二十四日、ベルリン封鎖を仕掛けたのかも知れません。ただし本書では定説通り、トルーマン・ドクトリンとマーシャル・プランがベルリン封鎖の引き金であるという立場を取っています。ちなみに、《ベルリンの壁》とごっちゃにされやすい《ベルリン封鎖》は、後の世のジャンボ機大量輸送時代のさきがけとなりました。

ともあれ、冷たい戦争《コールド・ウォー》はベルリン封鎖で一つの山場を迎え、かろうじて武力衝突にはならずに済んだものの、それから二年後には、地球の反対側にある朝鮮半島で正真正銘の熱い戦争《ホット・ウォー》に突入します。なお、朝鮮戦争においてソ連は断固として黒子《くろこ》に徹しますが、それはアメリカのドロップショット作戦が効いていた証《あかし》でしょう。そして本文中に詳述した通り、トルーマンは朝鮮戦争勃発から半年後に、原爆使用を匂わす声明を発表しますが、これなどは間違いなくドロップショット作戦を前提にした発言だと推察します。

朝鮮半島は、日清戦争以降、軍隊の通り道にはなったけれど、空爆や市街戦はゼロでした。しかし一九五〇年六月二十五日に勃発し、三年間続いた朝鮮戦争で、ソウルは二回共産軍のローラーに押し潰されており、いっぽう平壌《ピョンヤン》も国連軍に占領され、金日成は江界《カンゲ》の山中に逃げ、その後、中国人民志願軍が押し返して、再び平壌は北朝鮮の首都に戻りましたが、アメリカ空軍の重爆撃で全市灰燼に帰しています。

本書では、金日成と李承晩がアメリカ、ソ連、中国の目から見てどのような存在だったのかを把握するため、第二次大戦中にまで遡って電文、公文書、回想録を閲覧し、これを参考にしました。また、戦争勃発後については、ソウル駐在のアメリカ大使ムチオ、参事官ドラムライト、一等書記官ノーブルが本国に発信した電文や回想記を参考にして、アメリカ人婦女子の緊急避難や李承晩政府の狼狽など、生々しい動きを追っています。なお本書では、仁川《インチョン》上陸作戦という例外は除き、戦闘そのものについてはほとんど触れなかった代わりに、休戦交渉について多くのページを割きました。

朝鮮戦争は勃発から一年後に休戦交渉が始まり、それから二年と十七日、計五百三十八回の交渉会議を行って休戦協定締結となりました。そして朝鮮戦争では休戦交渉の間も凄惨な塹壕戦が並行しており、その間に起きた血なまぐさいエピソードだけで数冊の本ができるほどです。

本書では、休戦交渉の記述に当たって、この交渉に随行員として参加し、その一部始終を目撃した文化人類学と心理学の権威ウイリアム・ヘンリー・ヴァッチャー教授の著作『板門店《パンムンジョム》―朝鮮での休戦交渉物語』を参考にしました。まさに開いた口が塞がらないと言った体《てい》で教授が観察し、かつ、国連軍側の首席交渉官ジョイ提督を神経症にまで追い込んでしまった休戦交渉のプロセス、特に北朝鮮交渉官たちの言動は精神分析学上の《本能的衝動《イド》》、あるいは心理学上の《投影》という切り口で解明を図るべき主題なのかもしれません。

ところで本書では、米ソの電文と議事録の内容を紹介するにあたり、第二次大戦中ならびに終戦直後における《Korea》は《朝鮮》という呼称で記述しています。また、おしなべて朝鮮半島全体の住民を指す場合は《朝鮮人ないし朝鮮民族》としました。これは大韓民国（韓国）の成立が一九四八年八月十五日であり、朝鮮民主主義人民共和国（北朝鮮）の成立が一九四八年九月九日であるためです。また、本書ではサンフランシスコ条約など日本に関わる記述はほとんど割愛しました。

〈註〉

＊1　トータリティー計画（Plan Totality）

この計画は、ソ連に揺さぶりをかけるため、意図的に流した大掛りな偽情報だった。すなわち昭和天皇の玉音放送直後、トルーマン大統領とバーンズ国務長官の要求でアイゼンハワー元帥がまとめ上げた対ソ作戦計画がトータリティー計画である。脅しのために作られた計画であればこそ、内容は思いっきり派手で、二〇発から三〇発の原子爆弾投下による二十都市の消滅を最大の目的としており、それは、①モスクワ、②ゴーリキー、③クイビシェフ、④スベルドルブスク、⑤ノボシビルスク、⑥オムスク、⑦サラトフ、⑧カザン、⑨レニングラード、⑩バクー、⑪タシケント、⑫チェリヤビンスク、⑬ニジニ・タギル、⑭マグニトゴルスク、⑮ペルミ、⑯トビリシ、⑰ノヴォクズネツク、⑱グロズヌイ、⑲イルクーツク、⑳ヤロスラヴリだった。

つまりアメリカは「二十七機のシルバープレート型B-29でいともたやすくそれら二十都市を原爆で消せるぞ」という大げさなハッタリをスターリンに噛ませたのだ。

＊2　ドロップショット作戦（Operation Dropshot）

この計画は一九四九年にアメリカ国防総省の策定した対ソ軍事作戦計画で、立案者ルイス・アーサー・ジョンソン長官は、計画書の冒頭で「ソ連とその衛星国は西ヨーロッパ、中近東、東アジアにおいて武力行使による乗っ取り計画を推し進める可能性が高い。一九五七年を作戦発動日とする先制攻撃を前提としたドロップショット計画は、核戦争ならびに通常兵器戦争の両面を想定した対応策である」と記している。

結局、この計画をトルーマンは採用しなかったが、仮に全面採用されたとすれば、使用する核爆弾は三〇〇発。その内、一〇〇発は実戦配備されたソ連の軍用機破壊のために使用し、残りの二〇〇発はソ連軍需産業の八十五パーセントを吹き飛ばすために使うものとしており、これ以外に二万九〇〇〇トンの高性能通常爆弾を使うものとしていた。なおこの作戦はケネディーの時代に再び表舞台に登場したことがあった。キューバ危機である。

スターリンの原爆開発と戦後世界
ベルリン封鎖と朝鮮戦争の真実

目次

第三章　朝鮮戦争　219

第一章
原爆開発命令

1　スターリン死す／死因はアテローム血栓性脳梗塞

「お知らせです！《ブニマーニエ！》　モスクワからお伝えしています。《ガバリート・マスクワ》モスクワからお伝えしています《ガバリート・マスクワ》」

一九五三年三月六日木曜日早朝六時、無機質な時報のメロディーが市内のいたるところに設置された拡声器から流れ、次にモスクワ放送局の看板アナウンサー、ユーリー・ボリソヴィッチ・レヴィタンの荘重な声が響き渡った。

重大ニュースとレヴィタンの声は切っても切れない密接な関係にある。独ソ開戦、スターリングラードの勝利、ノルマンディー上陸、そしてドイツと日本の降伏。それらエポック・メーキングなラジオ放送には必ずレヴィタンが登場した。だからこそモスクワ市民はいっせいに聞き耳を立てたのだが、この日、拡声器から流れ出したものはスターリンが七十四歳を一期として脳卒中で死んだというニュースだった。

訃報は突然だったわけではない。

この放送の前々日、三月四日午前八時三十分、ソ連国営イタル・タス通信は「スターリン同志は三月一日から二日にかけての深夜に脳卒中の発作で倒れた」と全世界に向け報じている。これを受け、三月五日、

スターリン

読売新聞朝刊の第一面には「真夜中の驚愕／スターリン首相重態／すでに死去か」という見出しが踊っており、朝日新聞も半日遅れの夕刊で「スターリン重態／ソ連政府、特別発表」と報じた。しかし朝日の場合、スターリンよりも吉田茂首相のバカヤロウ発言について大きく紙面を割いており、その中の一つには「懲罰委でまた暴言／今度は中曽根氏がバカヤロウ／自由党では、改進党の中曽根康弘氏が四日の衆院懲罰委員会の席上で、自由党側理事に対してバカヤロウと暴言を浴びせたとし、これを取り上げて同日の総務会で懲罰委員会に付託することを決め、直ちにその手続きをとった」とある。

タス通信は、スターリンが脳卒中の発作に直撃されたのは「三月一日から二日にかけて」と報じていたが、本当は、二月二十八日から三月一日にかけてのことで、そこには空白の二十四時間が存在する。今となればスターリンが自然死だったことは紛れもないが、しかし当時は、この二十四時間の空白が存在するおかげで、自然死ではなく謀殺ではないかというミステリーが生じた。話は先走るけれども、スターリンは心房細動タイプの不整脈で生じた心臓内二次血栓[*1]の一部が剥がれて血流に乗り、それがアテロームでべっとり埋め尽くされ狭窄した脳動脈に到達。かくして大規模な脳梗塞を引き起こして昏倒。その直後、雪崩を打つように出血性脳梗塞を発症し、左大脳に血が溢れ、さらに複数個所の心筋梗塞と腎不全による尿毒症を併発し、三月五日水曜日午後九時五十分に心肺停止した。ちなみにアテローム[*2]は日本語で粥腫《じゅくしゅ》と言う。これは血管内膜に脂質が蓄積した肥厚《ひこう》であり、いわば血管に溜まったヘドロのようなものだ。

ところで振り返ってみれば、この独裁者は、医師団の忠告を素直に受け入れたことがただの一度もない。事実、主治医がスターリンのあまりにひどい不健康な生活習慣を見て、暴飲暴食をひかえ禁煙に努めるべしと勧告したけれども、この暴君はわざとその逆のことをして見せ、病理に沿って処方された薬を馬鹿にし、ワインに数滴のヨードチンキを落したインチキ薬を自分で作って飲んだ。しかし、一九四四年夏以降、約一年の間にスターリンは三度も狭心症の発作を起こし、特に三度目は胸部を万力で締め付けられるような激痛と断続的な呼吸困難に三〇分近く苦しんだ。この三度目の発作はポツダム会談とかち合っていたから、おとなしく主治医のヴィノグラードフ教授に我が身を委ねている。教授は血圧計と心電図を見て「徐脈性不整脈[*3]が起きており、まさしく心筋梗塞！」と診断結果をだした。

　このとき教授は抗血小板薬アスピリン錠剤を処方した。以来、スターリンはこの錠剤を常に持ち歩いている。なお、当時ソ連には西側が持っていた抗凝固薬ワーファリンのような薬はない。

　ヴィノグラードフ教授は患者に徹底した禁煙と食事療法を命じ、動脈硬化症からくる心筋梗塞の手当てに全力をあげたが、脳血管障害に対するケアは手薄になった。スターリンの脳そのものに診察の手が伸びなかったのは当時の医療がそこまで進歩していなかったからだが、実のところ、スターリンが戦後足かけ八年の間に下した残虐な命令は脳血管にへばりつかせたアテロームのせいである。つまりアテロームによる血管狭窄が一過性脳虚血発作[*4]を招き寄せ、これがスターリン生得の激しい猜疑心[*5]を病的なものに変え、手の付けられない妄想を際限なく膨張させ、専横で無慈悲な抑制の利かない怒りの爆発を生んで、ソ連を途方もない収容所群島に変えてしまったのだ。

　衝動的憤怒の頻発。それと歩調を合わせるように、スターリンは老いが顕著になった。目立って舌がもつれ、短い演説ですら思うように語れなくなり、トレードマークの髭には白いものが目立ち、真っ白な頭髪は抜け毛がひどく、あまりの薄さで地肌が透けている。そして大部分が入れ歯になったせいで、ひとまわり小さくなった顔には血液循環悪化による赤い斑点がいくつもできた。

「スターリンの老化と脳内異変が顕著になったのは、一九四九年一月のことだ」とフルシチョフは回想録で述べ、そして次のように続けている。

「別荘《ブリジュニヤヤ》でスターリンとの夕食が済んだあと、ブルガーニンと私は一緒の車で帰途についたが、そのときブルガーニンは、当時、我々が甘んじて受け入れねばならなかった境遇を極めて巧みに表現した。彼はこう言ったのだ。『スターリンの夕食に友人として招かれても、それが終わった後、家に帰れるものやら、牢屋に送られるものやら分からない』と。これは我々がスターリンの病的な妄想に翻弄され、その日その日がいかにあやふやで薄氷を踏むようなものだったかを正確に表現していた。……政府はほとんど機能しなくなっていたし、党あるいは中央委員会は集団指導にあたって何の役割も果たさなかった。スターリンが中央委員会を無視し、何もかも自分勝手に振る舞い、政治局を単にめくら判を押すゴム印ぐらいのものにしてしまったからである。……スターリンは中央委員会や政治局とは別の少人数グループを選抜し、それを始終おのれの周囲にはべらせたが、かと言って、そこには会議と名の付く討議はいっさい無かった。スターリンは別荘からクレムリンにやって来ると、私やブルガーニンを含む少人数グループに召集をかけた。すると我々はスターリンの執務室ではなく、クレムリンの映画劇場に向かい、スターリンといっしょに映画を観、フィルムを取り換える僅かな間におしゃべりをした。この時の、とりとめのない曖昧なやりとりが共産党活動方針や新五カ年計画という衣装をまとってソ連人民の上に落とされたのだ。……スターリンは肉体的な衰え以上に、心の歪みと記憶喪失で精神的に壊れつつあることが明らかになり、我々は非常に偉大な指導者だったスターリンが激流に浮きつ沈みつする木端のようになった姿を直に見てショックを受けた。私はゾッとするような瞬間を目撃したことがある。あるときスターリンはブルガーニンに目を据え、『そこにいるお前！　お前は誰だ？』と言った。こういう記憶の喪失が起きるとスターリンは親にはぐれた迷子のようにひどく狼狽した。そのうちスターリンはユダヤ人が自分を暗殺すると言い出し、クレムリン病院に勤務するユダヤ人医師団が国家顚覆をたくらんでいるという話を捏造《ねつぞう》した」

　フルシチョフは捏造と言っているけれど、スターリン本人は大真面目でユダヤ人の陰謀が本当のことだと確信しており、話をでっち上げたとは露ほども思っていない。妄想性パーソナリティ障害から発した〝ユダヤの反乱〟も突然湧いて出たわけではなく、前兆にあたるものが存在した。それがイスラエルの建国だった。アメリカの後押しでイスラエルが独立を宣言したのは一九四八年五月十四日のことで、スターリンはこれをしぶしぶ承認した。そして、その年の十一月、イスラエルの女性闘士ゴルダ・メイアがモスクワを訪問し、モロトフ夫人ポリーナを相手にソ連のユダヤ人自治州をクリミヤ半島に移そうというテーマで盛り上がったことから大事件が起きる。

　ソ連における唯一の例外だったユダヤ人自治州は二十一世紀の現在もロシア語とイーディッシュ語を公用語とする自治州として健在だが、その起源はスターリンだった。赤色革命後、レーニン政権の民族人民委員（閣僚）に就任したスターリンは、極東ハバロフスクに隣接する九州と同程度の土地三万六〇〇〇平方キロをユダヤ自治州（州都ビロビジャン）として創設したが、実態はゲットーのようなもので、ユダヤ人に理解を示した上での自治州創設とは言いがたい。だからこの地におけるユダヤ人定住率はがっかりするほど低く、杉原千畝がビザ発給で救済し、シベリヤ鉄道で極東に向かった六〇〇〇名のユダヤ人も、ビロビジャン駅で下車してユダヤ自治州に骨を埋めようとせず、ウラジオストクから敦賀港を経てアメリカに渡っている。

　そこでゴルダ・メイアとモロトフ夫人ポリーナが大いに盛り上がったという噂のユダヤ人自治州だが、それは、タタール人がカザフ自治区に強制移住させられて空白となったクリミヤ半島を新しいユダヤ人自治州としてリフオームし、イスラエルと歩調を合わせようという話で、ポリーナ夫人もゴルダ・メイアもウクライナ出身のユダヤ人《アシュケナージ》だったから、会話はイーディッシュ語だった。要するに通訳のような第三者を仲介することなくユダヤ人同士がひそひそ話をする中でスターリンの作ったユダヤ自治州を批判する体になってしまったから独裁者の逆鱗に触れ、ポリーナ夫人は、生きては帰れぬ収容所送りになり、夫のモロトフは失脚し、クレムリンの窓際で無聊《ぶりょう》をかこつ身となった。

フルシチョフの回想を続ける。

「ある日、スターリンは我々を呼びつけ、チマシュクという女医の手紙を読み上げた。それは、『クレムリン病院のユダヤ人医師は故意に不適切な治療を行っており、そこには政府の要人を人知れず亡き者にしようとする意図がある』という内容だった。私はその時すぐにスターリンが誰かの手を使ってチマシュクという女医に怪文書を書かせたのだと思った。要するにでっち上げだ。クレムリンのユダヤ人医師は最も優秀で信頼のおける人たちであり、ソ連の医学界で多大な尊敬を受けていた。だがチマシュクの手紙がスターリンからベリヤに渡されるや否や、それら最良の医師たちは逮捕され、どこにでもいる最下等の犯罪者と同様の扱いで投獄されてしまった」

フルシチョフは知らなかったが、スターリンは妄想性パーソナリティ障害を発症しており、かつ、《ソ連の全ユダヤ人が結束して反乱を起こすため、クレムリン病院に勤務するユダヤ人医師団が先陣を切ることになった》と思い込んでいる。

この思考飛躍のきっかけはゴルダ・メイヤとモロトフ夫人の密談に加え、長年スターリンの主治医を務めたヴィノグラードフ教授からの引退勧告が引き金になった。教授から見れば、老いさらばえたスターリンは指でちょっとこすればぐずっといってしまうほどガタが来ており、引退し、医者の言いつけを守らなければ、即刻あの世へ直行である。しかしスターリンはすでに脳内暴走中だったから、「引退して何もかも忘れ、ゆっくり休養を取りなさい」と勧める言葉を誠意ある忠告とは取らず、自分を支配し小突きまわす行為と捉え、ついにはヴィノグラードフがユダヤ人だったことに気づき、ユダヤ人が自分を暗殺し、国をアメリカに売るという妄想に取りつかれ、即刻ソ連最高峰の医師三十七名をルビヤンカ刑務所に叩きこんだ。これがユダヤ人医師団によるスターリン暗殺疑獄事件である。この事件については、一九五三年一月十三日、共産党機関紙プラウダが次のように報道し、ソ連人民を驚愕させた。そこには、「クレムリンのユダヤ人医師たちはスターリン同志を含む政府指導者の命を狙っていた。これらの医師たちはアメリカのユダヤ人組織と気脈を通じ、反乱を起こし、我が祖国ソ連をユダヤ人支配のもとに置こうとした」とあり、スターリンがベリヤを通じて書かせたこの記事はソ連に根強く残るアンチ・ユダヤ感情に火を付けようとしたものだった。

ところで本当のところ、ユダヤ人はスターリンにとってどのような存在だったのか？

スターリンの初等教育はユダヤ教とは相容れないロシア正教の神学校だったから、ごく自然にユダヤ人嫌いになっている。そして話は飛ぶけれども、戦前から戦中にかけて、スターリンの前にルーズベルト大統領が出現した時、この大統領は薄気味悪いほど聞き分けが良く、スターリンの望みなら何でも叶えようという姿勢だったから、独裁者はこれを怪しみ、ＫＧＢのスパイ工作員を総動員してフランクリン・デラノ・ルーズベルトを調べ上げ、次のことが判明し、なるほどとなった。

①ルーズベルト大統領周辺には十指に余る共産党シンパのユダヤ人が入り込んでいる。このことが大統領を対ソ宥和、反ナチズムへと導いた。

②ルーズベルトの家系を数代さかのぼるとクラース・ヴァン・ルーズベルトなるユダヤ系オランダ人にたどり着く。

③ルーズベルトは一族の富の源泉だった中国を贔屓にし、その反動から徹底的に日本を憎んでいる。

スターリンが「なるほど腑に落ちた」と満足げに頷いたわけを知るには、ユダヤ人と共産党員の因果関係を知っておく必要がある。十九世紀末以降、ロシアのポグロムとドイツのホロコーストのおかげで、膨大な数のユダヤ人がヨーロッパ大陸からアメリカに流れ込んだ。もちろん、年功序列制度《セニョリティー・システム》から見た移民の主流がアングロ・サクソンであることに変わりはないけれども、ユダヤ移民がアメリカで大勢力になったことは間違いない。とは言え、ユダヤ移民は後発組だったから、ずいぶんと割を食い、この不満によって非常に多くのユダヤ人が共産党員になり、「アメリカは共産党員の皮を被ったユダヤ人で満ち溢れている」とまで言われるようになってしまった。

スターリンはルーズベルト大統領を《ユダヤの血を引いた都合の良い馬鹿者》と見たが、しかし大統領が急死を遂げ、戦争が終わってしまうと、アメリカは一八〇度方向転換して対ソ敵対勢力の中心に座り、冷戦が始まった。

ユダヤ人とスターリンについての言及は終わりにし、ここで話題をがらっと変え、スターリンの日常を追ってみよう。モスクワ市民はKGBという秘密警察を思いのままに動かす恐怖の独裁者がいつもレーニン廟の背後にあるカザコフ館（現ロシア大統領官邸）に住んでいるものと信じていたけれど、実際はクレムリンから西へ二〇キロ、クンツェヴォの地に建てられた別荘《ダーチャ》に住み、月に数回、クレムリンに通勤していた。

白樺、ブナ、クロマツ、モミ、カエデなど七万本が自生する広大な森の中にひっそりとうずくまる二階建てコの字形の建物。それがスターリンの別荘だった。当時はソ連の存在を誇示する巨大で威圧的な建造物全盛の時代である。にもかかわらず、建築家メルジャノフがスターリンの意を汲んで設計した建坪一一一〇平方メートルの別荘は実に地味。社会主義レアリズムとは真逆の印象を受ける。この別荘には何々荘という特別な名前はついていない。ごく限られた人にのみ通ずる《ブリジュニャヤ》という名称は単なる符丁で、それは《近場の／クレムリンに近い》という意味だから、やはりこの別荘には特別な名前はない。

南西向きの正面ファサードはおよそ三〇メートルで、中央に玄関、その左右に装飾など何ひとつない計十二の窓。外壁は、スターリンの好みに従い、濃い暗緑色で全面塗装されている。だから訪問客は車寄せの前の、単に水が吹き出ているだけの噴水を見て、ようやくこの建造物が高射砲陣地ではないと納得した。そういう感想を持ったのは西側の人間として一九四二年八月に初めてここを訪れたチャーチル首相である。

別荘にはいずれもＫＧＢ職員のシェフ、庭師、祐筆、医師、看護婦、電気技師、召使たちがいたけれども、用の無い時はずっと離れたところにある集合住宅に住んでいたから、たいていの場合、母屋はしんと静まり返っている。別荘の内部装飾は明るい色調のカレリヤ産松材パネルで統一されており、天井までの高さは四メートル弱。壁面に潤いを与える絵画にはろくなものが無い。例えば大食堂の場合、プロパガンダ画家ヤル・クラフチェンコの描くお定まりのレーニンの肖像画。その隣は巨大な虎を描いたあざやかな色彩の中国製刺繡画で、その隣には平凡な風景画が並んでいる。唯一の国宝級逸品はレーピン作《トルコのスルタンに反抗的な手紙を書くザポロージェ・コサックたち》のみ。そして「いったいなぜこんなものが？」と意外な驚きを抱くのは、額におさまった《哺乳瓶で子ヤギに乳を呑ませる少女》や《スキーで歓声を上げる少年》など、アガニョーク誌に掲載されていた子供たちの写真で、これがべたべたと壁にぶら下がっている。

これらの絵と写真に囲まれた中央には十八名が向き合って着席できるロングテーブルがあり、そこから少し離れた場所に暗褐色鏡面光沢仕上げのグランドピアノが置かれ、その脇にＲＣＡ-９Ｕラジオ兼用型電気式蓄音機がある。この電蓄はスターリンが音楽愛好家だと知ったチャーチル首相の贈り物で、首相のモスクワ初訪問時、はるばるリベレータ爆撃機に積まれてここにやって来た。これ以外の家具調度品は、シャンデリヤなどという大仰なものはなく、皿などの食器も一般家庭にあるドリェフスキー陶磁器工場製品だったから、大クレムリン宮殿に備え付けられているマイセン磁器とは比較にもならない。なお、二階には客間とは別に図書室があり、そこに集められた二万冊を超える蔵書はマルクス、エンゲルス、カウツキー、レーニンの著作は当然だが、それ以外に哲学書、文学書、歴史書、百科事典、外国語辞書、軍事書、雑誌、パンフレットのみならず、粛清したジノビエフやラデックといった政敵の著書、そしてヒトラーの『我が闘争』、毛沢東の『遊撃戦論』や『持久戦論』と多岐に渡っており、旺盛な読書家のスターリンは毎日五百ページ読むことを日課にしていた。

防空壕迷彩を施したようなこの別荘が《赤い皇帝《レッド・ツァーリ》》と呼ばれた男の離宮だと思い知らされるものは警備だろう。別荘は、KGB長官イグナチェフ指揮のもと、厳重な保安体制を維持するため、常時、数百人規模の護衛兵とKGB将官が常駐し、大型のジャーマン・シェパードを連れた警護兵がいたるところでパトロールしている。

生活のリズムが完全に昼夜逆転して久しいスターリンは、いつも夜明けに眠り、午後二時に起きたから、この日二十八日も午後二時に目覚め、シーメンス社製電気式給湯器が備え付けられたバスルームで身づくろいを済ませると、大食堂の定位置で朝食をとった。蒸しカツレツ、ジュース、果物、ナルザン水（コーカサス産ミネラルウォーター）というこの日の朝食は、看護婦のワーレチカが非番だったので、高齢の家政婦マトリョーナ・ブトゥーソワが給仕役を務めている。なおワーレチカは、正しくはワレンチナ・ワシリエヴナ・イストーミナと言い、知る人ぞ知る老スターリン最後の愛人である。さて、朝食を済ませた独裁者は書斎がわりに使っている小食堂で《朝鮮戦争の戦況報告》と《国家転覆の嫌疑で逮捕されたユダヤ人医師団の尋問記録》に目を通した。じっくり時間をかけて読んでいたのは朝鮮戦争ではなく、尋問記録のほうで、朝鮮戦争はほとんど見ていない。

独裁者は書類を読んだ後、テーブルから立ち上がり、広大な庭園の散歩に出た。その途中、バラが植えられた温室で趣味の剪定をするつもりでいる。深閑と静まり返った庭に出ると、木々をかすめて雪がふわふわ舞っている。寒い。冷気がいつもより肌を刺す。帰ろう。肺が凍えておかしくなりそうだ。

気が変わって、まわれ右をした独裁者は庭園に面した柱廊玄関に戻った時、オルロフを呼べと言った。

この時代、スターリンがちょっと顔をしかめるだけで無数の人間が収容所送りになっている。だから別荘内に指揮所を置く警護司令官オルロフは動転し、青くなった。駆けつけた司令官にスターリンが命じたのは「階段の雪を払っておけ」であり、これで独裁者が足を滑らせていたら、謀殺の嫌疑でオルロフは一巻の終わりだった。

――危なかった！

冷や汗を拭いつつ司令官はすぐにスタロスティン隊長とロズガチェフ副隊長以下の警護メンバーを召集し、階段の雪について雷を落とした。

いっぽうスターリンは右手足のこわばりをほぐすため回廊でつながった別棟にあるサウナに入った。心筋梗塞という時限爆弾を抱えた暴君にサウナを禁じ、喫煙と暴飲暴食を禁じたユダヤ人主治医ヴィノグラードフ教授はここには居ない。大胆にもスターリンに引退を勧告した教授は国家転覆の首謀者として逮捕され、レフォルトヴスカヤ刑務所で尋問されている。

シベリア流刑中にやみつきとなったサウナでゆっくり時を過ごした独裁者は、夕刻、専属運転手フルスタリョフ大佐が待つ分厚い装甲を施した黒塗りの大型セダンＺＩＳ１１０に乗り、猛スピードでクレムリンに向かった。スターリンは極端に暗殺を警戒していたから、見はらしの効く幅の広い道路を使用し、かつ、道順を数パターン用意し、その都度経路を変えている。また走行中の減速はもってのほか。それ以外にカモフラージュのため、まったく同じ仕様のＺＩＳ四台を伴走させている。

この日、モジャイスコエ通りからクトゥーゾフスキー通りに出、ニコリスカヤ門からクレムリンに入った車列はスターリン執務室があるカザコフ館には行かず、いきなり大クレムリン宮殿に向かった。独裁者は三階までエレベーターに乗り、絢爛豪華な映画室のいつもの席に座った。映画はスターリンの最も好んだ娯楽だったから、この日も映画室にはマレンコフ、ベリヤ、フルシチョフ、ブルガーニンという政治局トップ四人が揉み手をして独裁者を待っていた。スターリンは一同が怪しむほど機嫌がいい。映画室にはダークグレーの絨毯の上に青色ビロード張りの肘掛け椅子が二脚ずつ並んでおり、サイドテーブルには、牛タンやキャビアなどの様々なオープンサンドを主とした前菜料理とふんだんなアルコールが置かれている。最前列に座った暴君はブルガーニンを隣の席に呼び、朝鮮戦争について短い指示を出すと、仕事は終わりだという合図に代え、「さて、ボリシャコフ同志、今日の出し物は何かね?」と言った。

ソ連映画産業の責任者イワン・ボリシャコフ(国家映画委員会議長)はスターリンを心底恐れている。それはシュミャツキーとドゥケリスキーという二人の前任者が立て続けに人民の敵として銃殺され、家族はどことも知れぬ収容所に消えてしまったからで、そのため気の毒な議長閣下は独裁者のご機嫌を取り結ぶため、柄にもない道化役を演じた。

この日、スターリンが何を観たか記録は残っていない。おそらくお気に入りのソ連製ミュージカル映画《ボルガ、ボルガ》か、あるいは押収したゲッベルス宣伝相のフィルム・ライブラリーから選んだものを映写したと思われる。なお、チャップリン作品やジョン・フォード監督の西部劇を好んでいた独裁者の観賞眼は非常に保守的で、女優のあられもないヌードが登場する作品は絶対NGだった。あるとき、ボリシャコフが映写した作品の中にポルノもどきの際どいシーンがあり、スターリンはそれを見るや否や立ち上がり、「ボリシャコフ! 君はここで売春宿を始めようというのかね?」と大声をあげ、怒って映画室を出ていってしまった。当然だ。娘のスヴェトラーナが膝上スカートをはいただけで激怒した父親がスターリンである。迂闊な議長は、この時、一世一代の幇間芸を演じ、泣きを入れて許されたが、以来、クレムリンの映画室からは性的な露出は一切消えた。

映画鑑賞会は二本立てが大原則で、この日、二十八日も午後十一時に会が終わると、スターリンは「さあ、何か食べに行こう。諸君に差し迫った用事が無ければの話だが」と、いかにも選択の余地があるような言いかたをした。例によってクンツェヴォの別荘で真夜中の宴会をやろうという趣向である。すると全員が「もちろん、喜んでお伴します！」とニコニコ顔で応じた。

実はこの宴会、政治局トップ四人は誰も喜んでいない。この四人は独裁者が自分たちに抱くかもしれない疑惑の矛先をかわすため、その唯一の方策として頻繁にクンツェヴォで開かれる晩餐に馳せ参じ、常軌を逸する滅私奉公に血道を上げた。

いっぽうスターリンは「胃袋に大量のアルコールを注ぎ込めば、裏切者は正体を現し、化けの皮を剥ぐことができる」と思い込んでいるから、クンツェヴォの晩餐は拷問と紙一重の暴飲暴食大会になるのが常で、宴会が始まるとたちまち全員酩酊。ほとんど素面《しらふ》なのはフヴァンチカラという銘柄の軽口ワインをマイペースでちびちびやっているスターリンのみ。宴もたけなわになると、内務人民委員ベリヤは痛飲しないで済ませようとする不届き者が出ないよう仲間の政治局員を監視し、そういう気配が少しでも感じられると、コップになみなみとウオッカを注ぎ、それに悪酔い必至という唐辛子をたっぷり入れて不届き者のそばに寄り、「さあさあ、君も我々と同じように飲みなさい」と、一気飲みを催促した。もうじき還暦に手が届くという政治局メンバーはスターリンの前で痛飲し、肥満した身体を苦しげに痙攣させ、真っ青になって洗面所に駆け込み嘔吐し、自分の服を汚した。中でもフルシチョフはしばしば失禁した。というのは、このウクライナ出身政治局エリートの特技は鯨飲馬食で、自他ともに許す大食いチャンピオンだった。

ところで、電蓄にレコードをかけるのがホストの役目だと思っているスターリンがある時、生まれ故郷グルジアの曲をかけ、興に乗って両腕を大きく広げ、伝統舞踊レズギンカのステップを踏んで見せ、やんやの喝采を浴びた。独裁者はその直後、飽食し、べろべろに酔っぱらっているフルシチョフに向かい、返礼として、ひたすら激しく迅速に跳躍と旋回を繰り返すウクライナの伝統舞踊ゴパックを所望した。結果は想像した通り、激しい吐瀉、プラス失禁で、派手に醜態をさらしたフルシチョフには《氷上で踊る牛》

というあだ名がつき、その後、この人のゴパック・ダンスは毎度おなじみの出し物となったが、当時五十九歳の大食漢フルシチョフは、いささかやけ気味に「同志スターリンに踊れと言われたら、踊るのが賢い人間のやることさ」とうそぶいた。

別荘ではこの調子の馬鹿騒ぎが定番だったけれども、女性に囲まれて羽目を外すことはなかった。ホステス嬢不在の理由はこの宴席で多くの重要政策が決定され、かつ、聞かれて都合の悪いことで溢れかえっていたからだ。しかし最近はホステス嬢がいてもなんら問題はない。なぜなら、二、三年前から、いわゆる不都合な真実をスターリンに告げれば、この暴君は「裏切者！」と大声をあげ、手が付けられないほど激昂し、その結果、誰かがこの世から本当に消える。こういう次第で「スターリンという最高指導者には耳に心地よいことだけを告げておく」ことが暗黙の了解となっていたからだ。

二月二十八日午後十一時過ぎから始まった《スターリン最後の晩餐》は、途中から参加したヴォロシーロフを加え、計六人が大食堂に集まり、独裁者はいつものように昔話の独演会を始めている。聞き手はこの昔話に全員耳にたこができ、暗唱できるほどとなっていたが、サビの部分にくると泣いたり笑ったりした。それが一段落すると、スターリンはマレンコフとフルシチョフの掛け合い漫才を喜んで聞いている。この日、なぜか宴会はやかましい暴飲暴食大会とはならず、時間は穏やかに流れた。穏やかだった理由は、スターリンが電蓄から流した音楽が好きな曲の一つだったモーツァルトのピアノ協奏曲二十三番で、杯盤狼藉を煽るようなけたたましい曲ではなかったからだ。音楽と言えば、独裁者はグルジア民謡スリコやグリンカ作曲のカマリンスカヤが第一のお気に入りで、この曲がかかると宴会はそろそろお開きとなる。そして、今日はいつもより二時間ほど早くこの曲が流れ、三月一日午前四時、スターリンはレーニンの肖像画に向かって厳粛に乾杯し、晩餐にピリオドを打った。

スターリンは珍しくも玄関先に出て、帰って行く政治局トップ五人の車を見送った。そして大食堂に戻り、ロズガチェフ副隊長とブトゥーソワ家政婦を呼んで「今日は小食堂で寝る」と告げた。独裁者はいつも自分の寝室のベッドに寝るわけではなく、今日はあそこ、明日はまた別という具合だったから、家政婦も心得たもので、ソファーの上に枕がわりのクッションを置き、そのそばに敷布とパジャマをもってきた。大食堂はわずかな時間の間に、すべてが片づき、テーブルクロスも新品のものに掛け替えられ、掃除も行き届き、いつもの静寂が戻っている。警備兵たちは暗殺者侵入防止のため母屋のドアというドアに施錠し、かつ、すべての暖炉に薪をくべた。ロズガチェフはスターリンの「帰ってよろしい」という言葉を聞くと、家政婦を伴って待機所がわりに使っている厨房に引き上げた。しばらくしてスターリンのいる部屋の明かりが消える。これを確認すると、副隊長は業務日誌に「異常なし」と記入した。

それから五時間後の午前九時ちょうど、ロズガチェフに率いられた家政婦と警備兵はふたたび厨房に出向き、スターリンからの内線電話が鳴るのを待った。独裁者は決まって午前十時から十一時の間に最初の指示を出し、そして二度寝をする。つまり本格的な起床は午後二時過ぎだった。

「十時になり、十一時になっても、十二時になっても何も合図がないので、さすがに変だと思いました」

という証言を残したのはロズガチェフである。

「午後一時、私たちは言葉にならないほどの恐怖を感じました。午後四時、急遽厨房に来てもらったスタロスティン隊長の前で私たちは凍り付いていました。隊長は、ちょっとこりゃあまずいんじゃないか？どうしたもんだろうと言いましたが、結局なにもせずにぐずぐずしていました。動きがあったのは午後六時半でした。スターリン同志が居る小食堂に明かりがともったのです。しかし内線電話は鳴りません。午後八時、何も起こりません。午後九時、私たちは金縛り状態でした」

午後十時、昼夜逆転した生活習慣のスターリン時間に合わせ、いつもこの時間になると各種報告が入った文書箱を抱えてクレムリンからの伝令が別荘に現れる。この日も時間たがわず伝令は来たから、これでロズガチェフは暴君に近づく大義名分ができた。なぜなら書類箱は即刻スターリンに届けることがこの男の義務であると定められていたからだ。

小柄な副隊長がおっかなびっくり小食堂に向かったのは三月一日日曜日午後十時。騒々しい靴音を立てているのは、猫のようにこっそりスターリンに近づくこうものなら、即刻、暗殺未遂の嫌疑でルビヤンカ刑務所送りになるからだ。

次の瞬間、ロズガチェフは恐怖で髪の毛が逆立った。アンダーシャツにパジャマのズボンをはいたスターリンが絨毯の上に倒れており、横転した身体が右腕を折り敷いている。スターリンはかすかな声でうめき、左腕を上げた。肝をつぶしたロズガチェフは独裁者のそばに駆け寄ると実に間の抜けたことを言った。

「どこか具合が悪いのですか、同志スターリン？」

独裁者は意味不明のつぶやきをもらした。しゃべれなかったのだ。ぎょっとするほど身体が冷たい。床の上には置き時計が転がり、読みさしの書類が散らばっている。ベッド脇のサイドテーブルには手つかずのナルザン水があった。

「医者をよびましょうか？」とロズガチェフ。

スターリンはただあえぐのみ。ロズガチェフはふと床に転がった時計を見た。時計は六時三十分で止まっている。恐怖の暴君はこの時間に倒れたのだ。そのうちスターリンは意識を失って昏睡状態に入り、大きないびきをかきはじめた。

「私がスターリン同志のそばに駆け寄った時、あのかたは、ただ、あえぐのみでした。目は見開いていましたが、視点は定まらず、ぐたっとしており、私の呼びかけにはまったく反応しません。そのうち大きないびきをかきはじめたのです」と、これは警備副隊長ロズガチェフの証言である。

副隊長は家政婦のブトゥーソワほか二名を急いで呼び、失禁してひどいことになっているパジャマなどの衣類を始末し、スターリンの身体をぬぐい清め、その上で換気のいい大食堂のソファーに移した。

「私はすぐ上役にスターリン同志がたいへんだ。大至急、医者を呼んでくれと電話しました。電話した時間ですか？　午後十時ちょっと過ぎでした。そう、おっしゃる通り、日付は三月一日日曜日です。結局、私がベリヤ同志とマレンコフ同志に電話することになりました。ええ、そうです。みんな、かかわりになることを恐れたのです。第一発見者はお前だから、直接お偉方に言えと、こうです」

ロスガチョフは最初ベリヤに電話を入れたがつかまらない。そこでマレンコフに電話すると、こちらは自宅にいた。

「マレンコフ同志と連絡が取れたのは午後十時半です。あわてていましたな。最初は甲高い声でしたが、急に低い声になり、何かブツブツつぶやきだし、そしていきなり、こっちから電話するからそれまで待てというので、いったん切りました。すぐにコールバックがあり、お前、ベリヤを探せ。俺は俺でベリヤを探すと言って、また切られてしまいました。どたばたして一時間がたち、するとベリヤ同志から電話が入り、開口一番、ロズガチェフよ、スターリン同志のことは絶対誰にもしゃべっちゃいかん。一切合切、何もしゃべるな。そこでじっとしとれ、と言うや否や一方的に切られてしまいました。そして日付が変わった三月二日の午前三時。玄関口に車が到着する音がしました。私はほっとしました。これでスターリン同志を医者の手に引き渡すことができると思ったからです。しかしそれはひどい勘違いでした」

そこには医者の姿はなく、かわりに、ぶよぶよと肥え太ったベリヤがおり、その後ろにはマレンコフがいる。ベリヤは震えているマレンコフを引っ立てるようにして大食堂に向かい、ソファーに横たわるスターリンをためつすがめつしていたが、くるりと向きを変え、鼻眼鏡《パンス・ネ》をきらきらさせながらロズガチェフに近づくと、「お前は何でパニックを起こしている？　どうかしているぞ！　スターリン同志はぐっすりとお休みではないか。わからんのかね。あのかたの安眠を妨害しちゃならん。それと我々に妙な電話をかけて来るのは止めろ！」と怒鳴り、マレンコフを連れて帰ってしまった。

「こうなるとベリヤの言葉は絶対です。しかし朝七時半、フルシチョフ同志が現れ、医者はすぐに来る、と言って大食堂に向かいました。だいぶベリヤのそれとは様子が違う。お偉方の間で何かあったのでしょうね。私には分かりませんが」と、ロズガチェフ。

結局、医師団がスターリンの枕頭にやって来たのは、三月二日午前九時半だった。この翌々日、すなわち三月四日、プラウダ紙とイズベスチヤ紙ならびにソ連国営タス通信は国内外に向けて次のようにスターリンの病気を報道している。

★ソビエト連邦共産党中央委員会とソ連閣僚理事会の共同発表

不幸な出来事は三月一日から二日にかけての深夜に起こった。スターリン同志は脳内出血で大脳の重要部分が機能不全に陥り、意識不明。右腕と右脚が麻痺し、また、言語障害を発症したので話はまったく出来ない。同じく、心臓と呼吸器の深刻な合併症を起こしている。このため、次の医療チームが組織された。

チーム筆頭／ソ連邦厚生労働大臣トレチャコフ
チーム次席／クレムリン医療局長クペリン
医師団／ルコムスキー教授（内科／消化器専門医）、トカチェフ教授（神経病理学専門医）、フィリモノフ教授（神経病理学専門医）、グラズノフ教授（神経病理学専門医）、ニェズナモフ准教授（理学療法専門医）、コノヴァロフ教授（神経病理学専門医）、タレエフ教授（理学療法専門医）、ミヤスニコフ教授（内科／循環器専門医）

スターリンの息子ワシーリーと娘スヴェトラーナが死に瀕した父親のもとに呼ばれたのは医師団の到着と同じ三月二日のことであり、以下はスヴェトラーナが書き残した回想録《Twenty Letters to a Friend

／P. Johnson 訳／ペンギン・ブックス刊／一九六八年十月》からの抜粋である。

「三月二日、私は大学のフランス語の授業に出ていた。私は授業中に呼び出され、『クンツェヴォの別荘へお越しいただきたいとのマレンコフ同志からの伝言です』と告げられた。私を呼び出したのが父でなくマレンコフだということ自体、普通では考えられないことだった。父ではなく、なぜマレンコフが私を父の別荘に招くのだろう。私は得体の知れない胸騒ぎを覚えながら別荘に車を走らせた。別荘は玄関ロビーからしていつもとはがらりと様子が違っていた。普段のひっそりとした静寂とはうってかわって、誰もがあたふたと駆け回っている。ようやく私はマレンコフから、父が昨夜卒中で倒れ、現在は意識不明の状態だと告げられた。私はほっと安堵したのを覚えている。私は、父がもう死んでしまったものとばかり思っていたのだ。父が横たわっている大食堂にはおおぜいの人がつめかけ、父を診察するのはこれがはじめてという医師たちがてんてこ舞いの騒ぎを演じている。父の後頭部と頸部に蛭《ひる》がつけられ、心電図がとられ、肺のレントゲン透視が行われ、看護婦はひっきりなしに何かの注射を打ち、医師の一人はまったく手を休めることなく病状経過をカルテに書き込んでいた。誰もが、もはや救うことのできない生命を救おうと躍起になっていたのだ。倒れた父を前にし、一人だけ、ほとんど不作法なばかりに振る舞っている男がいた。それはベリヤだった。彼は極度に興奮していて、でなくともいやらしいその顔が、内心に包み隠せぬ情念と欲望のために、絶えず醜く引きゆがんでいた。その情念とは、野心、残忍な意思、老獪《ろうかい》な策謀、そして何よりも権力だった。父が倒れたこの重大な時期にあたって、ベリヤはあまりにも策におぼれ、尻尾を掴まれまい、一つの手抜かりも残すまいと、それだけに腐心していたのだ！　ベリヤの顔にはそのことがありありと書かれていた！　この男は何度も何度も病床に近寄っては、父の顔をしげしげと覗きこんだ。主任医師のルコムスキー教授は、父の卒中発作は極めて激しく、倒れてからあと、意識は回復されず、言語は失われ、右半身が完全に麻痺していると詳しい状況を私に告げた。それでも私の見ている前で父は数回、目をあけたが、まなざしはかすんでいて、私の顔を見わけたかどうか知るすべは無かった。そして父が目をあけると全員がそのそばに駆け寄って、父がもらすかも知れない一言をとらえたいと願い、それが出来ないならば、せめて目の動きに父の希望を読み取ろうと必死になった。私は枕もとに座って、父の手を握っていた。父の目は私のほうを向いていたが、おそらく何も見てはいなかっただろう。私は父の唇に、父の手に接吻した。それ以上、私のできることは何も無かった。脳内出血は徐々に脳全体に広がっていくものだが、父は心臓が強く、このように丈夫な場合、人間は呼吸中枢がおかされ、窒息のためにゆっくりと死んでいく。父の呼吸はますます浅く頻繁になり、状態の悪化がはっきりと見てとれた。顔が紫色に黒ずんで、人が変わったようになり、しだいにその輪郭から馴染みの面影が消えて行った。臨終は、要するに、父という人間がじわじわと窒息していく過程だったから、断末魔の苦悶は恐ろしいばかりで、今となってその瞬間を振り返ってみると、それが実際にあったことなのか、それとも、ただそう思えただけなのかよく分からない。が、いまわの際というその時、父はふいに目をあけ、周囲に立っていた者をにらみつけた。それは不気味なまなざしだった。狂気ともつかず、怒りともつかず、ただ死への恐怖と、自分の上にかがみこんでいる見知らぬ医師たちへの恐怖に満たされたまなざしであり、一分の何分の一かの間、その険しい表情でぐるりと全員を見わたしたのだった。そしてこの時だ。それは不可解な恐ろしいことで、私には今もって理解できないし、かと言って忘れることもできないが、突然、父は麻痺していない左手を上にあげた。その手でどこか上の方を指さそうとしたのか、あるいは私たち全員を脅しつけようとしたのか、よくわからない。それは不可解で、いかにも威嚇的な身振りで、いったいそれが誰に向けられたものだったのか、何に関わるものだったのかは分からぬままに終わった。そして左手がばたんと落ち、その瞬間、魂は最後の努力をなし終えて、肉体から離れ去った。すると肉体には静寂が戻り、どす黒い顔は青ざめた蝋燭色《ろうそくいろ》になって馴染みの面影を取り戻し、すべては落ちついて安らかなものになった。私は思い出すのだが、そのとき私は安堵の気持ちと哀悼の悲しみという二つの矛盾した感情の中にいた」

一九五三年三月五日午後十時五十分にスターリンの心肺は完全に停止した。急遽召集された八名の医師たちは別荘に着いてから赤い皇帝《レッド・ツァーリ》が死ぬまでの三日と十一時間、文字通り不眠不休で延命治療に全力を投じた。しかし八名の医師たちは患者に対し、スヴェトラーナが抱いたような愛情や親しみを感じてはいない。その理由はユダヤ人医師団によるスターリン暗殺疑獄事件が進行中だったこともあるけれど、それ以上に、ソ連という恐ろしい政治体制を考えれば、治療結果次第で自分たちが明日逮捕されるかも知れなかったからだ。

以下の文書は突然召集された八名の医師の一人、ミヤスニコフ教授の日記から抜粋したものである。なお、この文書は、二〇一一年四月二十一日、ミヤスニコフ教授の遺族によってモスコフスキー・コムソモーレツ紙に発表されており、これによってスターリンの終末治療がいかなるものであったかを、わずかながら垣間見ることができる。ちなみに、教授は一九六五年十一月十九日に亡くなり、モスクワのノヴォデヴィッチ墓地に埋葬された。享年六十六。

「三月二日の夜遅く、私はスターリン医師団の第二陣メンバーとしてコノヴァロフ教授、タレエフ教授と共にクンツェボの別荘へ駆けつけた。通された大食堂には第一陣ルコムスキー教授ほかの医師たちと、それとは別にたくさんの看護婦がおり、スターリンは顔を右に向けた状態でソファーの上に、仰向けに寝かされていた。こういう場合、めずらしくもないことだが、患者は排尿コントロール機能を喪失してお

ミヤスニコフ教授

り、あたりには石炭酸消毒液の臭いに混じって、失禁時の強烈な悪臭が漂っている。意識を失って昏睡する患者の顔は非常にむくみ、ゆがんでいる。右半身麻痺。血圧は収縮期一九〇、拡張期一一〇、脈拍は毎分七十八。心電図を見れば不整脈がひどく、患者の心臓が終末期に来ていることは一目瞭然だった。白血球の量は一万七〇〇〇マイクロリットルと通常の倍。これは併発した心筋梗塞が原因である。G-ストロファンチン強心剤、そして感染予防のためのペニシリンなど各種医薬品が投入されており、これに加え、鬱血と脳梗塞への対症療法として蛭《ひる》が頸動脈と耳の後ろ八カ所にはり付けられていた」

ミヤスニコフ教授がクンツェボに先行した医師たちと合流してから十二時間後、すなわち三月三日午前十一時、トカチェフ教授を伴ったクレムリン医療局長クペリンが恐怖に震えながら、ベリヤ、マレンコフ、フルシチョフ、ブルガーニンの前で絶望的な内容の診断書を読み上げた。

クペリンはそれが終わるとすぐ血液循環図をボードにはり付け、左側の中大脳動脈を棒で指し、「ここに出血を伴った脳梗塞個所があります。出血サイズは梅の実ほど。この除去手術[*6]ができれば患者は助かります」と言ったから、同席していた医師はクペリンの無責任なその場凌ぎ発言を聞いて目を丸くした。なぜなら、「血栓を脳動脈から除去する手術ができれば患者は助かる」という発言は実行不可能プランであって、責任を医師団に押し付ける苦し紛れの主張に過ぎないからだ。

「トカチェフ教授、あなたの意見も同じですか?」と、フルシチョフ。

「何をどうしようと、患者は長くもっても余命数日です。ここで頭蓋骨を開けて外科手術を施すなら、かえって死期を早めてしまいますよ」と、教授。

これを聞くや否やマレンコフは泣きっ面になり、「我々がよしと言うまで、患者の命を医学的処置により延命させせろ」と言って会議を終えた。要するに政治局トップ四人はスターリン亡き後の準備に必要な時間を欲していたのだ。

三月三日午後八時三十分、患者の状態は悪化。腹が太鼓のように膨張。硫酸マグネシュウムによる浣腸を施す。重度の腎不全が顕在化。

三月四日午後十一時三十分、患者は嘔吐した。不整脈が出っぱなしとなり、肺機能低下がひどく、状態はさらに深刻化。呼吸は毎分三十六で、リズムは非常に不規則。脈拍は毎分一二〇。血圧は収縮期二二〇、拡張期一二〇。体温三十八度二分。

三月五日午前二時、脈拍は一二〇から二一〇へ跳ね上がった。二〇〇を越える驚異的な心拍の原因は暴走状態に陥った不整脈にある。心臓の異常な痙攣で、一拍動分の波形が変形したため、心電計測機は二一〇というありえない数値をはじき出したのだ。いずれにしても患者はひどく危険な状況にある。血液循環の状態が悪化し、肺機能はさらに低下。重大な呼吸障害。小鼻は落ち、顎が下がり、肩が大きく動いてチェーン＝ストークス呼吸が始まった。

ところでユダヤ人医師団の疑獄に連座して逮捕されていた循環器専門医ヤコフ・ラパポルト教授は未明にレフォルトヴスカヤ刑務所の尋問部屋へ引き出され、思いもよらぬ質問をされた。

「私の病気の伯父が《チェーン＝ストークス呼吸》を始めたと言うんだが、これはどういう意味かね？」

と、尋問官。

「それは、イギリス人内科医ジョン・チェーンとアイルランド人内科医ウィリアム・ストークスが特定した失調呼吸で、重篤な脳虚血の際に起きます」

教授が何を語っているのか理解できなかった尋問官は、今のことを紙に書いてくれと言った。教授は文書をしたためることにしたが、そのとき教授は冗談を言った。

「チェーン＝ストークス呼吸というのは臨終の病人が喉をゴロゴロさせるあれですよ。もしもあなたが伯父さんの遺産を期待しておられるなら、もう遺産は手に入ったも同然です」

尋問官が文書と一緒に冗談もベリヤへ報告したことは言うまでもない。

三月五日午前十一時、心電図から新たな心筋梗塞の出現が明らかになった。腎不全を含む合併症が患者の全身に深刻な打撃を与えている。

三月五日午後四時、スターリン危篤。血圧は収縮期一六〇、拡張期一二〇。呼吸は毎分三十六。体温三十七・六。白血球数はさらに増加し、二万一〇〇〇。延命治療は特段の効果なし。現時点での治療は、主に呼吸や血液循環、特に冠動脈の血液循環に集中するが、急激で深刻な心不全により打つ手なし。呼吸は浅く、速い。心拍は毎分一五〇。心拍圧力は消滅しつつある。

三月五日午後九時五十分、心肺機能が完全に停止し、スターリンは死亡した。

三月六日、ミヤスニコフ教授はスターリンの解剖に立ち会い、以下の所見を日記に残している。

「三月六日に病理解剖を実施し、以下のことが判明した。
①スターリンの直接の死因は脳内出血である。
②出血病巣は頭部左側面の中大脳動脈部に存在する。
③脳内出血原因は《高血圧性心疾患が引き起こした心房細動タイプの不整脈》と《動脈硬化が引き起こしたアテローム血栓性脳梗塞》の二つである。
④スターリンは不整脈が吐き出した二次血栓が中大脳動脈部付近でアテロームに引っ掛かり、脳梗塞を引き起こして昏倒した。その後、患部は出血性脳梗塞に発展し、左大脳に血があふれ出たものと思われる。
⑤出血の広がりは縦横およそ二・五センチ×六センチ。梅の実どころではなかった。
⑥大脳、特に左大脳に血液を供給するすべての血管は内側が広範囲に形成されたアテロームによっ

て甚だしい血管狭窄となっていた。

戦前の、想像を絶する大粛清の原動力となったスターリンの猜疑心は生まれついてのものかも知れない。しかし、その猜疑心を狂気のレベルにまで昂進させたものはアテロームによる脳血管狭窄である。事実、脳血管にへばりついたアテロームのおかげで、スターリンの脳には、それが必要とする規定値の血液が送り込まれなかった可能性が極めて高い。この結果、スターリンの猜疑心は暴走し、深刻な被害妄想に陥り、自己抑制がきかず、無慈悲な行為を繰り返した。スターリンの、晩年の強迫観念と被害妄想は明らかにアテロームが生み出したものであり、ユダヤ人医師団が国家転覆の陰謀事件を起こすという妄想はその一例である。スターリンはアテロームによって脳を病み、異常性格者となったあげく脳内出血で死んだ。ソ連という国家は、途方もない猜疑心に取りつかれた偏執狂の病人によって運営されていたことになる」（ミヤスニコフの日記より）

〈註〉

＊１　血栓について

スターリンの疾病ならびに人格についての記述は参考文献に列挙した書籍を原典にしている。なお医療関係の記述は、一九五三年当時の医学と現代医学との隔たりを埋めるために医療法人生登会の原田輝一博士にご協力いただいた。特にこれ以降の医療に関する注釈は原田博士のコメントを転用したものとなっている。

血栓は血液が固まったもので、これには二つの種類がある。

①一次血栓／血小板が凝集したもので早期血栓である。

②二次血栓／一次血栓に凝固タンパク質が入り込んできて、頑丈な血栓を作り上げる。

＊２　アテローム血栓／アテローム部にできた血栓は成長したり、溶けて消失したりを繰り返しているため、症状が出たり消えたりと不安定に繰り返される。しかし、この血栓が心房細動の心房内など、血液循環の淀みやすいとこ

ろで長時間居続ける場合、凝固系と称する止血用凝固タンパク質が絡みついてくる。こうなると簡単には溶けない。これが遊離してしまうと塞栓子となり、細い動脈やアテローム狭窄部位に引っかかって、血管閉塞の原因となる。脳動脈にアテローム狭窄病変があり、虚血症状が出たり消えたりする段階を《脳血栓症》と言う。

＊3　徐脈性不整脈／脈が遅くなる不整脈で、原因や病態には数種類あるが、一分間の脈拍が六十回未満になることを言う。脈拍が少ないため、心臓は日常生活や運動に必要な酸素を体中に行き渡らせられない。結果、めまいや息切れを起こす。

＊4　一過性脳虚血発作／何らかの麻痺症状が出るものの、おおむね十五分以内という短時間のうちに症状が消失する発作を指す。アテローム血栓性脳梗塞（脳血栓症）の初期症状である。

＊5　人格異常が生まれつきのものでなく、中年以降に出てきたものであれば、変性性認知症の中の《前頭側頭型認知症》が疑わしい。人格障害が生まれつきのもので、晩年に増悪《ぞうあく》したものであれば、《脳血管性認知症》が進行した挙句、《妄想性パーソナリティ障害》を発症し、情動失禁を引き起こした可能性が高い。脳血流の悪い人は脳の全般的萎縮を来たして、情動失禁などを起こしやすくなる。以上から考えると、スターリンの凶暴性の爆発は、脳血管性認知症進行による妄想性パーソナリティ障害の可能性が高い。正確に言うと、アテロームが飛び散るたびに情動失禁していたわけではなく、飛び散ったときは軽い麻痺が出ていて、本人はそれを隠していたか、無視していたのではないかと思われる。脳血管性認知症の原因として、アテローム血栓性脳梗塞があったと想像できる。

＊6　一九五三年当時、カテーテルを用いた脳血管内の血栓除去術はこの世に生まれていない。しかも、カテーテル治療は早期発見に基づく迅速対処が成功の大前提だが、スターリンは大規模脳内出血を引き起こしてから二日近く放置されている。これではカテーテルがあろうと無かろうと、いかなる名医もお手上げだった。

2　スパイ群像／ＫＧＢ職員フェクリソフの回想より

ポツダム会談は一九四五年八月二日木曜日に閉幕した。スターリンは会談八日目の七月二十四日、アメリカが原爆実験に成功したという不愉快な事実をぶつけられはしたけれど、ほぼ自分の思う通りにこの会談を仕切っている。すなわち、戦後ドイツの新しい東部国境をベルリン東方七〇キロの線に定め、その結果、バルト海のステッティンからアドリア海のトリエステまで鉄のカーテンを引くことにほぼ成功した。

――これからアメリカは、九州上陸戦で大いに苦労するだろう。

スターリンはそう思って自然に笑みがこぼれた。日本軍は九州で沖縄戦以上の抵抗をするに決まっている。赤軍はアメリカがもたもたしている間に、骨抜きになった関東軍を叩きつぶして、満州・朝鮮を制圧し、同時に第二極東方面軍を増強して、樺太、択捉、国後、色丹、歯舞に大規模強制収容所《グーラーク》群を設営し、その労働力をもって一気に巨大な兵站基地を作る。

――これを足掛かりにして、北海道と東北を占領しよう！

スターリンはポツダム会談でものにした戦後のヨーロッパ・モデルを極東に持ち込もうともくろんでいる。つまり満州をソ連の衛星国と位置づけ、朝鮮にはポーランド型の傀儡《かいらい》方式を適用し、そして極東最大の獲物となる北海道、東北は東ドイツ方式で進める予定だった。だからスターリンは、ヨーロッパ戦線でのエルベの邂逅《かいこう》を、極東戦線では利根川あたりでやろうと皮算用している。

来た時と同じようにポツダム＝バーベルスベルク駅から帰途についた独裁者は、八月六日の夕刻、上機嫌でモスクワのベラルースキー駅に到着し、大型セダンＺＩＳ１１０に乗ってクンツェヴォの別荘に向かった。

しかし、独裁者の満ち足りた上々な気分は一瞬にして吹っ飛んでしまった。午後七時過ぎ、モロトフ外

フェクリソフ

相が広島への原爆投下に関するトルーマン声明を別荘へ持参したからだ。トルーマンは言う。「今から十六時間前、アメリカの爆撃機は広島に一発の爆弾を落とし、完膚《かんぷ》なきまでに敵を破壊した」と。

赤軍は八月九日未明にソ満国境を越え、日本の軍民および資産すべてをひと呑みにしたが、アメリカは九州上陸の代わりに二発目の原爆を落とし、その結果、ソ連参戦から二十四日後の九月二日、日本は降伏文書に調印。スターリンが皮算用した北海道から利根川までを占領し、日本の分割統治を謀ろうという計画はあっけなく蹴散らされた。

――持てる国アメリカは持たざる国ソ連に対し、大きな外交圧力をかけ、ソ連をモスクワ大公国なみのちっぽけな領土に封じ込めようとするだろう。それもこれも原爆が原因だ！ 独裁者はいまいましい幕切れに腹を立て、恐怖し、そしてソ連の全パワーを原爆完成へ振り向けた。

（1）VT信管と原爆の機密を盗み出したローゼンバーグ夫妻

「私はアレクサンドル・セミョノヴィッチ・フェクリソフ。家族は私をサーシャと呼んでいました。誕生日は一九一四年三月九日。父親はトゥーラの農奴でしたが、モスクワに出て鉄道の転轍手になり、一家を支えました。私には弟が二人、妹が二人います」

KGB職員として功成り名を遂げ、九十三歳の長寿を生き、二〇〇七年十月二十六日に他界し、モスクワ西部のトロエクロフスコエ墓地に永眠しているフェクリソフは、若いころのポートレート写真をよく見ると、なるほどアメリカの喜劇俳優エディー・ブラッケンに激しく似ている。しかしそうは言ってもフェクリソフは商売が商売だから、殺しの技術もキッチリと叩き込まれており、危ない人特有の暗い印象は隠しようもなく、どう頑張ってもコメディアンと思われることはない。

フェクリソフは苦学してモスクワ電気通信大学を卒業し、一九三九年にＫＧＢ職員に採用され、高額初任給月五〇〇ルーブルを手にすることが出来たから、四〇〇ルーブルは最大の理解者だった父親に献納した。ところでＫＧＢというソ連の秘密警察は願書を出し、テストで合格し、めでたく入署という類の職場ではない。国が一方的に資格審査し、一方的に入署を命じてくる職場であり、かつ、何よりも緘口令《かんこうれい》が敷かれっぱなしの職場だったから、一九四二年九月に病死したフェクリソフの父親は自分の息子が何者になったのかまったく知らずに逝った。

「私は、垂涎《すいぜん》の的《まと》だったＫＧＢ職員に自分がどうしてなれたのか不思議でした。なぜなら私は子供の時に凍傷になってからというもの、左耳がよく聞こえなかったし、大学に進む前に通っていた鉄道実務学校の溶接実習で左目を傷つけ、おかげで、視界が通常の人の半分しかなかったからです」

フェクリソフがＫＧＢに引っこ抜かれたのは、この男の数学の成績が非常に高いこと、見たものを写真撮影でもしたように記憶する映像記憶の持ち主だったこと、そしてＫＧＢは、特に頭脳優秀な人間については、慢性的な人材不足であり、故に多少のハンディキャップは無視されたことが理由として上げられる。

「私はモスクワのルビヤンカにあるＫＧＢ本部で教育訓練が終了するや否や、ニューヨーク支局へ派遣されることになりました。ところでこの時、思いもかけぬことに、私には結婚が義務付けられました。海外勤務の職員にはハニー・トラップが付きものだ。だからその危険を封ずるために夫婦同伴だというわけです。私はこの問題をほったらかしにしていました。そして一九四一年一月三日、私は海外赴任となる二人の同僚と一緒にモロトフ外相から呼び出されました。それは私たちがＫＧＢ配属のまま、外務省の管理下に入るからです。鼻眼鏡《パンス・ネ》にもっさり髭《ひげ》。アパレル工場メトロ謹製の三つ揃いダーク・スーツという外相は背丈が低かったけれど、エネルギーの塊といった感じで、映画でしか見たことが無いレーニンとどこか似ていました。ソ連のナンバーツーは私たちに国家の置かれた立場について一通り訓示を与えた後、急に話題を変え、『昨年末、日本から急に、一月六日月曜日から三月三十一日月曜日までトランジット・ビザの発行を停止すると言ってきた』とつぶやき、そしてニッと笑い、『ところでトランジット・ビザ発行停止期間中、日本陸軍の将官と随員がドイツに行くことになり、そこでモスクワ駐在日本大使（建川美次）はシベリア鉄道を使わせてくれと要求してきた。要求には要求をだ。君たちが日本のトランジット・ビザを使って横浜経由でアメリカに行くのはそういった経緯がある』と言い、その直後、私は名指しで外相から叱責されました。『お若いの、君は独身だそうだが、それは何故かね？　ソ連政府の人間は独身だと国外へは行けない。ニューヨークなんて論外だ。アメリカ人は君のベッドにさまざまな女を滑り込ませるぞ。金髪、赤毛、黒髪、何でもござれだ。そして君は完全に骨抜きにされるのさ』と言って一瞬の間をおき、『何を考えているんだ、フェクリソフ！　ニューヨークでは一滴の酒も飲むな。分かったか、フェクリソフ！』と雷が落ちました。

一月十七日、私はモスクワのヤロスラヴリ駅からシベリア鉄道に乗ってウラジオストクに向かい、月山丸で日本海を渡って敦賀に至り、京都、名古屋を経て東京に着き、便船待ちのため帝国ホテルに宿泊し、横浜から八幡丸に乗ってサンフランシスコに向かったのです。途中、ホノルルに寄港しましたから、これ幸いと下船し、日本の攻撃を受ける前の真珠湾海軍基地をしっかりとこの目に焼き付けました。サンフランシスコからは大陸横断鉄道です。私は四十日の旅路の果てに、二月二十七日、ニューヨークの地を踏みました」

ソ連のニューヨーク総領事館はマディソン大通り東九十一番街にあり、そしてKGBニューヨーク支局《レジデントゥーリヤ》は総領事館の二階だった。KGB支局に勤務する職員はレオニード・クワスニコフ局長を含め全部で十三名。内三名は科学者で、職員の表向きの身分はほとんどが総領事官三等書記だった。いっぽう実際のKGB職員としての主な業務は現地スパイ工作員《エージェント》の管理と新規エージェントの発掘開拓《リクルート》で、エージェント管理にはスパイ活動のための資金供給や、結果に対するボーナス供給も含まれる。はっきり言えばスパイ工作はエージェントおよびその配下の《細胞》が行うのであって、KGB職員は007（ジェームズ・ボンド）のような危険な真似はしない。つまりKGB職員が接触するのはエージェントのみであって、余程の例外でない限り、KGB職員が末端細胞と顔を合わせることは無い。

ところで新規エージェントの発掘開拓は実に順調だった。なぜなら、当時のアメリカには対ソ協力者を簡単にゲットできる養殖場が二つあったからだ。

ひとつは白系亡命ロシア人の関係者が出入りする集会で、ここに集う人々の心からは憎しみが薄れ、残ったものはホームシックという具合だったから、例えばマンハッタン計画に参加した化学者ジョルジュ・コワリなど多くのスパイ工作員が白系ロシア人養殖場から生れ出た。そしてもうひとつがアメリカ共産党員の集会で、第二次大戦が始まる直前、その集会に参加する高水準の教育修了者は大多数がユダヤ人共産党員だった。

リベラルとひと括りになっている集団の大部分を形成する共産主義者とその同調者は、己《おのれ》が住み暮らしている資本主義世界、すなわちアメリカを恥ずべきものと見ており、本来、拠って立つべきアメリカに対し、忠誠心や愛国心はほとんどない。余談ながら、スペイン内乱時、多くのアメリカ共産党員が義勇兵としてアンチ・フランコ陣営に馳せ参じたという実績がある（この現象は二十一世紀の今、基地問題で沖縄に馳せ参じる出自定かならぬ運動家と共通する点が多い）。

呆れるほど共産主義に心酔している連中にとって、ソ連は敬愛して止まぬ心の祖国だった。だからKGBの古参エージェントから、ソ連のために一肌脱いでくれ、これこれの秘密をソ連のために盗み出してくれと言われた時、共産党員とそのシンパはこれが重大な刑事犯罪だと知りつつ、躊躇《ちゅうちょ》なくスパイ活動に走った。そしてソ連が、共産主義にとって絶対悪だったナチス・ドイツに攻め込まれ、敗北の淵まで押し込まれた時、その気持ちは極大化する。いわく、「共産主義の祖国が危ない。我々アメリカで生活する共産主義の同胞はあらゆる方法を使ってソ連を助けよう」と。

かくしてソ連は労せずしてアメリカからの産業技術窃盗メカニズムを完成させたのだ。

ローゼンバーグ夫妻

「私はモロトフ外相の激しい怒声に耐えて、独身のままニューヨークに赴任しましたが、数か月もしない内に、この地にやって来た米ソ交換留学生のジーナ・オシポワと結婚し、マンハッタン地区アッパーウェストサイド八十九番街西六四番地のアパートに住みました。

ところでビジネスはと言うと、私はジョエル・バー、アルフレッド・サラント、ウィリアム・パール、モートン・ソベル、バーナード・シュスター、ジュリアス・ローゼンバーグという六人のエージェントを担当しました。もちろん彼等はスパイですから秘匿名《ひとくめい》やコードネームがあるけれど、混乱を避けるため、ここではそういうものを無視します。ローゼンバーグはご存知ですね。原爆や近接信管など多岐にわたる情報提供でソ連に協力し、妻エセルと共にスパイ容疑で死刑判決を受け、一九五三年六月十九日、二人そろってシンシン刑務所で電気椅子にかけられたローゼンバーグ夫妻ですよ」

バーナード・シュスターというエージェントの手引きでフェクリソフがさりげなくローゼンバーグをかいま見たのは、一九四二年九月七日、ニューヨーク・セントラルパークでのことだった。この日は毎年九月第一月曜と定められたアメリカの労働記念日で、勤労感謝の日というよりはメーデーに近い。だからこの公園の芝生には演壇が据えつけられ、その前には折り畳み椅子の長い列があり、ここに労働組合のリーダー、文化人、有名人、ソ連の代表といった来賓が座る。集まった群衆は五万人。シュスターはデモの一隊を引き連れてやって来たが、その中にプラカードを持つ銀ぶち眼鏡にちょび髭というローゼンバーグがいた。

以下はロシアからやって来てマンハッタン地区ロウアー・イーストエンドに住み暮らしたユダヤ移民の息子ジュリアス・ローゼンバーグの偽りの無い姿である。ちなみにローゼンバーグには弟が一人、妹が三人いる。

■ジュリアス・ローゼンバーグ

一九一八年五月十二日誕生。出生地はロシア・スモレンスク。妻エセルともども熱烈な共産党員。

◎学歴＆職歴／一九三一年（十三歳）にスワードパーク・ハイスクール入学。一九三二年（十四歳）に共産党青年団のメールボーイを始める。一九三四年（十六歳）にスワードパーク・ハイスクール卒業。一九三九年（二十一歳）にニューヨーク市立大学シティカレッジの電気工学部卒業。一九四〇年（二十二歳）にペンシルベニア州モンマス要塞陸軍通信軍団の軍属として就労（推定年俸二千ドル）。一九四二年二月（二十四歳）に軍需部品供給会社エマーソン・ラジオ社に転職（推定年俸二千ドル）。

●補足／エマーソン・ラジオ社は近接信管（ＶＴ信管）の供給会社であり、これ以外に原爆用の特殊雷管（起爆電橋線型雷管）に使用する重要パーツを供給。

◎結婚歴／ジュリアス・ローゼンバーグは大学を卒業して数カ月後の一九三九年六月十八日日曜日に二十一歳で結婚した。結婚相手は三歳年上のエセル・グリーングラス。

◎妻エセル・ローゼンバーグ／旧姓グリーングラス。一九一五年九月二十八日誕生。父はロシア生まれのユダヤ人、母はオーストリア生まれのユダヤ人。一九三一年（十六歳）にスワードパーク

・ハイスクール卒業。エセルの興味は音楽で、ピアノのレッスンを受け、ヒュー・ロス氏が設立したスコラ・カントルムで歌もうたい、同時にモダン舞踊と演劇に興味を持ち、クラーク・ハウス劇場とヘンリー・ストリート・セッツルメント劇場でアマチュア女優として舞台に立った。ハイスクール卒業と同時にエセルは音楽に見切りをつけ、ビジネススクールで秘書実務を受講し、その後、船会社の秘書として就労。秘書組合の戦闘的な一員となり、一九三六年（二十一歳）に共産党青年団へ入党。

◎ローゼンバーグ夫妻の子供／長男、マイケル・アレンは一九四三年三月十日誕生。次男、ロバート・ハリーは一九四七年五月十四日誕生。

「私、フェクリソフはKGB職員としてローゼンバーグの担当になりましたが、それを相手に伝え、かつ、相手にそれを納得させねばなりません。一番簡単な方法はローゼンバーグの個人宅に電話して面談の約束を取りつけることでしたが、何しろこの夫婦はFBIが目の敵にしている先鋭的な共産党員ですから、当然盗聴されています。かくして最良の策はホームセールスのような顔をして自宅を訪問することだとなりました。ローゼンバーグの自宅はマンハッタン橋とブルックリン橋の中間に位置するロウアー・マンハッタン地区モンロー街十番地にある集合住宅ニッカーボッカー・ヴィレッジG棟八階にありました。

私は相手が居そうな日曜日午後二時にこの団地を訪れました。当日、私は充分に余裕を取って午後十二時半に自宅を出、セントラルパークにそって歩き、コロンブス・サークルで地下鉄に乗りました。次にリトル・イタリアがあるキャナルストリート駅で下車。あたりに疑わしい様子は無く、FBIらしき尾行者の影もありません。私はそこからバスに乗り、スタート地点に戻る感じでグランド・セントラル・ステーションに着き、忙しく先を急ぐ群衆の流れを横切ってホットドッグを買いました。周りには暇を持て余した人々の群れ。私はもはや危険はないと踏み、ホットドッグの最後の一切れを頬張ると、モンロー街十番地に向かうバスに乗りました。
　ニッカーボッカー・ヴィレッジG棟の入口に立った私はローゼンバーグの部屋に通じている内線ボタンを押しました。『はい、何か？』と男の声。『ハロー、私はバーナード・シュスター氏の友人です。そちらへ行って、ジュリアス・ローゼンバーグさんと面談させていただけますか？』『OK、おいで下さい』
　この団地は、地味な外観の割にはよく掃除が行き届き、清潔な内部でした。八階でエレベーターをおりると驚いたことにローゼンバーグが待ち構えています。彼は二呼吸ほどの間、私をじっと用心深く見てお り、少々気まずい雰囲気の中で握手しました。これが私とローゼンバーグの最初の接触です。当然と言えば当然かも知れませんが、この日、私はローゼンバーグの部屋には通してもらえず、次の火曜日に三十番街の《チャイルズ（Childs）》という、大衆食堂で再会することになりました。
　当日は午後七時半の約束でしたが、私は少し早めに到着し、チャイルズ食堂の向かいにある本屋のショウ・ウインドウを眺めているふりをしていました。ジュリアス・ローゼンバーグは時間ぴったりにあらわれ、ラッカー塗装のドアーを押して店に入って行きました。私も妙な尾行者がいないかどうか確認して入店すると、来店客を知らせるドアベルが侘《わび》しい音を立てて鳴り、高い天井と白いタイル張りの床というこれまた安っぽい店内は、かき入れどきの午後七時半だというのに閑散としており、密談にはぴったりです。ジュリアスは店の奥まった二人掛けのテーブルに座っており、目立たぬように手を上げて私に合図し、かすかに笑みを浮かべました。それは互いの顔がくっつきそうなほど小さなテーブルで、ウェイターは最低限のサービスしかしないぞと言わんばかりに剥ぎ取り式の注文伝票をぷらぷらさせてやって来ました。この店はサンドウィッチ主体のランチメニューが多く、ジュリアスは勝手の分かったワン・プレート六十五セントというポーランド風オープンサンドを注文しました。私が注文したのはフレッシュ・シュリンプ・

メリーランド風という、一ドル十セントのセット・メニューで、せっかくの初会食だからと、どれでも二十五セントのテーブルワインを二つ追加しました。

　ウェイターがワインをグラスに注いで立ち去ると、私はRの巻き舌発音ができないロシア人訛《なま》り丸出しで互いの健康を祝し、これからの共同作業の上首尾を祈って乾杯しました。ジュリアスが相手の場合には、ロシアを連想させる訛りがあるべきだと思ったからです。その後、私は一方的に話したのを覚えています。私の幼少時のモスクワのこと。家族のこと。ゲンナジーとボリスという二人の弟がおり、ゲンナジーはスモレンスク戦線で負傷して片足を失ったこと。タチアナとアンナという二人の妹はドイツ軍に包囲されたモスクワの南西四五〇キロにあるブリャンスクに行って塹壕掘りをしたことなどです。ジュリアスは熱心に聞いており、最後には同情のあまり涙ぐむほどでした」

　このときローゼンバーグ、二十四歳。ＫＧＢ職員フェクリソフはこの男について「眼鏡をかけ、鼻の下に神経質なほど手入れの行き届いた髭をたくわえた、整った顔の男」という印象を述べているけれど、現在閲覧できるローゼンバーグというスパイの写真を見る限り、実に締まりのない、熱に浮かされような、まさに白昼夢に淫する男がそこにいる。この男は十四歳で共産党員の下働きをするようになって以来、共産主義コミンテルンからその方面での市民活動におけるプロとなるよう激しく磨きをかけられ、ソ連という新興宗教の狂信者になった。だからローゼンバーグはソ連への貢献が自分の最大の義務だと、いじらしいほど思っており、冗談でなくスパイ報酬についてまったく関心がなかった。

　こういう次第だったから、フェクリソフとローゼンバーグは極めて良好な関係を築いている。当然だろう。「私はソ連のために何でもする。あなたは私を完全にあてにできる！」と断言し、貴重な極秘情報を多数持ち込んだローゼンバーグは、スパイを管理監督する立場のフェクリソフにとって見れば、必要経費がほとんど要らない理想的な馬鹿者だったからだ。ともかくこれほどソ連の宣伝文句を鵜呑みにしている人間は珍しい。唯一の心配はローゼンバーグがおとり捜査に引っかかり、FBIにしょっぴかれ、挙句の果てに米ソ間の外交問題を引き起こすことだった。それほどローゼンバーグはスパイ活動に付きものの危険に対し無頓着で、地雷原をうろつきまわる夢遊病患者さながらだったのである。

そこでフェクリソフはＫＧＢニューヨーク支局長クワスニコフに相談した。

「外交問題に発展しないかだって？　今は戦時中だよ、フェクリソフ君。アメリカがソ連に新兵器のノウハウを教えないことなどあってはならない時期だ。さよう、我々はちょっと早めに教えてもらうだけだよ。それと我々にはルーズベルト大統領がついている。外交問題にはならないな。もう一つ。ローゼンバーグの扱い品目は産業分野だ。軍事作戦上の機密を盗まれたと知れば、アメリカは即座に変更ないし破棄という対抗措置を取るだろうけれど、兵器となればめったなことで設計変更などできるものではない。あの男はいずれＦＢＩに逮捕されるだろう。それまでの間、ヤツを使って一切合切、盗み出させろ！」

期待にたがわずローゼンバーグは《同好の士》、すなわち細胞を多数抱えており、これら細胞から吸い上げた六百ページから千ページという極秘文献の数々を頻繁に提供した。

「私がニューヨークに赴任中、ジュリアスと接触する場所は、多くの場合、マンハッタン、ブルックリン、ブロンクスのユダヤ人街でした。ブツの受け渡しはたいてい映画館の暗がりの中で、ジュリアスは先に来て最後列の一つ前の列に座っていました。最後列は恋人たちの席だったからです。私は着席したジュリアスの後ろ姿を認めた後、彼と同じ列の二つ三つはなれた所に座りました。私が着席し、しばらくするとジュリアスは立ち上がり、私の前を通って退出。ブツの受け渡しはその瞬間でした。冬ともなれば、着ぶくれラッシュのバスをこれ幸いと利用しました。また、マディソン・スクエアガーデンの金曜日の呼び物となっているボクシング試合の混雑と熱狂を利用したこともあります。私は多くの場合、ブツを受け取るとすぐにＫＧＢ支局にとって返し、マイクロフィルムに撮り、翌日早朝には出勤ラッシュに紛れてブツをジュリアスに返しました。極秘文書は主にジュリアスの勤務先エマーソン・ラジオ社が請け負っている軍用部品の青写真、図面、装着仕様書、取扱い説明書などです。ところでジュリアスのソ連に対する最大の貢献は、一つは原爆。もう一つは近接信管でした」

近接信管は、別名VT信管というアメリカの超極秘兵器だった。これは、砲弾が目標物に命中しなくとも、目標近くに達すれば起爆作動する信管で、これを装着した対空機関砲弾がアメリカ海軍軽巡ヘレナに実戦配備され、一九四三年一月五日、ソロモン海域で九九式艦爆を撃墜した。これがVT信管最初の戦果であり、これ以降、エマーソン・ラジオ社からVT信管の大量供給が始まると同時に、対戦車用のVT信管が開発の緒《ちょ》に就いた。戦車戦において重要視されるのは敵戦車を串刺しにする徹甲弾である。しかし戦車が単独で飛び出せば歩兵に食われる。そこで地上戦における戦車出動には随伴歩兵あるいは戦車跨乗兵《タンクデサント》が必ずいた。戦車戦のためのVT信管が強力な武器に変化したのは随伴歩兵および戦車跨乗兵を簡単に制圧できたからであり、ちなみに、対戦車用VT信管はバルジ作戦で初めて米軍地上部隊に実戦配備され、パットン将軍はこの新兵器を大絶賛している。

「一九四四年のクリスマス・イヴの時のことです。アメリカでは、クリスマスはたとえ戦時中であっても、すべての家族にとって神聖な休日ですから十二月になると大きな美しいクリスマス・ツリーがロックフェラーセンター前のスケートリンクに飾られました。私は、ウィンドウ・ショッピングについてはプロ級の眼力を持つ妻のジーナに相談し、ギンベル百貨店でジュリアスには銀色ステンレス製のオメガ腕時計、エセル夫人には少し大きめの鰐《わに》皮ハンドバッグ、息子のマイケルにはテディベアのぬいぐるみを購入し、クリスマスらしい包装紙でラッピングし、それをまとめてダンボールに入れてもらいました。これはジュリアスとその家族へのプレゼントです。ジュリアスとの会合は十二月二十四日日曜日午後七時三十分で、落ち合う場所はブロードウェイ西三十八番街の角にある完全セルフサービスが売りのホーン&ハーダートです。メニューはサラダ、スープ、サンドウィッチ、あるいはラムパイ、コーヒーなど、あまり上等なものはありませんが、当店オリジナルの自動販売機に向かって数十セント硬貨を投入すれば、口に入る一皿は出て来ます。ともかく、ウェイターやウェイトレスという危険な観察者がいないという利点に加え、この店には出口が二つあり、一つは三十八番街に、もう一つはブロードウェイに出られるので、人をまくのに好都合でした。

私はいつもの通り、五分前に着いて、店の入口の反対側に立ち、何気なくポスターを眺め、路上の売店で新聞を買い、それとなく周囲をチェックしていると、ほどなくジュリアスが茶色のダンボール箱を持ってあらわれ、店に入って行きました。食堂の大きなガラス窓を通してジュリアスが自動販売機の小窓を開け、コーヒーを取り出して窓際のテーブルに運んでくるのが見えます。彼はテーブルに座り、すぐそばにダンボールを置き、新聞を読み始めました。いつもの通りです。私は店に入り、自動販売機からサンドウィッチとコーヒーを取り出すと、それを持ってジュリアスの斜め前に座り、無言で新聞を読みました。これが私たちの挨拶なのです。一〇分ほどそういう状態が続き、ジュリアスは立ち上がると、ほとんど囁《ささや》くように、『この茶色いダンボール箱はあなたへのクリスマスプレゼントです。少し重いから、気を付けて』と言いました。

『私の持って来たダンボール箱も忘れずに。これは君へのクリスマスプレゼントだよ』

ジュリアスは無言で私の持ってきたダンボールを抱え、立ち去りました。私はゆっくりとサンドウィッチを食べ、新聞を読むふりを続けました。誰もここでダンボールのすり替えがあったことなど気づいていません。しかし私は用心し、少し離れた場所に座って話し込んでいる二人の女性が立ち去るまで、店を出ませんでした」

ローゼンバーグのダンボールは丈夫なひもでしっかり梱包されていた。重量はおよそ六キロ半。フェクリソフは地下鉄でＫＧＢ支局に戻った。夜更けの日曜日だったから、そこには当直勤務の職員しかいない。がらんとした事務所で梱包を開け、フェクリソフは驚いた。

「私の人生でこれほどびっくり仰天したことはありません。私の目の前にあったのは、アメリカ最大の秘密兵器ＶＴ信管を装着した対空機関砲弾でした。錆止めオイルで処置された独特の金属のにおいをはなつピカピカの新品。特殊仕様の真空管。複雑な配線。実戦配備されるそのものずばりの兵器には、設計図とか説明書とかのペーパー資料を遥かに越えた迫力があります。それは文献や設計図に書き残せないノウハウを教えてくれるからです」

翌日二十五日月曜日、朝一番、局長クワスニコフがこれを見た時、大興奮したが、次の瞬間、「やばいな。罠かも知れん。いったいぜんたい、ローゼンバーグはどうやってこんな大きなものを工場から盗み出せたのだろう。アメリカ人の監視体制がどれほど笊《ざる》でも、員数チェックぐらいはやっている。ここまでの経緯をローゼンバーグに良く聞いて、私に説明してくれ」と言った。俺達にはルーズベルト大統領がついていると放言したクワスニコフ局長だったが、さすがに変わり身は早く、今度はフェクリソフに向かって、エージェント管理不行き届きで重大な譴責を食らうかも知れないぞ、と言い出した。

「ジュリアスがＶＴ信管を装着した機関砲弾を私へのクリスマス・プレゼントにしようというアイデアは三カ月前に閃いたものだということが分かりました」と、フェクリソフは回想する。

工場のテスト工程で駄目だしされたＶＴ信管の不合格品は数量チェックの上、廃棄物保管庫に収納保存される。それら大量の不合格ＶＴ信管は、年に一度、廃棄トラックに乗せられて破壊焼却処理場に行き、この世から抹消される。

——処理場にトラックが向かうのは毎年十二月二十四日限定だ。

ローゼンバーグが盗み出しに成功できたのはこれを発見したからだった。こうなると、後から後へとアイデアが湧いて出た。

――――VT信管を構成する部品の数は多い。

しかし、不合格VT信管だからと言って、それを構成する全部品が悪いという訳ではない。ローゼンバーグは電気工学部卒の知識を活かし、廃棄物保管庫の大量の不合格品の中から比較的素性の良いモノを一個選び出した。次に、選び出したモノを解体し、そこから欠陥部品を抜き取り、廃棄物保管庫にある大量の不合格品の中から少しずつ、少しずつ正常部品を探し出して、これを欠陥部品と交換し、見かけは不合格品だが中身は合格品というVT信管を誰にも知られぬ内に一個作り、何食わぬ顔でこれを廃棄物保管庫に戻した。ついでながら、不合格品はすべて縦横十二インチ高さ二〇インチの規格品ダンボールに納められ、棚に整然と並べられている。そこでローゼンバーグは盗み出そうと決めたVT信管のダンボールに、自分しかわからない小さな疵をつけ、棚の中に紛れ込ませた。後は廃却日にあたるクリスマス・イヴを待ち、廃棄トラックの最終便に目印の疵をつけたダンボールを積み込めばいい。次にローゼンバーグは、工場内にある自分の仕事場の掃除と整頓のため、クリスマス・イヴの出勤申請をした。この申請を出すにあたり、ローゼンバーグは職場長に「それが済んだら廃棄保管庫でやっている不合格品の蔵出し作業を手伝う」と言ったから、手が足りなくて困っていた職場長は喜んだ。

「自分の仕事を終えたら、すぐに蔵出しにはいってくれよ。いいな！」

「いいですよ。最後まで付き合いますよ。でも終わったら、廃品運搬トラックに便乗し、我が家まで送ってもらっていいですか。私の住まい？　モンロー街のニッカーボッカー・ヴィレッジですよ。工場から焼却場まで行く途中です」

職場長は、これならローゼンバーグが途中でいなくなることが無いと判断し、みずから運転手に「送ってやれ」と因果を含めることまででした。

十二月二十四日日曜日、ローゼンバーグはかねて用意の《にせもの不合格品》が収納されたダンボールを他のダンボールと一緒に、廃棄トラック最終便に乗せ、それが済むと運転手の隣に座った。運転手はエンジンをスタートさせ、工場出口に向かう。もっとも冷やひやする瞬間が迫っている。工場の守衛はリストを片手に、すべてのトラックの積み荷をチェックすることになっており、もしも守衛がダンボールを全部開封し、マニュアル通り構成品番号を徹底的に照合すると言い出したなら、この計画は失敗。一週間とたたずにローゼンバーグはＦＢＩの捜査を受け、累はＫＧＢに及ぶだろう。

トラックが工場の出口に着いた。ずんぐりした五十がらみの酒焼けで鼻の頭が赤い守衛がゆっくりとした足どりでトラックに歩み寄る。運転手は守衛にチェック用の書類を渡した。

「このトラックが廃棄物処分の最後のトラックだよ。俺はこれが済んだら大急ぎで自分の家に帰って、掃除だ」とローゼンバーグ。

「そいつはたいへんだ。早く帰りたいだろう」と守衛。

守衛はノーチェックで搬出書類にサインし、それを運転手に返した。

「メリークリスマス、お二人さん」と守衛。

「メリークリスマス」

工場の門がゆっくりと開き、運転手はローゼンバーグを乗せ、破壊焼却処理場に向かった。そして、とある食料品店の前に差し掛かった時だ。ローゼンバーグは砂糖を買うのでちょっと待っていてくれと頼んだ。店に入ると、小僧は心得顔で梱包の済んだダンボールを持ってきた。中には注文した六キロの袋詰め砂糖が入っている。ローゼンバーグは支払いを済ませて店を出、ＶＴ信管が入っているダンボールと寸分違わない砂糖入りダンボールを抱えて助手席に座り、ニッカーボッカー・ヴィレッジの自宅に送ってもらった。

「ありがとう、助かったよ」とローゼンバーグ。

「どういたしまして。助けてもらったのはこっちですよ。イヴだというのに、うんざりするほどの廃棄物でしたね」と運転手。

「ちょっと待て。荷崩れしてないかどうか見てあげよう」

ローゼンバーグはトラックの助手席を降り、荷台にまわって幌を開け、砂糖の入ったダンボールとVT信管のダンボールをすり替え、なにくわぬ顔で「異常なし」と運転手に言い、「メリークリスマス！」と挨拶して団地の内側に姿を消した。トラックはそのまま焼却処理場に走り去る。それを物陰から見届けたローゼンバーグはダンボールを抱えてバス停車場に向かった。

ここから後は、フェクリソフがホーン&ハーダート軽食レストランで見た通りの展開となる。

「VT信管の顚末を聞いた後、私はジュリアスに、こういうクレージーなことを勝手にやってはいかんと言いました。しかしあの男はしれっとしています。ジュリアスは『クリスマス休暇を前にすると、人は皆、心が浮つく。特にクリスマス・イヴというタイミングなら危険でも何でもない』、と言って笑いました。不気味な顔でした。私は一瞬、切り裂きジャックという変質者はこういうモノではなかったかと思ったほどです」

これを聞いたクワスニコフ局長は即座に担当替えを決め、フェクリソフの後任にベテランのエージェント監督者アナトリー・ヤチコフを置いた。

ところでVT信管の機密がソ連に漏洩したことをアメリカはずいぶん後になって知った。それほどローゼンバーグの盗みのテクニックが冴えていたことになるのだろう。ともあれ、VT信管は外交行李（Diplomat　cargo）に封入されて海を渡り、ソ連の科学技術者に手渡され、その結果、これを研究改良する特別研究所と専門工場がスターリンの肝いりで創設された。そしてスターリン死後の一九六〇年五月一日、アメリカ空軍パワーズ飛行士の操縦するスパイ飛行機（ロッキードU-2ドラゴンレディ）がソ連の地対空ミサイルS-75に撃墜され、落下傘離脱した飛行士はスパイ容疑で逮捕となった。S-75ミサイルに搭載されていたのはローゼンバーグの盗み出したＶＴ信管の改良版であり、アメリカはここで初めてＶＴ信管の機密がソ連に渡っていたことを知った。これについてフェクリソフは回想録で次のように述べている。

「噂では、アメリカはＶＴ信管の開発に十億ドルを投じたそうですが、ソ連の投資はＫＧＢのペーペー職員が使うことを許された交際費、つまり、オメガ腕時計と鰐皮ハンドバッグとテディベアのぬいぐるみの購入代金程度のものでした。ローゼンバーグ夫妻が死刑判決を受け、シンシン刑務所で処刑されたのは原爆の秘密漏洩に深く関与したからだと言われています。これに関連することですが、一九四四年九月、ワーキング・ディナーの場で、ジュリアスは初めて自分にはデヴィッド・グリーングラスという義弟がおり、この義弟がニューメキシコ州の陸軍研究所で働いていると私に語りました。義弟、つまりジュリアスの妻エセルの弟です」

　ＫＧＢのスパイ工作員に採用してはどうかとローゼンバーグがフェクリソフに提案してきたデヴィッドは一九二二年三月二日生まれで、ハーレン高校を卒業後、ブルックリン工科大学に入学したが、在学中だった二十歳の時にルース・プリンツと結婚。大学を中退し、テネシー州オークリッジの陸軍施設で働いていたが、一九四四年八月、ニューメキシコ州ロスアラモス研究所に異動となった。妻のルースは夫と逢うため、列車を乗り継いではるばるニューメキシコのアルバカーキまで行き、夫婦水入らずの時を過ごしたが、このとき夫は妙なことを囁《ささや》いた。ロスアラモスでは途方もない破壊力の爆弾を研究している、と。

　帰宅後、ルースはそれをエセルに話し、そしてジュリアスに伝わったというわけである。

「途方もない爆弾と聞いても、私にはそれが何のことかピンと来ませんでしたが、局長のクワスニコフに報告すると、『それは原爆のことだ』と言って非常に興奮しました。局長はＫＧＢロンドン支局が初めて盗み出した原爆情報について本国から通知されており、併せて、アメリカでつかんだ原爆情報は、いかに些細なことであれ本国に通知し、かつ、さらなる諜報活動を徹底推進せよと厳命されていましたから、その日の内にグリーングラス情報は暗号電文となって本国に送られました。すると、ただちにその男をスパイとして取り込めと緊急指令が飛んできたのです。しかしここで局長が下した決定はデヴィッドがジュリアスの細胞として活動することでした。つまり《ジュリアス》《デヴィッド・グリーングラス》というネットワークが形成され、その間の文書伝達使《クーリエ》として《妻エセル・ローゼンバーグ》《妻ルース・グリーングラス》が働くという構図です」

（2）原爆のすべてをソ連に伝授したクラウス・フックス博士

「ところで、私はＫＧＢ支局での担務が変り、一九四五年一月をもってジュリアスとの接触を含むすべてのエージェント管理を親友のアナトリー・ヤチコフに引き継ぎ、大戦が終わった一九四六年十月初旬、大西洋経由でレニングラードに戻りました。しかし帰国から十カ月後の一九四七年八月三日、私は科学情報スパイ網を統括するＫＧＢ本部のワシレフスキー長官から呼び出され、ロンドンに行けと命令されました。目的はアメリカの原爆情報をソ連に提供し続けたクラウス・フックス博士との接触です。

フックス博士

　長官は飛行機だと目立つので、八月三十日、レニングラード出港のベロオストロフという貨客船で行けと付け加えました。私はフックス博士なんて知りません。原爆情報の繋がりで知っているのはローゼンバーグとグリーングラスの二人です。すると長官は別室に控えていた人間を呼び、あとはこの男から詳細を聞くようにと言いました。それは何と旧知のアナトリー（ヤチコフ）で、さては何か重大事件でも起きたかと、挨拶もそこそこに打ち合わせを始めたのですが、私はアナトリーの第一声を聞いて驚きました。ローゼンバーグ経由でＫＧＢに提供されたグリーングラスの原爆情報は二流以下だったと言うのです。アメリカが核兵器という途方もないものを作り出そうとしていたことはグリーングラス情報で分かったが、ではこの情報をもとにソ連の科学者が短期間で原爆を作れるかと言えば、答えはノーだと言うのです。

一刻も早くソ連を原爆保有国にさせること。ソ連が突き付けられたこの難問に救いの手を差し伸べることができるのはクラウス・フックス博士でした」

以下は、フェクリソフがヤチコフから見せられたフックス博士に関する情報の一部である。

■クラウス・エミール・ユリウス・フックス

◎ドイツ人。職業は理論物理学者。一九一一年十二月二十九日、ドイツ・ヘッセン州リュッセルスハイム・アム・マイン生まれ。ライプツィヒ大学およびキール大学卒業。一九三二年にドイツ共産党に入党。一九三三年にナチス政権が誕生するとフランスへ逃れ、次にイギリスに渡り、この地で量子力学の論文を発表。博士号を取得。エディンバラ大学で講座を持った。第二次世界大戦勃発後の足取りは、一九三九年九月三日、イギリスにおいて敵性外国人（ドイツ人）として拘束され、マン島の収容所およびカナダ・ケベック州の収容所に収監されたが、一年ほどで釈放。一九四二年六月十八日、イギリス科学学術員になり、同時にイギリスで市民権を得、イギリスの原爆開発計画に参加した。一九四三年末、アメリカ合衆国に渡りコロンビア大学でガス拡散方式のウラン分離研究に従事。その後、ロスアラモス研究所に拠点を移し、プルトニウムの臨界研究と爆縮研究に貢献。

◎父親のエミール・フックス（一八七四年誕生／一九四七年現在生存）はルター派神学者であると同時に、共産主義を強烈に容認したライプツィヒ大学神学部教授。母親はエルゼ・ワグナー・フックス（一八七五年誕生）。統合失調症で一九三四年に自殺。姉のエリザベート（一九〇八年誕生）も統合失調症で一九三九年に自殺。兄はゲルハルト（一九〇九年誕生／一九四七年現在生存）。妹のクリステル（一九一三年誕生／一九四七年現在生存）はアメリカに移住、マサチューセッツ州ケンブリッジに住む。

「フックス家は曾祖父の代からルター派聖職者です。博士の父エミールも同じ会派の聖職者でしたが、この人は強烈な容共聖職者で、一九二一年にドイツ最初の聖職者共産党員になりましたから、この一家は近所から《赤い狐の家族》と言われていました。宗教はアヘンだと言ったのはマルクスですが、聖職者の入党はレーニン同志もこれを認めており、エミール・フックス牧師が特別だった訳ではありません。

ところでスパイ活動という非合法の世界を泳ぐ時、常に敵であるＭＩ５やＦＢＩの罠に用心しなければなりません。だからＫＧＢに接触する場合、絶対に誰かの推挙が必要なのです。そこでフックス博士は一九四一年八月、同じくイギリスに亡命した経済学者のユルゲン・クチンスキー教授に、科学情報をソ連へこっそり提供したいのだが、力になってくれないかと、持ちかけました。この教授はＫＧＢのエージェントではありません。共産党員で、ヒトラーが政権を取った直後、ロンドンに活動拠点を移したユダヤ系ドイツ人です。教授は数日後、フックス博士に向かい、『ソーニャという女がお茶でもいかがと言って、あなたに接触をはかる。続きはその女とやってくれ』と返答しました。

フックス博士は知らなかったようですが、《ソーニャ》という秘匿名《カバー・ネーム》の女は教授の実妹ウルスラ・マリア・クチンスキーです。この女はその方面では知る人ぞ知る練達のＫＧＢエージェントで、リヒャルト・ゾルゲと共に極東方面の日本の動向をスターリンに伝えたという猛者です。作家としての顔を持つこの女

クルチャトフ

スパイは、ハルビン、東京あたりでは《ルース・ワーナー》で通っています」

この時、フックスはイギリス科学学術員になっていたから、機密情報閲覧資格があり、かくしてKGBロンドン支局には、原爆研究を含むイギリスの兵器産業機密がソーニャ経由で流出しはじめた。モロトフ外相がソ連原爆開発者クルチャトフ教授に初めて渡した原爆情報とはこれである。ちなみに、一九四二年から一九四三年までの間、フックス博士はソーニャと六回面談。そのうち三回はオックスフォードシャー・バンベリーのカフェだった。

一九四三年十一月、イギリス政府方針のもと、フックスは他の科学者と共に研究拠点をロンドンからアメリカに移すことになった。ソーニャがこの状況変化をKGBに伝達すると、折り返し、「アメリカでフックス博士を担当するエージェントは《レイモンド》」と返信があり、ソーニャはすぐにこれを博士に伝えている。

一九四三年十二月三日、博士はバージニア州ノーフォーク港に着き、タイムズ・スクエアに近いタフト・ホテル（現在のミケランジェロ・ホテル）に投宿したが、すぐにセントラルパークに近いバルビゾン・ホテルに移り、その後、博士はマンハッタン地区アッパーウェストサイド七十七番街・西一二八番地に家具付きの部屋を借りた。すぐそばにはアメリカ自然史博物館がある。

「私はアナトリー（ヤチコフ）からフックス博士が借りたアパートの住所を聞いて妙な巡り合わせを感じました。私と妻子はそのころ八十九番街・西六四番地に住んでおり、そこからコロンブス通りに沿ってちょっと歩けば博士のアパートだったからです。つまり一年半程度、私たち家族とフックス博士は互いの存在を知らぬまま、毎日同じ歩道を行き来していたのです。

虚弱体質の上に強度の近視だった博士ですが、人は見かけによらないもので、アナトリーに言わせると、博士は本物のスパイよりもスパイらしい人間だったようです。ところでアナトリーは、マサチューセッツ州に住んでいる博士の妹クリステルが共産党の集会によくやって来るのを知り、そこで凄腕エージェントのエリザベス・ベントレーを集会に送り込み、クリステルから博士の情報を吸い上げてやろうとしました。するとその凄腕は次のようなクリステルの言葉を拾ってきました。
『兄は死んだ母と容貌が瓜二つです。私の記憶に残る兄は、母親べったりの甘えん坊で、それと関係があるのかどうか分かりませんが、今でも私の家に来ると、自分のことを、私はと言わずに、僕ちゃんは、とか、クラウシー君は、とか言っています。無口で内向的な他者依存タイプなくせに、ある瞬間、一転して傲慢で粗暴な態度をとる。これは昔から変わっていません』

これを聞いたアナトリーはフックス博士の中に多重人格障害の一面を嗅ぎ取り、ダブル・エージェントの危険があるかも知れないと疑いましたが、結局、これは思い過ごしでした」

フックスの通勤地がコロンビア大学ハロルド・ユーリー教授のＵ-２３５ガス拡散分離研究所と判明した一九四四年一月、ＫＧＢ本部はフックスとの唯一の情報伝達ルートに立っていたソーニャに『フックス博士と《レイモンド》を一九四四年二月四日金曜日、マンハッタン地区ロウアー・イーストサイドにあるヘンリー・ストリート・セッツルメントの正面歩道で接触させること。時間は十五時ジャスト。本人特定の目印としてフックス博士にはテニスボールを持たせること』という指令を出した。レイモンドとはＫＧＢのヤチコフが博士にぴったり貼り付けつもりで振り当てたエージェント、ハリー・ゴールドの秘匿名《カバーネーム》である。

当日、定刻、指定場所にはクラウス・フックスがいた。分厚いコートに襟巻き。そしてその手には冬景色に似つかわしくないテニスボールを握っている。一分と経たない内に、交差点の人混みから抜け出してフックスに近づいていった男がいた。ずんぐりした小柄な男で、寒風に悲し気な顔をさらしている。年齢不詳。ポッチャリした丸顔に二重顎。子供か大人か分からない顔だ。無気力な目は穴でも開いているように空疎で、まるで覇気がない。男は緑色の本を左の小脇に抱え、毛糸の手袋を左手に持っている。二人はあらかじめ取り決めてあったコールサインを交換。かくしてフックスはＫＧＢニューヨーク支局のエージェント《レイモンド》にたどり着いた。

フックスはウラニウム同位体Ｕ-２３５のガス分離に関するトップクラスの研究者だったから、即座にテネシー州オークリッジに建設されたケレックス社の巨大なガス分離工場建設計画に参加した。馬鹿らしいほど当然の結果、お化けのようなＫ-25ガス分離工場の機密も、アメリカ中央銀行が保管する純銀インゴットを総ざらえして作ったというアーネスト・ローレンス教授の巨大カルトロン電磁分離工場の機密もフックスからレイモンドことハリー・ゴールドを経由してソ連に流出した。

ところで、一九四四年八月にＫＧＢをあわてさせることが起こる。

ハリー・ゴールドはフックスと二月から七月の間に五回接触したが、六回目、すなわち八月、博士は接触場所となっていたブルックリンのベル・シアターに姿を見せなかった。フックスは消えてしまったのだ。

オッペンハイマー教授が原爆の爆発素材をプルトニウム一本に絞ると決断したのは一九四四年八月。この決断により、フックスは八月十四日、ロスアラモス研究所に駆り出され、パイエルス、フリッシュ、スカイムなどイギリス人物理学者多数と共に、ハンス・ベーテが部門長を務める理論物理部門（Ｔ-１）に研究室を置いた。これ以降、フックスは原爆の最重要部分、爆縮レンズの設計とプルトニウムの臨界点確定に全面参画したのだが、そうとは知らぬＫＧＢは頭を抱えた。ソ連の原爆開発を請け負ったクルチャトフ教授を含むソ連本国の科学者にとってフックス情報が頼みの綱となっていたからだ。

いっぽう、どこに連れて行かれるのか知らされていなかったフックスは、ロスアラモス研究所に入って驚いた。すべての電話は盗聴され、《私書箱一六六三》を出入りする郵便物はすべて開封されるなど、厳重な防諜体制が敷かれていたからだ。フックスは妹に手紙を出し「クリスマスに皆と過ごすことは不可能になった」ぐらいのことは知らせようかと思ったが、妹から来るであろう手紙の中に当局の不審を招く文言がちょっとでも書かれていれば、万事休すだ。こうなっては、ひたすらマサチューセッツ州の妹の家に一時帰郷するチャンスを待つほか無い。

「アナトリーはフックス博士と音信不通になってから一カ月我慢したそうです。しかし、依然として音沙汰なし。本国からはもっと情報をよこせと矢の催促。背に腹は代えられぬとなったアナトリーは、ハリー・ゴールドに西一二八番地にあるフックスの住処《すみか》を訪ねて来いと命じました。ゴールドは、借りた本を返しに来たというもっともらしい理由で博士を訪ね、管理人に様子を聞いたが、『フックスさんはボートでどこかに行きましたよ』と、まったく要領を得ません」

運動嫌いのフックスがハドソン川からボートでどこかへ行くなんてありえない。

――ひょっとして消されたか？

そこでヤチコフ（アナトリー）は九月末、ゴールドを博士の妹が住むマサチューセッツ州ケンブリッジに行かせたところ、家族全員でヴァカンス旅行だと言う。

――兄が事故死したかも知れないというのに、いくら何でも息抜き旅行は無いだろう。フックスはピンピンしてどこかに居るのだ。

ヤチコフは少し安心し、十月末にもう一度、ゴールドを妹に会いに行かせたところ、今度はいた。そして、「兄はアメリカ南西部に行ったきりだけど、クリスマスにはここに来て、休暇を過ごす予定だ」と言う。そこでゴールドは、「自分はレイモンド。至急連絡が取りたいと伝えてくれ」、そう言って一通の手紙を渡して戻って来た。郵便や電話が普及しているのに、わざわざ手渡しのレターというのは充分に怪しいのだが、ヤチコフは敢えてこの手に出た。しかし、結局、博士はクリスマスに現れず、年を越えて一九四五年二月二十日火曜日に妹宅へやって来て、ゴールドの手紙を受け取った。

二月二十三日、フックス博士は妹の家でゴールドと面談し、ロスアラモス研究所で自分が何をやっているか要点のみ語った。そして二日後の二十五日、今度はボストン市の映画館で博士がこれまで知り得た情報をゴールドに渡した。そこにはソ連の学者が考えも及んでいなかった《プルトニウム》と《爆縮レンズ》に関する非常に貴重な情報があった。特に《爆縮レンズ》はＩＢＭマシーンでシミュレーション追跡しなければ完成できない。当時ソ連には影も形も無いパンチカード・システムのお世話にならずに済み、かつ、U-２３５の分離濃縮について膨大な試行錯誤時間を費やすこともなく、科学キットを組み立てるようなやり方でプルトニウム原爆に辿り着いた。

そして一九四五年六月四日。フックスは十二日後に迫ったトリニティー実験の会議に出た後、自分のビューイック・スーパー・クーペというおそろしく泥だらけの青い中古車を運転してサンタフェのパセオ・デ・ペラルタ街道にあるカスティロ・ストリート橋でゴールドと接触。ここでプルトニウム原爆の全データをゴールドに渡した。この中には原爆の外観図、各種装置の装着図はもちろん、パンプキンという模擬爆弾の情報まで入っている。加えて、ファットマン原爆の精密な図解説明書をみずからの手で作成したフックスは、これをゴールドに渡す時、ものに取り憑かれたような表情になって、必ずこれをモスクワに持って行けと言った。

もう一つ。フックスは別れ際、ゴールドに「二種類の原爆が八月上旬、日本に落とされる」と告げたが、いかなる手違いか、この原爆投下予告はスターリンには届かなかったようだ。

情報の受け渡しはアッと言う間に終わり、この時ゴールドはヤチコフから預かった二つの物を渡した。一つは長いこと渡しそびれていたクリスマス・プレゼントの革の札入れ。もう一つは封筒にいれた一五〇〇ドルの謝礼金で、加えてゴールドは、「必要経費は遠慮なく」と言った。するとフックスは、侮辱するな、自分はソ連を大切に思う気持ちでやっている。そういうものは引っ込めろと声を荒げた。ゴールドは恐れをなし、すべてを引っ込め、後日、それをヤチコフに戻した。

ところで、ミズーリ艦上で日本の降伏署名が済んだ後のことだ。日付けは一九四五年九月十九日。この日をもってフックスとゴールドの接触は最後となる。場所はサンタフェ郊外にあるサン・ミゲル修道院のベンチで、この時の接触についてゴールドは、「日本は降伏し、博士は打ちのめされたような、苦悩でいっぱいの顔をしていた」と証言している。なるほど、フックスは六月十六日に実施されたトリニティー実験をその目で見、爆心地周辺の凄惨な痕跡を目撃していたから、日本人犠牲者の身に降りかかった煉獄の苦しみがよく理解でき、良心にさいなまれ、苦悩していたのだろうと思いがちだが、それは違う。フックスはオッペンハイマー教授がロスアラモス研究所を去った後も、そこに残り、まったく平然と、広島と長崎の被爆分析の仕事に携わり、さらには水爆の開発会議にも名を連ねた。こういう次第であるから、苦悩でいっぱいの顔は、少なくとも自責の念や懺悔の気持ちとは関係無い。では何に苦悩したのか？　それはフックスが死んでしまった今となっては永遠の謎だ。もしかするとヤチコフが危惧した多重人格障害者特有の反応だったのかも知れない。

ゴールドとの最後の接触が終わってからの二カ月後の十一月二十日、フックスは休暇でモントリオールを訪れ、この地でコッククロフト卿と面談。ハーウェル研究所・核兵器研究室長への就任に応じ、翌一九四六年六月十四日、ロスアラモスを去って、ロンドン近郊オックスフォードシャー州ハーウェルに活動拠点を移した。それを知らないＫＧＢから見れば、フックスは一九四五年九月十九日をもってＫＧＢの前から姿を消したことになる。

フックスが再びＫＧＢの前に姿をあらわしたのは一年十カ月後の一九四七年七月で、仲介者は女スパイ、ジョアンナ・クロプステッヒ（秘匿名《カバー・ネーム》マルタ）。この情報はＫＧＢロンドン支局員ミハイル・シーシュキン、同支局長ボリス・ロディン、ＫＧＢ本部ワシレフスキー長官を経て、最終的にフェクリソフに落ちてきた。

「フックスは、なぜ大戦が終わった後、危険をおかしてＫＧＢと接触しょうとしたのかとお訊ねですか？この答えは簡単です。フックスは本気でソ連が原爆保有国にならなければいけないと思っていました。ところが、いつまでたってもソ連が原爆実験に成功したというニュースは聞こえてこない。博士は業を煮やしたのですよ。フックスはロンドンでＫＧＢとの接触仲介者を探そうとずいぶん苦心したようですが、クチンスキー教授も妹のウルスラ・クチンスキーも姿を消している。そこでフックスは共産党の繋がりを辿ってやっと女スパイ・マルタと面談し、その筋からＫＧＢロンドン支局の門戸をこじ開けたのです」

この当時の、ソ連の原爆開発状況は、クルチャトフ教授の強気な発言とは裏腹に、相当深刻なデッドロック状態にあり、現状突破するにはマンハッタン計画に参加してその内容を隅から隅まで熟知している物理学者クラウス・フックスの協力を得なければどうにもならない。これがスターリン以下の共通認識だったから、フェクリソフに対する期待も大きかった。

「フックスとの接触はハリー・ゴールドを介して接触実績のあるアナトリー（ヤチコフ）の方が適任です。しかし、東西対立は激しくなっており、アナトリーは長期間アメリカを留守に出来ません。また、ＫＧＢのロンドン支局員はＭＩ５に顔が割れている可能性が高く、正面切ってフックスと接触することはできない。その点、私はアメリカの事情に通じており、かつ、ロンドンに知り合いはいません。ＫＧＢ本部《ルビャンカ》は熟慮の末、私を選んだのでしょう。

私の仕事は、クルチャトフ教授ほか原爆開発当事者の質問をフックスにぶつけ、その回答を本国に送り届けることです。私は、この仕事には自分のようなＫＧＢ職員ではなく、科学者が適任だろうとアナトリーにこぼしたところ、その仕事はクルチャトフ教授本人でも適任ではないと言われてしまいました。科学者はプライドが災いし、いざとなると肝心なことを相手に訊かないのだそうです。

　私は命令通り貨客船でロンドン港に着き、シーシュキン支局員の手配で一九四七年九月二十七日土曜日午後八時、クラウス・フックスという未知の物理学者と接触することなりました。遭遇予定地はナグス・ヘッド（the Nags Head／万年びりの競走馬）という名のパブです。私は接触数日前の昼過ぎに地下鉄ピカデリー線グリーンウッド駅周辺を歩き、馬の頭部を描いたナグス・ヘッドの看板の下を通り抜け、外側から下見を済ませました。なお、店内下見は、バーテンダーは一回でも来た客の顔は絶対忘れないという人間が少なくありませんので、こちらの方はシーシュキン支局員に依頼し、詳細な店内見取り図を作ってもらいました。私はほとんどの場合、地下鉄かバスを使い、十五分前には目的地についているようにしています。当日、地下鉄を降りて地上に出ると、日中、下見に来た時と違い、夜霧が街燈の光の中にただよい、あたりは穏やかな静寂に満ちていました。私が夕刊を読みながらバス待ちのふりをしていると、何となく楽し気で、口笛でも吹きそうな感じの男が角を曲がって歩道に現れ、ナグス・ヘッドに入って行きます。痩せぎすで背が高いその男の髪はダークブロンド。丸縁メガネをかけ、額が抜け上がり、昂然と頭を上げたその姿は高い知性を窺わせました。これがフックスです。私は二、三分その場を動かず、誰か尾行している者はいないか様子を見た上でナグス・ヘッドの扉を開けました」

　ドアベルが鳴る。店内は暖かく、そこには濃密なタバコとビールの香りが漂っていた。ナグス・ヘッドは《サルーン・バー》《パブリック・バー》《なじみ客のためのバー》《テイクアウト専門の販売エリヤ》と、四区画に仕切られており、カウンター席の他にソファーやテーブルがおかれたダーツコーナーもある。そこでフックスはと言うと、この男はサルーンのバー・カウンターで背の高いスツールに座り、ビールをちびちびやりながら、トリビューン紙を読んでいた。

「私は、いくら初接触にあたっての約束事とは言え、なぜ選りに選ってトリビューン紙なのかと少し気にさわりました。ここはモスクワではなくロンドンであり、フックスの身分は最高機密取扱許可を得たイギリスの要人です。そういう立場の人間が読むものとして共産党機関紙のようなトリビューンは穏やかでない。間違いなく人目を引く可能性があったからです。ともあれ、フックスは私にちらりと一瞥をくれました。明らかに私が分かったようです。そこで私はフックスからほんの少し離れたスツールに座り、約束通りカウンターの上に赤い革製ブック・カバーの本を置いて、ドラフト・ビールを注文しました」

この時、突然、ドア・ベルが鳴り、九月にしてはかなり厚着の退職者然とした男が二人、騒がしい声を上げてサルーンに入って来たから、フェクリソフはぎくりとした。バーテンダーは二人を見て、いつものやつかと訊き、その後、二人のお馴染みさんは大ジョッキ一杯ずつのスタウト・ビールを持ってラウンジ席に去った。

「私もラガーより、スタウトにすればよかったかな」

フェクリソフはさりげなくフックスにつぶやく。

「それならギネス社のものが一番でしょう」

フックスはそう言うと、ジョッキを持ってストールを立ち、イギリス人プロボクサーの写真が並んでいる壁ぎわのコーナーへ歩いて行った。そこでは数人の客が歴代チャンピオンの雄姿を眺め、それを肴のおしゃべりに余念が無い。すると今度はフェクリソフがゆっくりとストールを立ち、同じようにジョッキを持ってフックスの横にならんだ。

「私が思うに、ヘビー級ナンバーワンはブルース・ウッドコックですよ」とフックス。

「おや、それは違いますな。トミー・ファーが一番ですよ」とフェクリソフ。

これにつられ、まわりにいた客同士が喧喧諤諤《けんけんがくがく》の議論を始めてしまった。

ものの三分もしない内に、フックスはジョッキのビールを飲み干し、それをバーテンダーに返すと、ナグス・ヘッドから立ち去った。

――どっちの方に行くのか？

フェクリソフは窓の外をゆっくりと歩いているフックスを眺めた。尾行者はいない。

「私はバーテンダーにさとられないよう適当な間隔を置いて店を出ましたが、難なくフックスに追いつくことが出来ました。接触は成功したのです。そしてこの時私は、フックスがハリー・ゴールドに渡すことができず、宙に浮いていたプルトニウム原爆完成のための重要文献を手に入れ、同時に、クルチャトフ教授から託された質問書をフックスに渡しました。博士はそれをさらっと読み、『全部記憶したから、これは返す。心配ない。質問書四ページ目の末尾余白に書かれた無意味な数字も同じように記憶した。あなたの欲しい情報は次回、書類にして渡す』と言って質問書を私に返し、『クルチャトフ教授の訊きたいことは、今、あなたに渡したその文献の中でかなり答えている』と付け加えました。ともあれフックスは、これ以後、密談時に質問書を提示すると、次回、その答えを大学ノートにびっしり書いて渡してくれました。もちろん質問書はいつもその場で返されています。余談ですが、フックスがメモを取ったことは一度もありません。それを見て私は、この男が私と同じ映像記憶の持ち主であることを知りましたが、その能力は、私とは桁違いで、つくづく、こういう超能力科学者を味方につけたのは大きいと感じたものです。

密談は、最初の日が一九四七年九月二十七日。そして最終日は一九四九年四月一日で、この間、計六回、私はフックスと会い、最新の広島・長崎被爆分析や現在進行中の水爆研究プロセスまで、大学ノートにして合計九十冊もの重要機密を受け取りました。なお、密談があった一年と七カ月の間にベルリン封鎖があり、その間、餓死の恐怖に怯えるベルリン市民のニュースが連日報じられましたが、フックスのソ連に対する忠誠心は少しも揺るぎませんでした。

それはさておき、アメリカは日本がまだ降伏していない八月十二日、原爆についての提案書であるスマイス・レポート（The Smyth Report）を公表しました。しかしフックスは『あれほど欺瞞に満ちたものは無い』と言い、継いで、『確かにあのレポートには嘘は書いてない。しかし当然記述しておかねばならない方程式やプルトニウム臨界値などについてはまったく曖昧にされている。よって、もしもソ連の科学者がスマイス・レポートを唯一の拠りどころとして原爆の完成にチャレンジするなら、迷路にはまり込み、堂々巡りを繰り返し、猛烈に時間を浪費する。私があなたに提供した文献はアメリカ人がたくらんだ誤認誘導という《悪意の罠》に陥ることを回避するためのものだ』と告げました。クルチャトフ教授は七、八年程度時間をかければ、誰の力を借りることもなく、独力で原爆を作れたでしょう。しかし、スターリン大元帥は悠長に待ってはくれません。フックス文献はそのための特効薬だったのです。

ところでフックスは、アナトリー（ヤチコフ）の言う通り、本職のスパイのように用心深い人でした。勤務地ハーウェル研究所から密談場所のロンドン市内までは八〇キロあり、博士は自分のスポーツカーでやって来ましたが、この男は密談場所から一〇キロほど手前で車をパーキングし、そこから地下鉄とバスを複数回乗り継いで目的地に着くという手の込んだやりかたをしています。

密談はたいてい第二土曜日で、午後八時から始まり、三〇分程度で終わりました。たとえどれほど長くなろうと一時間半以内です。それから密談場所はほとんどがパブ。言うまでもないことですが、同じ場所は使いません。パブでなかった唯一の例外はヘイマーケット・ストリートのそばにある映画館オデオン座を使った時のことで、私はこの密談の一週間前に、ケンジントン公園近くで車のスリップ事故を起こし、右足に傷を負い、セント・メアリーズ病院の外科医レズリー・ターナー先生に治療してもらいました。私は松葉杖をついて密談場所のオデオン座に行きましたから、フックスはてっきり私が変装しているのだと思ったそうです。

さて、私は質問書と回答書の交換ばかりやっていた訳ではありません。例えばハーウェル研究所の様子についてはフックスから一通りの聞き取りをしました。ご承知の通り、この研究所はロスアラモスのイギリス版です。完全に外界から遮断されており、寝泊りは宿泊所《ドーミトリー》で、さぞや監視の眼の厳しい隔離施設《ゲットー》だろう。そういう場所からどういう手を使って、フックスは合計九十冊もの重要機密を持ち出せたのか？　任務遂行上、私にはこれを知っておく必要がありました」

　しかしフェクリソフが拍子抜けしたことに、フックスがこの研究所で缶詰になっていたのはわずかな期間で、今はオックスフォード州アビンドンにまかない付きの部屋を借り、そこから出勤していた。

――イギリスの機密保護は笊《ざる》だ！

　フェクリソフは西側自由主義陣営における保安体制の限界をすぐに理解した。

　それにしても、フックス博士は、研究所からどうやってグラフや計算結果、あるいは見取り図などの人目に立ちやすい情報を持ち出せたのか？　検問所では身分証と顔写真だけがチェックされ、鞄の中までは調べないのか？　車は研究所内のどこにパーキングしているのか？

「私はそれを博士に訊きました。すると博士は、ハーウェル研究所はロスアラモス同様、入るのはたいへんだが、出るのは簡単だと言って次のように話してくれました。

『パーキングは四カ所ある検問ゲートの向こう側にある自分の研究室のそばだ。それから、私はほとんどノートを取らない。全部この頭の中に吸い込み、自宅に帰ってからソ連へ提供するためのノートに吐き出している。また、研究所でノートを取っても、他人には分からない特殊な書き方をしている。ともかく、計四カ所ある研究所の検問ゲートを出る時、そのノートをとがめた者は一人もいない』

　私は目の前にいるスパイ科学者が実に危なっかしいことをやっていると思いました。誰かがノートの中にある意味不明の記述に不審を抱いたなら、ＭＩ５は徹底的にフックスをマークするでしょう。また、検問所のチェックは甘くなっているから、フックスの気はゆるみ、車のダッシュボードに原爆の青写真を突っ込んで置くような馬鹿をするかも知れず、何かの拍子にそれが発覚すれば、ＭＩ５はフックスを泳がせ、一網打尽をはかるでしょう」

フェクリソフは即座にＫＧＢ覆面監視員の数を大量に増やし、フックスとの接触手順の厳格化を図ると同時に、最悪事態への対応を入念に準備した。

「フックスとの接触が繰り返された一年七カ月の間に、私が怪我をしたり、フックスが半年ほど行方不明になったこともありましたが、一九四九年四月一日、私は無事に最後となる密談の日を迎えました」

この日の接触はいつもと違い、金曜日の午前十一時。真っ昼間だった。

使用したパブは店の軒先にシンボルマークの大きな木彫りの馬を掲げたザ・スポッテッド・ホース（連《れん》銭《ぜん》葦《あし》毛《げ》）という名の店で、これはテムズ川右岸、ワーター・ロードがパットニー・ハイ・ストリートに出あうＴ字路上にある。フェクリソフは閑散としているパットニー駅で降り、五分ほど歩いて口開け間もないパブに向かった。

フェクリソフが店に入ると、サンドイッチの最後の一切れをビールと一緒に胃袋へ流し込んだＫＧＢシーシュキン支局員がゆっくりとトイレに向かった。フックス博士はすでにサルーンのテーブル席に座り、オレンジ・エードのグラスを口に運んでいる。フェクリソフはラガーのジョッキを持って博士の隣に座り、テーブルの上に置かれたノートをさりげなくトレンチ・コートのポケットに滑り込ませ、シャム猫のように澄まし込んでトイレに向かい、待ち構えていたシーシュキンにそれを渡した。ノートは速やかにソ連大使館へ運ばれ、外交行李に収納されて海路レニングラードに向かう。

サルーンの席に戻った時、フックスはいなかった。フェクリソフは残ったビールを飲み干すと、パブを出て、フックスと落ち合う約束のテムズ川沿いパットニー・ブリッジ・パークを目指した。

四月の声を聞いたというのに、この日は寒い曇り空の冬に逆戻りといった一日だったが、近くでは申し合わせたようにウールの帽子をかぶり、もこもこしたコートを着せられた小さな子供が楽し気な声を上げ、いっぽう母親連中は自分の子供を目で追いながらおしゃべりに余念がない。そういう雰囲気の中に少々場違いなフェクリソフとフックスがベンチに座っている。

「あれはもうすぐ大きな産声をあげるようだね」と、フックス。

「お陰様でね。感謝の言葉もない。産まれそうだと言うのは直感かね？」

「毎回出される質問の内容をプロットして行けば、当然の帰結だよ。それに今日はクルチャトフ教授の質問書が出されなかった。私の役目は終わったということだよ。少し早いが、心からおめでとうと言おう」

「こちらこそ、ソ連の全人民に代わって英雄フックス博士にお礼の言葉を捧げます」

「ソ連はナチスを撲滅してくれた。原爆情報にはそれに対する感謝の気持ちが詰まっていると思ってください」

　そう言うとフックスは照れたような穏やかな微笑を浮かべた。

「これからどうするのかね？　モスクワに来れば大歓迎されるよ」

「半年ほど前、ハーウェル研究所を訪れたオッペンハイマー教授からプリンストン大学に私の研究室を用意しようと提案されたが、ことわった。実はドレスデンで健在の父親から、私にライプチヒ大学で働かないかという手紙が来た。私にあの大学で理論物理学部長へ就任しないかという打診だよ」

「それはいい！　イギリスより東ドイツの方が絶対にいい！　ところでクラウス、君はこれからも独身でいるつもりかね。君は三十八とまだ十分に若い」

「ソ連は原爆保有国になる。私は役目を果たした。この上は父の許に帰り、そこで出来れば結婚し、家庭を持ちたい。心配なのはスイスのダボスで結核療養中の兄ゲルハルトだ。これが気がかりでね」

　フェクリソフはかつてハリー・ゴールドがフックスにカネを渡そうとして、突き返されていることを知っていたから、話が結核療養中の兄に移った瞬間をとらえ、慎重に言葉を選び、治療助成金として封筒に入ったカネを渡した。するとフックスは、この時は素直にスイスにいる兄に送ると言って、この封筒をポケットにおさめた。[*1]

〈註〉

＊1 その後のクラウス・フックス

フックスはＭＩ５主任捜査官ヘンリー・アーノルドにロンドンで逮捕され、一九五〇年二月四日、市民権剥奪の上、懲役十四年の実刑に服したが、一九五九年に釈放された。同年、フックスは東ドイツで市民権を取得。ベルリンでソ連のスパイだったマルガレーテ・ケイルソンと結婚。同年、東ドイツ中央核物理学研究所・理論物理学部長に就任。ちなみに、毛沢東の意を受けた中国人科学者はフックスから原爆の造り方を教えてもらい帰国。五年後（一九六四年十月十六日）に中国は核保有国になった。ソ連がフックスの存在を中国に教え、便宜をはかることは絶対にない。褒めるべきはフックスを探し当てた中国の探査能力である。フックスは一九八八年一月二十八日にドレスデンで死去。享年七十六。火葬の上、ベルリン、ツェントラルフリードホフ・フリードリッヒェスフェルト霊園に埋葬された。

ところで、ＭＩ５でのフックスの自白によってローゼンバーグ夫妻は処刑された。処刑場所はシンシン刑務所。ジュリアスの処刑は一九五三年六月十九日午後七時六分。妻エセルの処刑は同日午後七時十六分。埋葬地はロングアイランドにあるウェルウッド霊園である。デビッド・グリーングラスは一九五〇年六月に逮捕され、懲役十五年を言い渡されたが、九年半後の一九六〇年に釈放。二〇一四年七月一日死去（享年九十二）。埋葬地はロングアイランドにあるマウント・ヘブロン霊園。そして両親と共にロシアから移住したハリー・ゴールドは一九五一年に懲役三十年の実刑に服したが、一九六五年五月釈放（五十四歳）。そして一九七二年八月二十八日死亡（享年六十一）。埋葬地はフィラデルフィアのハル・ネボ・ユダヤ人霊園。

3　カザフスタン・セミパラチンスク原爆実験場

（1）ウランを探せ／労働キャンプの実態

ＫＧＢ職員フェクリソフの回想によれば、フックスがハリー・ゴールドに「二種類の原爆が八月上旬、日本に落とされる」と告げたのは一九四五年六月四日だったけれども、結局、この告知はスターリンの耳には届いていなかった。

とは言え、ソ連の独裁者はマンハッタン計画のありようを、当事国の大統領トルーマンよりよっぽど詳しく知っていたから、広島、長崎に原爆が投下されたと聞いた後の行動は実に早く、八月二十日月曜日には次の通り九名の原爆プロジェクト指導者を決定した。なお、年齢はプロジェクト発足時のものである。

①ベリヤ（議長すなわちプロジェクト・マネージャー、四十六歳）、②マレンコフ（ソ連副首相、四十三歳）、③ヴォズネセンスキー（計画経済人民委員長、四十二歳）、④ヴァンニコフ（兵器人民委員長、四十八歳）、⑤ペルブーヒン（科学産業人民委員長、四十歳）、⑥ザベニヤギン（ＫＧＢ中将、プロジェクト推進執行役、四十四歳）、⑦クルチャトフ（科学アカデミー会員、科学部門リーダー、四十二歳）、⑧カピッツァ（科学アカデミー会員／科学部門サブリーダー、五十一歳）、⑨マフニェフ（ＫＧＢエンジニアリング少将、四十一歳）

プロマネに着任したベリヤは、マンハッタン計画のグローヴス将軍に相当する役割を担っているけれども、当時のソ連ではスターリン、モロトフに次ぐ序列ナンバースリーだったから、その権力はグローヴスの比ではない。そういう高位の人間でありながら、ベリヤが西側にそのお盆のような丸顔を直接さらしたのは、唯一、テヘラン会談の宴席ぐらいのもので、このときスターリンはルーズベルトとチャーチルに向かって、「この男はソ連のヒムラーだ」とベリヤを紹介している。ナチス親衛隊の長官ヒムラーは正体がはっきりしない奇妙な男だった。同窓生の証言によれば、「あれは虫一匹殺せないような少年だった。ナチスがこの世に生まれなければ、ヒムラーはいるのかいないのか分からない無害な養鶏業者として一生を終えただろう」とあるけれども、KGB国家保安総局長ベリヤは違う。こちらは生まれてこのかた、影が薄かったことはただの一度もない。

ラヴレンチー・パーヴロヴィッチ・ベリヤ。

この男は、復讐と暗殺の伝統が色濃く残るグルジアの少数民族ミングレル人の農夫のせがれとして生まれ、出生地スフミ近郊メルヘウリの正教会で一八九九年三月二十九日に洗礼を受けた。教育はスフミ実業学校からバクー工業専門学校に進み、数学と科学で高成績を収め、建築技師の資格を得て卒業した。ところで、実業学校時代についたあだ名は刑事《でか》。それというのも学校では盗みが頻発しており、ベリヤはしかるべき謝礼と引き換えに捜査を進め、ほとんどの盗品を回収した。回収率が高かったのは当然で、盗人はベリヤだったからだ。

ロシア十月革命直後ソ連共産党員になったベリヤはすぐに同郷の名士スターリンにすり寄り、情報提供に精を出すかたわら、新しいご主人の機嫌を取り結ぶため、ダニのようにまとわりついた。スターリンの娘スヴェトラーナの回想によれば、「ベリヤは父に一身を捧げるという態度を崩したことが無かった」とある。事実、スターリンとベリヤの関係は君主と廷臣の関係であって、万人平等を建前とした共産主義とはかけ離れている。だからベリヤは古参党員のようにスターリンに馴れ馴れしく接することはただの一度もなかった。

いっぽうスターリンは何かというとレーニンを持ち出して自分を牽制する目ざわりな同僚を片づけるた

め、様々な汚い仕事をベリヤに与え、これによってベリヤの性根を試したが、そのうちベリヤという滅私奉公タイプの男が驚くほど有能な組織管理能力の持ち主だと分かり、ＫＧＢトップのポストへ抜擢。かくしてスターリンの凶器ベリヤが誕生する。

さてベリヤの容姿だが、若いころのベリヤはスリムな体形で、それなりに愛嬌のある顔をしていたけれど、今はぶくぶくと肥え太り、肩から上はいきなり顔で、首が無い。身長は一七二センチ。体重は計り直したことがないので分からない。並みの人間の倍はあるかと思うほどふくれ上がった丸顔に髭はなく、つるんとしており、かつ、肝臓がおかしくなった人間にありがちな灰色がかった黄色い顔をしていた。頭髪は薄く、それに比例して額が抜け上がり、目もと、口もとには、暴力をなりわいとしている暗黒街の人間のような得体の知れぬ冷酷な薄ら笑いが靄《もや》のように貼りついている。そしてベリヤのトレードマーク鼻眼鏡《パンス・ネ》が光の加減で瞳の表情を隠してしまうから、この男の印象は不気味の一語に尽きた。ともあれ、人々はベリヤの名を聞いただけで震え上がり、例えば傲慢尊大でならしたヴィシンスキーという副首相などは、いかなる弱みを握られたか知らないが、ベリヤが突然執務室に来て、にんまりするのを見た途端、椅子からまろび出て、召使いのように平身低頭し、以後これが常態化した。

ベリヤ

ベリヤの家族は妻ニーナ、息子セルゴ、娘エテリ、セルゴの嫁マルファ、初孫ニーナとなっており、ベリヤは帰宅すると孫を抱きあげ「家庭教師をつけて勉強させ、オックスフォード大学に行かせよう」と息子夫婦に語ったそうだが、このエピソードを聞く限り、ベリヤがソ連というものをどう考えていたのかよく分からない。

しかし、こういう一家団欒風景は上辺にすぎない。ベリヤはひとたび屋敷を出たが最後、際限なく家を留守にする男で、その間は猛烈に公職をこなす。しかし毎日、何かの拍子で淫蕩のスイッチが入ると、たちまちドラキュラ化し、白昼であろうと、深夜であろうと、マラーヤ・ニキーツカヤ街の別邸に飛んで帰り、途方もない女狂いに興じた。ベリヤの正体は紛れもないサディストで、その爛れた生態がいかなるものだったかは、フランスなどのセックス先進国から現地駐在員を使って大量に仕入れたアダルト・グッズの数々を見ればすぐにわかる。ちなみに、親衛隊のヒムラーは妻と娘の他に、ヘートヴィヒ・ポトハストという愛人に産ませた男女一人ずつの庶子がいる程度で、この点についてはベリヤの足元にも及ばない。

ベリヤの御乱行は、この男がスターリンの死後、非公開法廷で裁かれる際、証人として喚問されたラファエル・サルキソフ大佐とサルディオン・ナダラヤ大佐の証言で全貌が明らかになった。つまりこの二人はベリヤの破廉恥な願望を実現する調達係だったから、我が身に危険が迫った時に備えてベリヤの行状記をこっそりノートしていたのだ。それによれば、例えば映画女優の場合、犠牲になったのは七十九人。これら犠牲者の内、タチアナ・オクネフスカヤとゾーヤ・フョードロワというトップ女優はベリヤに逆らったため、最悪の呼び声高い強制収容所へ国家反逆罪で送られてしまった。なおタチアナはスターリンの死後、ベリヤが粛清にあって消されたため釈放され、ゾーヤはそれ以前にウラン採掘場で謎の自殺をとげている。くり返すが、犠牲者七十九人は映画女優であって、いわゆる愛人や、納得ずくで招きに応じた者は含まれていない。言うまでもないが、興味本位でついて来た女子大生や有閑マダムも七十九人の中に含まれていない。

三十九歳でソ連の巨大組織ＫＧＢを掌握しスターリンの凶器という地位を築いたベリヤはソ連人民を効率よく正確に統制するため、従来からあった《労働キャンプ《ラーゲリ》》を《大規模強制収容所群《グーラグ》》に作り直し、これを統治システムの根幹に据え、ＫＧＢ職員七十万人の内、三十万人をグーラクの番人にした。要するにベリヤはＫＧＢ職員をグーラクという地獄の鬼に仕立て上げ、それによってスターリン体制を揺るぎないものにしたのだ。ベリヤがソ連の支配階級《ノーメンクラトゥーラ》に名をつらねたのはその功績による。

ベリヤの作り上げた大規模強制収容所群（ГУЛАГ《グーラク》）とはいかなるものか？　それは複数の労働キャンプ《ラーゲリ》を傘下に置く強制収容所センターのことで、正式には《矯正労働収容所中央管理局》と称する。日本ではシベリア抑留者がラーゲリという言葉を語り継いだため、ラーゲリのほうが広く知れ渡り、グーラクは影が薄いけれど、欧米ではグーラクの方が断然知名度が高い。グーラクには集団殺処分を目的としたガス室という設備は無かったけれども、それ以外は鉄道輸送による囚人搬送方法を含め、言語道断のナチス強制収容所と同じだった。

ソ連領土内にあったグーラクの数は四七六。一つのグーラク配下の労働キャンプ《ラーゲリ》の数は数千個。要するにグーラクは、家畜同然のひどい生活環境で囚人を働かせる無給労働施設だったから、投資コストはゼロに近い。スターリンはソ連の経済成長をこの仕組みに賭け、その意を受けたベリヤはこれをほぼ完璧に作り上げた。一般市民を大量逮捕して囚人にしてしまうための罪名は何とでもなったが、もっともよく使われたのは国家反逆罪、すなわち《人民の敵》。例えばある集団農場《コルホーズ》の農民家族二万三千人は定められた日数を働かなかったという理由で、全員人民の敵としてグーラク送りになった。ちなみにグーラクに収容された人々を民族別に見ると、全部で三十一民族。そのうちロシア人が最も多く、全体の五十五・六パーセントとなっており、それ以外の四十四・四パーセント（三十人種）の中にドイツ軍捕虜と日本人抑留者[*1]が含まれている。

話を原爆プロジェクトに戻そう。

ベリヤが請け負ったこの計画には二つの難題があった。

一つは科学技術者の質で、ソ連には多数の天才がいたけれど、アンドレイ・サハロフ博士[*2]を除き、おおかたは並みの天才だった。いっぽうアメリカはいずれもユダヤ系の超天才をずらっと押さえており、新しい発想による切れ味は明らかにソ連の上を行っている。

――だが、こっちにはフックスから得た情報がある。

これがあるからには、アメリカを追い越すことは出来ないが、併走はできるとベリヤは見た。ともかく占領地ドイツとソ連国内から出来の良い科学技術者をかき集めることが課題解決の第一歩だったが、ベリヤにとってこういうのは苦労の内に入らない。甘い言葉と贅沢品で釣り、最後は「家族全員、グーラクに叩き込むぞ」と凄《すご》めばそれで済んだからである。ちなみに、ベリヤの召集命令を受けた科学技術者の内、数値演算ないし設計図の清書のような仕事を受け持つ科学技術者の扱いは劣悪で、そういう人間は作家ソルジェニツィンが『煉獄の中で』という作品で描いた《第四特別部門（Шарашка（シャラシカ））》に押し込まれており、それはサナトリウム風の外観で体裁をつくろってはいたけれど、一皮むけばグーラクより少しましな建屋であることは、すべての窓枠に取り付けられた鉄格子が雄弁に物語っている。

しかしもう一つの難題にはベリヤも大いに悩んだ。戦争のおかげでソ連は国内のウラン鉱床開発がまったく進展しておらず、在庫はゼロ。言うまでもないが、西側はウランがソ連に流出せぬようがっちりガードを固めている。確実な線は東ドイツザクセン州エルツ山地のハルシュタイン鉱山。そして新しく衛星国になったチェコスロバキア・ズデーテンラントのヤヒーモフ鉱山のみだった。

ウランが無いという状況に、ＫＧＢ中将ザベニヤギンは次の提言をしている。

「国内では中央アジアとウラル山脈および極東にウランが眠っています。具体的にはタジキスタンのタボシャ、ウズベキスタンのフェルガナ峡谷、ウラル山脈中央部チェリヤビンスク。極東ではダルストロイ管区コルイマ川流域が有力筋と言えるでしょう」

ちょっと注意してこの提言を聞けば実に大雑把であり、例えば「北海道のどこかにウランがあるから、北海道を隅から隅まで掘り返せ」と言っているようなものだったから、もう少しましなことが言えないのかと嫌味の一つでも出そうだが、ベリヤは即座に二万人の囚人（政治犯）をザベニヤギン中将の示した地域に投入し、同時に全グーラク司令官へ目まいがするようなウラン試掘ノルマを課した。

そのうち戦争が終わり、帰郷者が増えるとそれに比例してグーラクへ向かう囚人が増え、主要駅の引き込み線広場は気の毒な《人民の敵》で溢れかえり、おかげでシベリア鉄道は他の物資輸送にさわりが出た。

またたく間に一〇〇万人の大台を突破した囚人の大まかな構成は、《①クリミヤ半島在住のタタール人およびベッサラビア在住のモルダビア人、②微罪ないし冤罪で人民の敵となったソ連の一般市民、③退却の前科を持つ赤軍兵、④ドイツ軍の捕虜になった赤軍兵、⑤ポーランド、ウクライナほか衛星国のアンチ共産主義者、⑥東ドイツの旧ナチス党員、ドイツ軍捕虜、日本人抑留者》から成っており、正真正銘の犯罪者はごくわずかで、かつ、タタール人とモルダビア人は、対独協力の嫌疑とは名ばかりの、まったく理不尽な強制移住である。

ところで、戦地でつらい目にあってやっと帰還した自国の捕虜を、なぜまた強制労働という残酷な目に合わせたのか？　これには理由がある。捕虜となった赤軍兵はスターリンが一九四二年七月二十八日に発行した退却禁止令（ГКО《ゲーカーオー》　〇〇二二七号）に背いた者であり、よって死なずに生き延びた捕虜は全員裏切者なのだ。中でもひどい貧乏籤を引いたのは米英軍が解放した捕虜収容所からの帰還赤軍兵だった。これらの兵隊は西側の人間と接触したという罪でスパイと見なされ、生きては帰れぬグーラクの住人になった。なお、こういうグーラクに放り込まれた囚人の一部はそこに収容されていた女囚と結ばれることが多かったけれども、プライベート空間などあるわけもなく、また、そこで生まれた子供も囚人としての未来があるのみだった。

さて、広大なユーラシア大陸から見れば蟻《あり》のような囚人の群れが豊富な埋蔵量のウラン鉱床を見つけた場所は、タジキスタンのホジェンド周辺部、ウラル山麓チェリヤビンスク周辺部、および極東コルイマ川周辺部だった。ベリヤにはツキがあったようだ。そうでなければいかに大量の労働力動員をかけようと、方向感覚を完全に失うほどに果てしない中央アジアとウラル山脈周辺、そして一年のほとんどは暴風雪《ブリザード》が吹き荒れるという最果てのコルイマ川流域でウラン鉱床を探り当てられるはずがない。

——ウランさえ見つかれば！

と、ベリヤは肩の荷をおろした気になっている。それはそうだろう。「こっちにはフックスの作った原爆製造手引書がある。あとは学者どもに科学キットを組み立てさせるのみ！　原爆は手に入れたに等しい」と見ているからだ。

そこでベリヤは次のようにスターリンへ説明している。

「ウラン採掘についてはご安心いただける目途が立ちました。ところで採掘したウラン鉱石は、これを精錬して金属ウランにしなければなりません。このために精錬工場を建設します。そして次に原子炉を建設し、できあがった金属ウランを原子炉にくべて燃やし、燃やした後、原子炉に残された燃えカスの中からプルトニウムを拾い集めます。かくして大玉メロンほどの金属プルトニウムが完成し、これが爆弾本体となります」

ベリヤは、科学者の話は自分にはまったくわからないと開き直っており、原子力を大昔の錬金術か黒魔術だと理解していたが、なかなか上手に説明している。またスターリンへの中間報告に際しては、ウラン転換という不思議な言葉は使わなかったし、プルトニウム再処理工場やプルトニウム生成工場、あるいは起爆装置の中核となる爆縮レンズなど核弾頭の説明は、スターリンが退屈することを恐れ、割愛した。

ソ連はフックス情報を原爆製造のためのバイブルにしたから、ウラニウムの極端な濃縮を必要とする広島型リトルボーイ原爆には手を付けず、プルトニウムを爆発素材とする長崎型ファットマン原爆完成に狙いを絞っている。だからベリヤはアメリカのハンフォード・サイトそっくりのチェリヤビンスク-40[*3]や、ロスアラモス研究所と同じようなアルザマス-16という十一の秘密都市を作り上げた。ちなみに森と湖と山に囲まれた自然美溢れるチェリャビンスク-40の中核部は《Маяк《マヤーク》／灯台》というコードネームのプルトニウム生産コンビナートである。

フックスが提供した原爆バイブルはプルトニウム本格生産の前に、小型原子炉を作って連鎖反応の実験に成功しておかねばならないと教えている。そこでクルチャトフ教授は原爆開発工程の中にエンリコ・フェルミ型黒鉛原子炉での実証試験を入れた。マンハッタン計画のオッペンハイマー教授に相当するイーゴリー・ワシリエヴィッチ・クルチャトフは一九〇三年一月十二日にウラル山脈南方、チェリャビンスク州のシムという辺鄙な田舎で生まれた。父親は測量技師。母親は教師。一九一二年になって一家はクリミヤのシンフェロポリに転居。一九二〇年、クルチャトフはその地のタヴリダ国立大学で核物理学を専攻し、その後、レニングラードのヨッフェ物理工学研究所に移り、放射能に関する様々な研究に従事。その一環でソ連初の大型サイクロトロンを完成させている。クルチャトフという若手のホープがスターリンのお気に入りだったのは、この教授がユダヤ系でないピュアなスラブ人だったからだが、それはともかく、クルチャトフは大天才ではない。むしろ精励恪勤《せいれいかっきん》タイプの物理学者で、原爆プロジェクト発足以来、願掛けのつもりで髭を剃らず伸びるに任せた。このため教授はロシア正教会モスクワ総主教を思わせる長い髭がトレードマークになり、ついたあだ名は顎鬚（борода《ボラーダ》）だった。

ところで連鎖反応の実証試験だが、この時クルチャトフが作った黒鉛原子炉は木造建屋ではなく地下埋設型コンクリート建屋で、これをモスクワの科学アカデミー第二研究所の敷地に作ってヨーロッパ大陸初となる連鎖反応に臨んだ。

一九四六年十二月二十日金曜日の連鎖反応実験には、これがどういうことなのか多分何も理解していないベリヤが立ち会っている。クルチャトフはフェルミ教授と同じように、三本のカドミウム棒を手で操作することによって核分裂を制御した。ベリヤはコントロール・パネルの横に立って見ている。カチッという音がして検流計の針が急激に振れ、ピピピという連続音がして連鎖反応が始まった。そして午後六時、臨界に達し、クルチャトフは制御棒を操作して実験を終えた。この間、わずか十分。これを見て科学者は興奮し、どよめきの声をあげた。中には万歳《ウラー》を叫んでいる者もいる。しかしベリヤには何が何だかさっぱり分からなかった。

「これで全部かね、先生？」

「これで全部です。何か？」

ベリヤはむっとした。〝何か〟という一言の中に相手の無知を哀れむような調子があったからだ。

「素晴らしい出来ばえで結構なことだが、ところでせっかくだから、ご本尊が見たいのだがね。原子炉の炉心だよ」

ベリヤは、原子炉でウランを燃やすと炉心でプルトニウムができるとスターリンに説明しており、我ながら気のきいたことを言ったと思っている。そこでウランの燃えカスの中に転がっているというプルトニウムとやらを見てやろうとした。

「健康に良くないですよ、同志ベリヤ。新型戦闘機のテスト飛行なんて目じゃないほど危険だ」

クルチャトフは今度こそ哀れむような顔をして忠告した。

ベリヤはザベニヤギン（KGB中将／プロジェクト推進執行役）に促されてクレムリンに帰ったが、以後このプロマネは、ソ連初となるセミパラチンスクの原爆実験は立ち会ったけれども、原子力関連施設には足を向けなかった。

連鎖反応の実験に成功した翌週、主だった科学技術者はソ連版ロスアラモス研究所にあたるアルザマス[*4]-16に活動拠点を移した。モスクワの東四一〇キロの地にあるニジニ・ノヴゴロド州アルザマス市にはサロフ修道院がある。かつて皇帝ニコライ二世は世継ぎの皇子誕生を願ってこの修道院に行幸し、おかげをもってアレクセイ皇太子を得たという聖なる地だったが、革命後はそのすべてが閉鎖され、戦時中は巨大な兵器工廠に変わり、有名なカチューシャ砲はここで誕生した。そして今度はアルザマス-16が修道院の広大な敷地の中に建設され、フックス情報をもとに爆縮レンズ、中性子反射板、爆縮レンズ用の雷管など核爆発に必要なすべての部材がコピー生産され、それはKB-11という区画に集められ、原爆に組み立てられた。余談ながら、工業力とは同一品質の製品を作り続ける能力を意味するけれども、ソ連が作り上げた初期の原爆は工業製品ではなく、どこから見ても一品料理だった。

　敵に大打撃を与える原爆は、それを製造する過程でまき散らされる放射性物質によって味方の生活環境を汚染し、味方作業員に重被曝被害を与える。人を呪わば穴二つとは核兵器のためにあるような言葉だが、ソ連がチェリャビンスク-40のような十一の秘密コンビナートを作った時、〝汚染〟について全員が何も分かっていなかったから、自分に災いが及ぶとは思っていない。事実、チェリャビンスク-40は大量の液体放射性廃棄物を直接そのままテチャ川に垂れ流し、後年、ウラル核惨事を引き起こすことになった。なお科学部門サブリーダー・カピッツァ教授は放射能環境汚染を懸念していたけれども、それ以上にウラン採掘からプルトニウム生成の工程で作業員（つまり囚人）が受ける放射線重被曝[*5]を恐怖し、次の警戒勧告書をベリヤに送った。

「ウラン採掘については現場環境を改善する必要がある。さもないと作業員はウランの粉塵を吸い込み、長生きはできない。また、それ以上に危険なのは原子炉棟とプルトニウム再処理工場ならびにプルトニウム生成工場だ。放射線は人体を著しく傷つけるというのに、作業員は信じられないほど長時間、被曝の中で仕事をしている」

プルトニウム抽出にともなう再処理作業は遠隔操作による被曝回避が原則だったけれども、全員これに直接触っているのを見てカピッツァは肝を潰した。また、作業者はほとんど女囚というプルトニウム生成工場はさらにひどい。女囚は作業服を着てはいたが、放射線相手では裸と同じである。だからほとんどの女囚は電離放射線の過剰吸引によって慢性放射線障害者となり、衰弱死するか、さもなければ何年か後にガンを発症して死ぬ運命だった。しかし、カピッツァ書簡はものの見事に無視され、そして教授はすぐに原爆プロジェクトからお払い箱になり、公職剥奪処分にあった。グーラク送りにならなかったのは、カピッツァが余人をもって替えることはできないソ連物理学の重鎮だったからであり、さすがのベリヤもむやみな殺処分に踏み切れなかったのだ。この点、原爆にのめり込んでいたクルチャトフ教授はベリヤに対しカピッツァのように面倒なことは言わなかったが、そのため早死にした。

一九四八年六月二十二日、ソ連初の大型原子炉は予定した最大出力十万キロワットに達し、無事に稼働した。この原子炉には《Аннушка《アヌーシカ》（アンナちゃんの意味）》という愛称が付いている。高さ一五〇メートルというアヌーシカの大煙突からは中性子照射が済んだウラニウムのギョッとするほど黄色い煙が吹き上がった。ＫＧＢの建屋設計者には煙突にフィルターをつけるという発想が無かったから、毒々しい黄色の煙と共にクリプトン85、キセノン１３３など、大量の核分裂生成物が飛び散っており、ソ連は驚異的な短納期で核保有国になったけれども、その代償として世界一の放射能汚染国になる運命が待っていた。

以下は物理学者エフィム・スラヴスキー教授の遺族がソ連崩壊後に公開した回想（遺言証言）である。

「アヌーシカの炉心には直径四センチ、奥行き一メートルのウラニウム挿入口が三万九〇〇〇個ありました。囚人労働者はその挿入口に合計一五〇トンのウラニウム燃料棒を隙間なく差し込んでいったのです。アヌーシカは無事稼働しましたが、問題はそのあとでした。囚人は燃料棒を引き抜いて再処理工場へ移送し、そして新しい燃料棒を挿入する。またこれとは別に水冷バルブ障害などのトラブル解決をすべて素手でやりました。放射能は、ビリッという電気ショックのようなものは無く、痛くもかゆくもない。かくして消耗品あつかいの囚人は大量の放射線を浴び深刻な被曝症にかかりました。若手エンジニアも同じです。ところで、クルチャトフ教授は危険を承知で、原子炉のさまざまな調査をしていました。原子炉は六時間稼働、三時間停止を繰り返す操業形態でしたから、教授は停止時間帯に原子炉の天井から下を見おろすような格好でチェックしていました。教授は五十七歳で他界しましたが、死因は被曝です。

セミパラチンスクでの原爆実験に成功した教授はそのとき四十六歳でしたが、それ以降、びっくりするほど老け込み、疲れを訴え、頻繁に講義を休んで静養していました。死因は脳血栓症ということになっていますが、免疫力低下と腸管機能障害を起こしており、犯人は明らかに放射線です。教授以外に事実上のプロマネだったザベニヤギン中将も囚人を監督するため危険な被曝現場に行く頻度が高く、かくして教授より四年も早く死を迎えました。学者仲間で最も早く逝ったのはボリス・ニキーチン教授で、死因は被曝による慢性収縮性心膜炎です」

原爆プロジェクトの指導者たちは放射線被曝で死んだけれども、被曝の最大の犠牲者は囚人だった。

スターリンは原爆プロマネのベリヤに対し、「我々が原爆開発に乗り出していることは絶対秘密だ。もしもこれが外部に漏れれば、アメリカはソ連に対し百発近い原爆をもって予防戦争に出る」と釘を刺した。ベリヤはこれを一瞬たりとも忘れたことはないが、しかし原爆が完成してしまえば、声高に宣伝しても良いぐらいに思っていた。しかし放射線被曝と環境汚染の問題は脅威だった。釈放された囚人があちこちで言いふらし、ソ連国内の社会不安につながるからだ。

ベリヤは、自分のスパイ網がマンハッタン計画をまんまと盗み出したその経験から、アメリカ流の機密保護策では絶対に失敗すると承知しており、そこで機密の漏洩防止に当たっては、死人に口なしが一番だと結論した。かくして浮上したのがコルイマ川流域にあるグーラクである。終身刑グーラクはかなりの数にのぼるけれども、その中でも最悪だったのはマガダン港から千数百キロの僻地にあるコルイマ川流域の採掘場であり、ベリヤはこのグーラクを原爆プロジェクトに関与した囚人の最終処分場に指定した。

一つの目撃談が残っている。それはハバロフスク技術大学マガダン分校の教頭セルゲイ・メルニコフによるもので、「囚人はロシア人の他に、モルダビア人、タタール人、ドイツ軍捕虜、ドイツの政治犯、ベラルーシ人、ウクライナ人、ポーランド人、リトアニア人、ラトビア人、エストニア人、ユダヤ人が多くを占めていました。彼等はヤヒーモフ鉱山やカラバシュ鉱山でのウラン採掘にかかわる苦役の後、口封じのためシベリア鉄道でナホトカ港に出、そこから船に乗せられて間宮海峡を北上し、マガダン港に着きました。彼等はダルストロイ管区コルイマ川流域の採掘鉱で使い捨てにされたのです」とある。また、これとは別に、コルイマ川流域から生還したサモフバロフの証言が、次の通り、ソ連崩壊後に発表された。

「私、イーゴリ・ペトロヴィッチ・サモフバロフが理由も分からぬままソ連刑法第五十八条第十項の定めにより人民の敵として逮捕されたのは、私がチェリャビンスク市にある中学校高学年組の生徒だった時です。私を含む囚人の群れはすぐにウラル山脈東麓にあるカラバシュ市の採掘現場に連行され、さらにそこから北へ四十キロ行ったキシュテム第九労働キャンプで本格的な強制労働に就きました。これがチェリャビンスク-40で、私たちはそこで大工場の建設にたずさわったのです。第九労働キャンプにいた私は工場が出来上がると釈放されましたが、釈放とは真っ赤な嘘で、騙された私は家畜用の貨車に乗せられ、何日もかかって極東のナホトカ港に着きました。私はこの港からラトビア号という汽船でオホーツク海の奥にあるマガダン港に行き、またしても家畜用の貨車に揺られ、着いた終点はコルイマ川流域ブトゥギチャク鉱山でした。驚いたことに、私が放り込まれたウラン坑道には《希望／Желание《ジュラーニェ》》というふざけた名前がついていました」

ソ連は、重戦車やカチューシャ砲といった強力な兵器を保有していた半面、家電のような民需品はもちろん、産業基盤全体が極めて貧弱だったから、グーラクではそういうソ連の偏った工業力を反映し、ベルトコンベヤーやブルドーザー、ならびに、削岩機という小型機材すら供給されていない。従ってウラン採掘などの労働キャンプで使われたものは大昔からある鶴嘴《つるはし》、斧、ハンマー、シャベル、そして車輪部分までが木製という運搬用一輪車のみ。そこでは女囚だからといって何らの手加減も無かったし、これにアウシュビッツ級の貧弱な食糧事情と不衛生きわまりない生活環境が加わったから、ベリヤに逆らってグーラク送りになった女優の自殺は、特殊な出来事でないことが分かる。

ロシアの公式記録によれば、日本人抑留者を含め、強制労働につかされた人数は二百五十六万名。その内の何割かは五歳以下の子供だった。またグーラクで死んだ囚人総数は百六十一万名となっている。では、百六十一万名のうち何人が放射線被曝の犠牲者なのか？　これはもはや深い闇の中だ。ともあれ、途方もない数の被曝囚人がいたことは事実であり、それらの膨大な犠牲者の死をもってスターリンはメロンほどの大きさのプルトニウムを手に入れた。

〈註〉

＊1　本文中に記載したグーラク収容者のデータはロシアが公表した数値を出典根拠にしている。いっぽう、長瀬了治著『シベリア抑留』（新潮選書、二〇〇五年）によれば、日本政府公式数値としての抑留された日本人は五十七万五千名。内、死亡認定者は五万五〇〇〇名である。この数字には満蒙開拓団未帰還者も含まれる。もうひとつ。パウル・カレル著『捕虜　誰も書かなかった第二次大戦ドイツ人虜囚の末路』によれば「ソ連に連れ去られた捕虜総数は三五〇万名。内、死亡認定者は一〇〇万人」と記載されている。つまり立場によってグーラク囚人総数は異なる。

＊2　サハロフ博士は当然ベリヤの正体を知っていた。クルチャトフ教授は「異常なほど仕事熱心な人だ」と感嘆するだけで、それ以上のことは何も語っていないが、教授を補佐するため途中からプロジェクトに参加した当時二十七歳のサハロフ博士はベリヤと握手した時のことを回想し、「私は、その手の感触に死そのものを感じた」と語っている。ところでサハロフはベリヤから、「アメリカの模倣《パクリ》だけで満足しているうちはアメリカを永久に追い越せない。今は、原爆の完成はスピードが第一優先だからフックス情報の鵜呑みはやむをえない。しかし原爆の製造過程で取得したノーハウをもとに研究開発部門を充実させ、水爆は独力でモノにしなければソ連はおしまいだ」と言われ妙に納得し、本当に水爆を独自技術で完成させている。

＊3　チェリャビンスク-40の建設には七万人の囚人が投入され、建設中に一万九三三人が犠牲になった。建設責任者はＫＧＢ少将ヤコフ・ラパポルトで、この男は悪名高い白海・バルト運河開削プロジェクトに関与した経験がある。アメリカのハンフォード・サイトに相当するこの地はソ連崩壊後、オジョルスク市という名前になった。

＊4　一九四六年十二月当時、アルザマス-16にいた物理学者レフ・アルチューレルの回想より。

「クルチャトフ教授は私たち主席研究員を引き連れてアルザマス-16中央研究棟に移りました。アルザマスからサロフまでは巡礼用の鉄道支線が通っていましたが、そこから中央研究棟まではバスに揺られてうんざりするほどの距離を進みました。たいへんな寒気で、私たちには羊皮のコートが配られ、それに包まって震えていました。帝政時代の村落や数々の修道院付属寺院がバスの窓をよぎり、とある広場に着いた時、バスをおりました。むこうには私たちに用意されたフィンランド風のログハウスがあります。そしてＫＢ-11建設現場に向かう囚人のむれ。うわさに聞く奴隷労働者です。それに比べれば私たちに与えられた待遇は素晴らしく、まさに特権階級でした。アルザマス-16は物不足にあえぐモスクワと比較すれば天国だったのです。しかし快適すぎるほどの衣食住環境が与えられた代わりに機密保持のための猛烈な締め付けがあり、これをいちいち列挙していたらきりがありません。また、原爆を連想する言葉はすべて暗号化されており、あまりに多かったので、ノートに変換表を貼り付けるほどでした。例えば中性子は《ＸＹ軸の原点／НУЛЕВАЯ ТОЧКА《ノリバーヤ・トーチカ》》といった按配です。ともかく、どこもかしこも秘密だらけ監視だらけで、余計なことをするとろくなことは無い。耐えられなくなって自殺者が多数出ました」

＊5　アメリカ人ピュリッツァー賞ジャーナリスト、アン・アップルバウム女史が二〇〇三年に著した『グーラク』という書物には《北朝鮮が核兵器製造に乗り出す上で強行しているかも知れない囚人の放射線重被曝》を臭わせる次の記載がある。
「一九九二年に脱北した著述家の姜哲煥《カン・チョルファン》（Kang Chol-hwan）の証言によれば、『北朝鮮はソ連のグーラク・システムを自国の政治体制の中に組み込んだ』とある。姜は十年間、家族全員で耀徳《ヨドク》の強制収容所におり、その体験からこのように述べたのだ。またこれとは別に、ソウルの人権保護団体の一人は『約二〇万人の北朝鮮人が耀徳の強制収容所に押し込められており、今までに累計四〇万人が死んだ』と述べている。北朝鮮版グーラクの囚人は北朝鮮内に留め置かれていただけではなく、国外に労働者派遣の形で連れて行かれた。二〇〇一年、北朝鮮政府はシベリア奥地での木材切り出し作業と石炭採掘作業に六〇〇〇人の囚人を派遣しているが、これはロシアへの負債を囚人労働者派遣で返済するためだった。これらの囚人労働者は、まさにグーラクさながらに北朝鮮兵の厳しい監視の中で作業しなければならなかった。北朝鮮におけるグーラク方式は現在も続いている」

（2）ソ連の原爆第一号《РДС-1《エル・デー・エス・アジン》》

ベリヤが原爆実験[*1]のために選んだ場所はカザフスタン東北部セミパラチンスク市のかなたにある無名の大草原だった。それはモスクワから三〇〇〇キロ。また、中国西北国境（新疆ウイグル自治区）からは五〇〇キロの地で、ベリヤはそれを用途隠蔽のため陸軍の演習場《ポリゴン》（Полигон）としていた。

演習場の広さは日本の四国とほぼ同じ一万八一〇〇平方キロメートル。これを上空から見ると直径一五〇キロメートルの非常に歪んだ円形をしている。ちなみに、シベリア鉄道の南側に位置するカザフスタン共和国はカスピ海から中国新疆ウイグル自治区国境までを領土とし、その面積は日本の七倍。人口は日本の八分の一。日本人が義務教育で習う中央アジアのステップとはカザフスタンそのものを指している。

演習場の用地整備に動員されたのは52605部隊の兵員で、彼らはモスクワからシベリア鉄道でノボシビルスクに着くと、そこから支線に乗り換え、セミパラチンスク市に至り、さらにそこから南西一四三キロの地点まで列車に揺られて移動した。当初、この部隊の駐屯地がある駅の名前は強制立ち退きに遭った集落の名前をとって《モルダーリ（Молдары）》になる予定だったが、機密保持のため却下され、結局、いかにも投げやりな感じで《終着駅《カニーチナヤ》（Конечная）》となった。その後、セミパラチンスク市から《終着駅》までを結ぶこの支線はイルチェイシュ川に沿ってオムスクまで伸びたが、駅名は相変わらず終着駅のままであり、ソ連崩壊後、《デゲレン（Дегелен）》に改称された。これと同時にセミパラチンスク市はセメイ市に名称変更されている。

みごとなギリシャ列柱の正面ファサードを持つ52605部隊司令部の周辺はかつて秘密都市セミパラチンスク-21と呼ばれていたが、現在はクルチャトフ市と名称が変更されている。だからインターネットで《クルチャトフ、カザフスタン》と入力し、地図検索をした後、Earth画像の下方にあらわれる写真を見ていけば、セミパラチンスク-21がアルザマス-16と同じく、科学技術者のために用意された理想的な環境だということが分かる。

で、ソ連初の原爆が炸裂した正確な場所は演習場《ポリゴン》のどこか？

52605部隊司令部車寄せの前方に高さ七メートルの赤色御影石で作った故クルチャトフ教授の立像がある。そこから、かつてレーニン大通りと呼ばれた百メートル幅の道路を西南西の方角にまっすぐ六十三キロ車を走らせると、わずかに隆起した二つの丘が見え、ゼロ・ポイント（П-1《ペー・アジン》）はその丘の間にある。

現在この周辺には荒廃した核実験の残骸があり、そのうちの一つは、屋上に高さ十メートルほどの鉄柱が立つ鉄筋コンクリート四階建ての異様に細長い建造物で、鉄柱の頂上付近には爆心地に向かって棒状のセンサーが突き出されている。このユニークな構造物は爆発の瞬間を観測するための設備であり、突き出したセンサーが相手を威嚇するガチョウのくちばしに似ていたので、誰がつけたか、あだ名は《гусака《グサカ》(雄のガチョウ)》。

以下はグサカを設計した地震学者サドフスキー教授の回想談である。

「ゼロ・ポイントを中心に十個の同心円が地面に描かれました。円は、半径二五〇メートル、五〇〇メートル、七五〇メートル、一〇〇〇メートル、一五〇〇メートル、二〇〇〇メートル、三〇〇〇メートル、五〇〇〇メートル、七〇〇〇メートル、一万メートルで、この同心円に沿ってさまざまな観測器が並べられました。グサカもそれら観測器の一つとして同心円上に据えつけられたのです。数は全部で十七基。もちろんゼロ・ポイントに近いグサカは核爆発で蒸発しました。錆びついた鉄柱とくちばしが残っているグサカは一万メートル付近のものです。

　クルチャトフ市はとても快適で、これがタクラマカン砂漠に近いステップの奥地だとは思えないほどでした。そこには科学者とエンジニアの家族、および５２６０５部隊の兵員とその家族など、およそ二万人が生活しており、衣食住は申し分なく、学校、病院、放送局、体育館、劇場、映画館があり、バスも走っていました。そして、私たちのまわりには、このあたりには稀な白樺、ポプラ、マロニエ、ライラックがモスクワからふんだんに持ち込まれ、ソコルニキ公園を思い出させるものがありました。しかし、市内から一歩外に出れば、そこは一望千里の果てしないステップです。

　原爆実験の準備は一九四九年五月の声を聞くと最高潮になり、私は家族をクルチャトフ市に残し、五〇キロ離れた準備小屋に寝泊りすることになりました。ある日、車の手配がつかず、私は準備小屋から一〇キロ先に建てられた調子の悪いグサカまで歩きました。私はステップを甘く見ていたのです。陽は高く昇り、遥かかなたの地平線は丸く、天空はのしかかるように私を圧し、強烈な目まいを覚えました。こうなっては磁石だけが頼りです。東の方角にアルタイ山脈があるはずですが、揺らめく陽炎《かげろう》のおかげでまるっきり見えません。石ころと砂の大地にはニガヨモギ、アザミなどの乾燥地帯特有の植物が生い茂り、上空には時折むく鳥が飛び、それを狙ってハヤブサが急降下します。激しい太陽の熱に炙られた変化の無い風景の中、目的地はすぐそばに見えているのに、それは目の錯覚で、行けども行けどもグサカは逃げて行きます。私は幸い目的地にたどり着き、日が落ちると急に寒さが襲ってくるという中でグサカの調整を続けました」

サドフスキー教授ほか科学者とエンジニアの面々は実験準備で汗だくの日々を送っていたが、いっぽうKGBザベニヤギン中将、ゼルノフ技術少将、ならびに52605部隊司令官ロザーノヴィッチ中将は土木工事の追い込みで大わらわになっていた。52605部隊が担当した土木工事とは要塞、各種トーチカ、塹壕、野砲陣地、戦車駐屯地ならびに航空隊基地を作ることで、それが完成した後に運び込んだものは大砲百門。スターリン3型など四十七トン級の重戦車三十輛。また航空機は急降下爆撃機ツポレフ-2、戦闘機ラボーチキン-5など五十機。この中には朝鮮戦争で国連軍が目にするジェット戦闘機ミグ-15や、実戦配備が始まったばかりの重爆撃機ツポレフ-4があった。ちなみにツポレフ-4は、戦前、極東沿海州に不時着したB-29のリバースエンジニアリングモデルで、アメリカはこの臆面もないパクリに驚きあきれ、ツポレフ-4をボーイングスキーと呼んだ。

これとは別に、ザベニヤギン中将とゼルノフ少将が担当した土木工事は一般市民生活の場をこの演習場に再現することだった。つまりゼロ・ポイントから半径一二〇〇メートル圏内に鉄筋コンクリート一〇階建てビル、レンガ造り三階建て集合住宅、コルホーズで見かける木造一軒家および丸太小屋、一般的な大規模工場とその付随施設、鉄道の駅と鉄橋などで、演習場に敷設したレールの上には長距離列車を丸ごと置いた。これら土木工事の中で二人の将官が最も念入りに再現したものはモスクワの地下鉄駅だった。そこには壁画などの内装は無く、打ちっぱなしのコンクリート壁だらけだったが、構造自体は半年後の一九五〇年一月一日に開業するタガンスカヤ駅とまったく同じであり、しかも深さ一〇メートル、二〇メートル、三〇メートルと三パターンの駅を用意した。この目的は明らかで、原爆プロジェクトのメンバーは核爆発がどれほどの破壊力なのかを実物で調べようとしたのだ。だから実験前日には、主として羊、ヤギ、犬といった二〇〇〇頭近い動物が追加投入され、ゼロ・ポイントから一定の間隔を置いて設けられた露天の囲いの中、塹壕の中、集合住宅や工場の中に繋がれた。もちろん地下鉄駅ではことさら周到に多数の犬がセンサーとして配備され、すぐそばには爆発衝撃波検出器、放射能測定器ほかもろもろの機材が持ち込まれている。

セミパラチンスクに雨季が訪れた七月、サドフスキー教授のグサカ調整作業は一段落し、それを待っていたように実験のリハーサルが始まった。

「リハーサルは何度もやりました。いつも想定点火時間の三〇分前から秒読み開始です。ゼロ・ポイントの東十キロ地点に作られた白いモルタル壁の中央指令サイトでは、コントロール・パネルを操作する作業員が秒読み開始の号令で点火システムのスイッチを押し、それを映写技師がモス・フィルムから借り出した高性能カメラで撮っていました。本番当日、目の前で映写カメラをまわすと操作員の気が散るので、スターリン同志に見せる記録映画はほとんどリハーサル中に撮ったフィルムが切り貼りされたのです」

八月十日水曜日、ベリヤはザベニヤギン中将をともなって実験場を訪れ、地下鉄駅、あるいは爆撃機、戦車をチェックし、グサカ、中央指令サイトを見てまわり、最後にゼロ・ポイントへ向かった。そこには送電塔のような高さ三十七メートルの鉄塔が立ち、てっぺんには縦長の四角い小屋がある。そして鉄塔の真下には原爆組み立て最終工程のために用意された木造一階建ての準備棟があり、そのそばには得体の知れないレンガ造り四階建てのビルがあった。

「鉄塔のあそこに原爆を釣り上げるのかね、結構。慎重にな。ところで鉄塔の横にある学校みたいなレンガの建物は君たちの宿泊所かね？」と、ベリヤ。

「ご冗談を！　あれは原爆の威力を試すための建屋で、内側は床板も天井板も無いコンクリートの打ちっぱなしですから、人が住むには快適ではありません。なので、我々はあそこに寝泊りしませんよ」と、ザベニヤギン中将。

検閲は終わり、ベリヤは厳重な監視下にある直通回線で次の通り、スターリンに伝えた。

「我々は〝演習〟に取りかかります。実行日時ほか詳細は伝令使《クーリエ》に託した報告書をご覧ください」

「大いに結構《オーチン・ハラショー》」

電話は切れた。スターリンは数日後、《原爆実験は一九四九年八月二十九日月曜日午前六時》と書かれた報告書に目を通すだろう。

以下は爆装設計主任ドホフ博士の回想。

「本番を明日に控えた八月二十八日、空はどんよりと曇り、南西の風が吹いていました。私たちは夕刻前に原爆をクレーンで鉄塔上の小部屋におさめてしまうため、朝五時から組み立てを始めました。プルトニウム球を含む爆装部については、まったく同じダミーを用意し、リハーサルのたびにそれで練習していましたから、本番の組み立てはびくつくことなくやりとげました」

作業はベリヤ、クルチャトフ、ザベニヤギンが見守る中、まるで何かの儀式のように進められた。

「最初にハリトン博士が金属プルトニウムの半球を作業台所定位置に据え付けました。次に金属ポロニウムをベリリウムでくるんだ中性子発生装置をダビデンコ博士がプルトニウム半球の窪みに置き、次に私が小型クレーンを使って、もう片方のプルトニウム半球を合体させ、球体に仕上げました。この後、アルフョーロフ教授、コメルコフ教授、シェルキン教授の三人がこの球体を中性子反射板でくるみ、その外側に爆縮レンズを取りつけ、爆弾が出来上がったのです」

とは言え、そこからすぐに原爆を鉄塔に釣り上げたわけではない。さまざまな通電チェックを繰り返した後に大型クレーンの出番となった次第だが、ベリヤは飽きもせず、黙ってそこに至るまでの様子を眺めていた。そして、原爆が鉄塔の上に納まるのを見届けると、日中と夕方の温度差が激しいステップ気候に閉口し、５２６０５司令部のそばにあるゲスト・ハウスに帰った。本番前のピリピリした雰囲気の中、不気味な沈黙をもって作業者の動きを監視しているベリヤがうまい具合に消えたので、科学者たちはホッとしている。余談ながら、金属プルトニウムを作り上げた冶金学者エメリアノフ教授は「実験が失敗だったなら、私は逮捕されコルイマ川のグーラクに送られていただろう」と回想した。

鉄塔の上に据えつけられた原爆の最終チェックが終わったのは八月二十九日午前二時。この時、鉄塔の上の小屋ではゼルノフ少将、シェルキン教授、フリョロフ博士、ダビデンコ博士の四人が爆縮レンズ用の雷管と中性子発生装置の連携チェックを行い、それが終わると全員塔から降り、ゼロ・ポイントから五キロほど東に設置したテントの簡易ベッドで仮眠を取った。

ソ連は秘密主義のお国柄を反映し、アメリカのトリニティー原爆実験に登場した《カエルの集団交尾事件》や《チャイコフスキーの弦楽セレナード事件》のような記録を残しておらず、おおかたは次に記載するコメルコフ教授の回想レベルに留まっている。

「実験を見守る監視所は三個所ありました。ゼロ・ポイントから東へ十キロの場所にある監視所はベリヤほか原爆プロジェクトの指導者が詰める中央指令サイトです。また、南へ十五キロの場所にある監視所は軍人用で、北へ十五キロの監視所は科学者とエンジニア用でした。私は二〇人ほどの同僚と一緒に北側監視所のベンチで仮眠を取りましたが、あまりの寒さで目が覚めてしまいました。気象官が壁に貼った最新予報によれば、『セミパラチンスク方面には低気圧が張り出しつつあるものの、本日は曇り時々晴れ。高度二三〇〇メートルに多層雲。夜間、小雨がぱらついたせいで、風力4の和風にも拘らず、砂塵が舞うということは無く、視界良好』とありました。私は、空が白んで来たのを幸い、走って身体を温めようと外に出ました。強い北風が吹いており、空は一面の雲です。見ていると、低い雲は風に吹かれ、その切れ目から朝日がさし込み、その光の中で、大草原を横切って回転草が転がっていきました。

五時三十分ちょうど、拡声器から『三〇分前』の声が響きました。これは点火システムのスイッチが押されたことを意味します。

二〇分前、一〇分前という声が響きました。すべて順調です。このとき全員が建物の外に出、『五分前、メガネ装着！』の号令でサングラスをかけました。

一分前、三十秒前、十、九、……五、四、三、二、一、点火！

その瞬間、痛みを伴うほどの強烈な光が走りました。

数秒間、光は何かおぼろな形をしていましたが、その直後、途方もないパワーが恐ろしい勢いで湧き上がり、白い巨大な半球がふくれ上がり、上へ上へと立ちのぼって行きました。私は少しためらいましたが、サングラスをはずしました。ふしくれだった筋肉のような縞模様がある大火球はむくむくとふくれ上がり、白色から紫紺色、オレンジ色、そしてどす黒い赤に変わりました。無音の中で繰り広げられる恐ろしい光景の後にやってきたのは、轟音、そして途方もない風です。茶色い巨大な柱が天に伸び、それは見たこともないキノコ雲となり、爆風の衝撃はあらゆるものをなぎ倒しました。家、橋、列車、戦闘機、戦車など、すべてを混沌とした大渦の中に巻き込んだのです」

次に、医療衛生の責任者として実験に立ち会ったブルナジヤン軍医総監の回想を記載する。

「私は、デレビヤンコ中将が日本から送って来た広島と長崎の調査報告書に対し、医療所見を提出していました。そういう経緯で私はセミパラチンスクでの原爆実験に立ち会ったのです。

爆発の瞬間、私はゼロ・ポイントから一〇キロほど離れた小丘陵の陰に隠れていました。私は物凄いキノコ雲が立ちのぼる光景に足がすくみ、丘の上に行ってゼロ・ポイントを眺めたのは爆発のジャスト十分後で、鉄塔は基礎工事が施されたコンクリート基盤ごときれいさっぱり消失していました。蒸発したのです。鉄塔があった部分には噴火口もどきの大きな穴が開いており、かなり離れた場所に敷設された鉄橋は羊の角の様にひん曲がっていました。また、驚きで言葉を失ったのは、かなり離れたところに停車していた重量四十七トンの自走砲が紙くずのように吹き飛ばされていたことです。爆発で舞い上がった黄砂質の土壌は溶解し、ガラス化し、原爆生成人口鉱石となって自走砲にこびりつき、強烈な放射線を発散しながら、パリパリとはじけるような気味の悪い音をたてていました。私たちが人口鉱石の採取をしている時、クルチャトフ教授の一行を乗せた車列が着き、早速、ヒアリングが始まりました」

三つ目の事例として、ユダヤの天才ハリトン博士[*2]の回想を記載する。

「寒がりのベリヤはコートの上に毛布をかぶって中央指令サイトにやって来ました。この男は実験が失敗したら科学者とエンジニアを総入替えし、私たちのようなプロジェクト第一陣を人民の敵として処罰するつもりだったのです。しかし私は成功を確信していましたから、まったく気にしませんでした。唯一心配だったのは、当時はコンピュータが無かったので爆発の規模が読み切れないことでした。[*3]

五時三十分ちょうど、クルチャトフ教授は秒読み開始の合図を送って自動カウントダウンが始まりました。私はゼロ・ポイントとは反対側の壁に面したドアをほんの少し開けました。爆発の閃光から三〇秒後に衝撃波が中央指令サイトに到達するので、光ってからすぐに扉を締めれば安全は保てます。

カウント・ゼロの瞬間、ドアの隙間から強烈な光が差し込み、部屋中がハレーションを起こしたようになるのを見て、私はすぐにドアをしめました。そして衝撃波が二度やって来て、それがおさまった時、全員が表に出、信じられないほど巨大なキノコ雲が立ちのぼっているのを見ました。ベリヤは狂ったように喜び、クルチャトフ教授と私を抱きしめました。これでベリヤは序列ナンバー・ツーの座を確実にしたのです。ともあれ私は解放の喜びを感じました。原爆を保有することによって、ソ連はアメリカからの暴力的な恫喝の恐怖を打ち払うことができたからです」

ところで、クルチャトフ教授は実験成功を見て、次のように叫んだという。

「Родина делала сама!《ロージナ・ジェーラーラ・サマ！》／祖国は自力でやった！」

以降ソ連の原爆には、「祖国は自力でやった！」の頭文字、すなわち《РДС《エル・デー・エス》》がつくことになった。したがってソ連の原爆第一号は《РДС-1《エル・デー・エス・アジン》》と命名されている。

※　※　※

一九四九年八月三十一日に関東を直撃したキティー台風は典型的な雨台風で、これによる死者一六〇名はほとんどが河川氾濫と大規模土砂崩れの犠牲者だった。

そしてこの直後に発生したリズ台風は、小笠原諸島上空を通過し、カムチャツカ半島沖で温帯低気圧に変わってしまったから、日本本土にはまったく影響を及ぼさなかったけれども、別の意味でリズ台風は公文書に登録されることになった。

リズ台風が硫黄島上空にいた九月三日土曜日のこと。

第三七五天候観測航空隊所属の改良型B-29（機長はロバート・C・ジョンソン中尉）は横田基地を離陸し、三沢基地経由でカムチャツカ半島の東海岸沖上空を飛び、アラスカ州イールソン基地に到着した。

このB-29の任務は台風観測だったが、その他に、もう一つ別の任務があり、それは五五〇〇メートル上空の空中異物をバグキャッチャーというガイガー・カウンター付きのフィルターに収めてくることだった。さて、リズ台風を観測してイールソン基地に着陸したB-29のバグキャッチャーにはプルトニウム核分裂の際に発散されるバリウム、セリウム、モリブデンの同位体が付着しており、自然現象でこれら核分裂生成物質が存在することはありえない。さらに詳細な分析を進めて行くと、五〇〇を越える核分裂生成物質が発見され、そして数日後には別のB-29がガンマ線を放射する奇妙な雲を発見した。

リズ台風発生から十八日後の九月二十一日水曜日、空軍参謀総長ヴァンデンバーグ大将は、「八月二十六日から八月二十九日の間に、アジア大陸のどこかで原爆実験が行われた」という最終報告をトルーマン大統領に提出し、大統領は九月二十三日金曜日正午、タイプ用紙半分にも満たない短いプレスリリースを行い、「我々はソ連が核実験をしたという物証を握っている」と全世界に報じた。

翌日土曜日、ソ連は追認する形で、「一九四九年八月二十九日、ソ連はセミパラチンスクで原爆実験に成功した」と、声明を出している。

〈註〉

＊1　米ソ原爆実験場の広さ比較
ソ連のセミパラチンスク用地は一万八一〇〇平方キロメートル、米国のホルナダ・デル・ムエルト用地は一一三一平方キロメートル。ところでセミパラチンスクの核実験は住民に恐るべき被害を与えた。インターネットで《核実験放射能被害／奇形》と入力し、画像検索すれば、それがどれほど悲惨な結果を招いたか一目瞭然だが、哀れな北朝鮮人はトップから下々までその忌まわしさに無知である。

＊2　一九九六年十二月十八日に死去したユーリ・ボリソヴィッチ・ハリトン博士（享年九十二）は、ベリヤの原爆プロジェクトに参加し、指導的役割を果たした科学者の中では長寿の人だった。博士は終生核兵器の研究開発に関

与し、ソ連崩壊後、アルザマス-16から全ロシア実験物理学研究所に名称変更されたセンターを活動拠点とした。ハリトン博士は、サハロフ博士と違って、セミパラチンスクで四五六回繰り返された核実験による深刻な放射能被害を気にした様子もなく、ガンにも侵されずに長寿をまっとうし、モスクワのノヴォデヴィチ墓地に埋葬された。

＊3　アメリカ・トリニティー実験とソ連・セミパラチンスク実験（第一回目）の比較

トリニティー実験はＴＮＴ換算十九キロトン、セミパラチンスク実験はＴＮＴ換算二十二キロトン。

第二章
激化する米ソ対立

1　ベルリン封鎖

（1）米国外交政策の転機を告げるトルーマン・ドクトリン

米ソの不和はルーズベルト大統領死去と同時に顕在化し、戦後間もなく起こったイラン=アゼルバイジャン危機によって冷戦への第一歩が踏み出された。そして、一九四六年三月五日、ミズーリ州フルトン、ウェストミンスター大学でのチャーチルの《鉄のカーテン演説》で東西対決の姿勢はより鮮明になっていく。いっぽう、スターリンは日本の再軍備を非常に警戒していたから、チャーチル演説とほぼ同時期、マッカーサー―GHQが幣原内閣に出した戦争放棄を謳う新憲法草案の存在を聞いて、何か裏があるのではないかと疑った。しかし、東京にいるソ連代表のデレヴヤンコ中将から、「新憲法には戦争放棄条項が本当に存在する！」と報告され、この珍妙な出来事に対し首をかしげている。

GHQによる新憲法草案から半年後。すなわち一九四六年八月七日、スターリンは冷戦をあおる行為に出た。それはソ連がトルコに突き付けた覚書で、そこには、「ダーダネルス海峡とボスポラス海峡にソ連の監視基地を置き、その上で両海峡をトルコとソ連の共同管理に附したい」むね書かれていたから、バーンズ（アメリカ国務長官）、ベビン（イギリス外相）、モロトフ（ソ連外相）が理事を務める外相理事会は蜂の巣を突いたような騒ぎになった。それからさらに半年後。すなわち一九四七年一月二十一日のことだ。トルーマンはその任期中にマッカーサー元帥ほかの大物を馘《くび》にしたことで有名になったが、この時、大統領はバーンズ国務長官が繰り出したトータリティー計画という情報操作を危険と見、バーンズを更迭。代わりにマーシャル参謀総長を新しい国務長官に指名した。

スターリンは思う。

ポツダム会談でバーンズはトルーマンより存在感があったし、かつ、その後、しばしばこの男はソ連に向かって不愉快な原爆外交をかませてきた。つまりバーンズはソ連の国益にとって有害な男だったが、嬉しいことにトルーマンはその有害男を排除してくれた。

だが、どうしてトルーマンは我々を喜ばせるような行為に出たのか？

――それはトルーマンが弱気の虫に取り憑かれたからだ！

それでバーンズを馘にしたのだ。

スターリンはこの罷免劇をトルーマンが第三次大戦勃発に怖気《おじけ》づいたからだと判断し、さらに強くトルコを締め上げ、加えてギリシャには政府転覆資金をつぎ込み、両方とも鉄のカーテンの中に取り込もうとした。

政情不安定なギリシャに対し、スターリンあやつる共産党勢力《コミンフォルム》の引き起こしたゼネストの騒擾は西側にとって憂慮すべき事態だったが、トルコに降りかかったスターリンの災厄はもっと深刻で、ダーダネルス、ボスポラス両海峡にソ連が作ろうとした監視基地がトルコ全土を抑え込むためのトロイの木馬だということは子供でも分かる。

見せかけの共同管理計画をぶつけられた哀れなトルコ。

ソ連に治外法権特区を作らせろと迫られた惨めなトルコ。

トルコもなめられたものだが、しかし、そんなことが実現しようものなら、あおりをくらってギリシャ、ドイツ、イタリア、そして中近東諸国はスターリンに乗っ取られる。

「カモにしようとした国の経済を破壊し、住民不満を煽り、そこに付け込むのは共産党の常套手段ですぞ！」

トルーマンはハリマン商務長官ほかの有力者からソ連の謀略を懇切丁寧に説明され、一九四七年三月十二日水曜日午後一時、上下両院議会にむかってルーズベルトが聞いたら腰を抜かすような年頭教書を読み上げた。すなわち、トルコとギリシャが一党独裁国家の手に落ちれば、その影響は世界中に及ぶと主張し、両国への四億ドルの援助を供与するよう議会に要請したのだ。この当時の政治漫画に登場するトルーマンは極端な胴長短足で描かれたものが多い。最新流行のスーツ、お気に入りのソフト帽をかぶった大統領は短い脚を威勢よく踏みしめ、胸を張ってそっくり返り、その反動で尻が突き出、しかもご丁寧に、喧嘩屋ハリーの異名通り、肩を怒らせ、顎を突き出し、手にはボクシングのグローブまではめている。こういう政治漫画の男が演説する年頭教書こそは米国外交政策の転機を告げるトルーマン・ドクトリンで、その核心部分は、「世界のどこに侵略があっても、直接間接を問わず平和が脅威を受ける場合には、アメリカの国防にかかわるものとみなす」という言葉に集約される。

トルーマン大統領

世界情勢は、日本が戦争を放棄しようとそうでなかろうと、米ソ対立に向かって激しく動いていたが、これをトップ・ギアに持っていったのは欧州復興計画《マーシャル・プラン》という事実上の通貨戦争だった。参謀総長から国務長官に転じたマーシャルは一九四七年三月十日から四月二十四日までの間、モスクワで開催された外相理事会に出席。この会議でマーシャル長官は、「ドイツを含むヨーロッパの復興支援」を提言したけれど、ソ連はドイツに攻め込まれて激しく破壊され、戦勝国の中では最も疲弊していたから、支援を行う余裕がない。また、そのあおりから、ソ連には、占領したドイツからすべて強奪しなければならないという強迫観念がある。だからソ連は、「ドイツ支援とは何のことだ？　たちの良くない冗談はよせ！　賠償金二〇〇億ドルはびた一文まからないぞ！　それから西側占領地域にあるルール工業地帯を米英仏三カ国の共同管理ではなく米英ソ仏四カ国にしろ」と言って一歩も引かず、膠着状態に陥った。

　そこで長官は事態打開のため、四月十五日の夜、ボーレン通訳をともないスターリンに面会したのだが、期待は大はずれ。ドイツを含むヨーロッパ全体の救済を訴える長官に対し、スターリンは「我々は、次に会う時には合意に至るだろう。その時合意に達しなければ、その次の機会に合意できるだろう」と応じた。

　ボーレンは回想録でこの会談を次のように書いている。

「スターリンはマーシャル長官を柳に風とすかし続け、歩み寄りは一切なかった。この日、クレムリンからアメリカ大使館に戻った長官は、陸軍から駐ソ大使に転じたかつての部下ウォルター・ベデル・スミス中将を相手に、ことの顚末を語り、そして次のように続けた。

『スターリンには支援の手を差し伸べるつもりは無い。復興にまったく無関心だよ。それどころかドイツを死滅させ、ヨーロッパを共倒れに導き、その上で共産党勢力《コミンフォルム》による支配体制を敷こうとしている。スターリンが身の内に隠しているものは戦後の混乱を解決せず、これを長期化させることだ。ヨーロッパ全体が飢えに苦しみ、まともな生活から遠のいて、手の付けられない悪循環に陥れば、共産党への期待がますます高まる。あの男は時間稼ぎをしているのだよ。事態をこのまま放置し、解決を延伸すれば、ヨーロッパに悪影響を及ぼし、ソ連にとって有利に働く。我々はそれを挫かねばならない。ヨーロッパを崩壊から救い、再生に向かわせるための具体策を実行に移さねばならないのだよ』

長官の決意はこの瞬間に固まったと私は理解した」

さすがのマーシャルも、スターリンが原爆の完成を待っているところまでは読めなかったけれど、長官は帰国後、トルーマン大統領にソ連の脅威を語り、これを大統領に納得させると、一九四七年六月五日、ハーバード大学の卒業式典で《欧州危機に対処するアメリカの行動》と題し、非常にエポック・メーキングな講演をした。以下はその要点であり、この講演内容はその日の内にアメリカのメッセージとしてスターリンの耳に届く。

「……農民は食糧を生産し、都市住民が作る生活必需品を食糧と交換してきました。この分業こそは近代文明の基礎ですが、現在、ヨーロッパではそのメカニズムが崩壊の危機に晒されています。

ヨーロッパの都市では、農民が生産する食糧との交換に際し、交換に値する商品を生産できません。原料や燃料が不足し、機械類は欠乏または損壊しているからです。農民の側から見れば、購入したい商品を見いだせない以上、使えもしない通貨を得るために農産物を生産し、これを販売するのは無益な取引であるように見えています。そこで農民は、販売に供する穀物の耕作をやめ、都市住民がもたらす便利な日用品に事欠くことになろうとも、自身や家族が充分に食べるためだけに自分の耕地を使用するようになり、自分が所有する家畜用の飼料を作るためだけに自分の耕地を使用するようになっています。いっぽう、都市の人々は食糧や燃料に事欠き、飢餓に近い水準に陥っている都市もある。そのためヨーロッパの各国政府は、食糧や燃料を海外から調達するために外貨やクレジットを用いざるを得ない。つまりこの過程で、復興のために必要とされる資金が消えてしまうのです。かくして、世界にとって不吉で深刻な状況が急速に進展し、生産物交換の基礎を成している近代的分業体制は、崩壊の危機に陥っているのです。

この危機の本質は、ヨーロッパの需要が支払い能力を遥かに上回っている点にあります。そして、この隔たりを埋めるための莫大な追加支援がなければ、ヨーロッパは経済的、社会的、政治的破滅に直面せざるを得ません。

思うに救済策は、閉塞感に満ちたこの局面を打破し、経済の未来に対するヨーロッパの人々の自信を回復させることに尽きるのです。ヨーロッパ全域で、製造業者や農民が永続的価値がある通貨を得、生産物を交換できるようにならねばなりません。アメリカは世界経済の健全性回復を助けるため、できることは何でもせねばなりません。なぜなら健全な経済なくしては、政治的安定も確実な平和も保障されないからです。

アメリカの援助は、単に鎮痛剤を与えるというものではなく、治療という性格の援助を行うべきであり、その故にアメリカの政策は飢餓、貧困、絶望、混乱に対する治療に向けられ、その目的は、自由な制度を前提とした活発な経済を世界に復活させること。これに尽きるのです。いかなる国も、この復興事業に協力する気があるならば、アメリカの全面的な協力が得られる。しかし、いかなる国も他国の復興を妨害しようと画策するならば、アメリカの協力は期待できない。さらに、人類の窮状を永続させようと画策する政府、政党、団体は、アメリカの反対に遭うだろう」

この講演を振り返り、トルーマンは回想録で次のように述べている。

「マーシャル・プランはヨーロッパにおける経済統一だった。ヨーロッパの経済復興はそれぞれの国単位で見るのではなく、ヨーロッパを一つの集合体と見なして復興をうながす。そうすれば、アメリカの援助が格段に有効となり、復活が加速するというのだ。これはヨーロッパ諸国に新たな希望と自信をもたらし、共産主義者《コミンフォルム》の邪《よこしま》な画策に対し、痛烈な打撃となった」

投入金額一〇二億六〇〇〇万ドル（八十九パーセントは返済義務がない贈与）という欧州復興計画《マーシャル・プラン》は西ドイツを含む西側諸国民に適正な給与が得られる雇用の機会を作ったけれども、これと同時に、ヨーロッパの東西分断が加速する直接の原因を作った。いっぽうソ連もマーシャル・プランへの対抗措置として一九四九年一月二十五日に経済相互援助会議《コメコン》を設立し、ソ連、ポーランド、ハンガリー、チェコスロバキア、ブルガリア、ルーマニアといった六カ国を創設メンバーとしたが、結局、東西対立を助長することになった。ともあれアメリカの復興支援金投下と同時に、その投下資金で購入する大量のアメリカ製物資が市場にあふれだし、次に新ドイツ・マルクが登場したから、西ドイツと東ドイツの生活環境は乖離《かいり》がひどくなり、かくして冷戦に拍車がかかったのだ。

（2）砕け散った米英ソ仏四カ国評議会

ベルリンの地下鉄クライストパーク駅のそばにネオ・バロック風の建物がある。これは戦禍を免れた旧プロイセン高等裁判所で、戦前、この場所では悪名高いナチス人民裁判が開かれ、ワルキューレというヒトラー暗殺計画に連座した将軍たちがここで裁かれている。そして戦後、米英ソ仏は分割されたドイツ全体の統治[*1]にあたって《連合国管理評議会／ＡＣＣ（the Allied Control Council）》を設立し、同様に分割されたベルリン[*2]にあるこの裁判所をＡＣＣ本部として接収した。ちなみに、西ベルリンという言葉が正式に登場するのは一九四九年五月二十三日のボンを首都とする西ドイツ（連邦共和国臨時政府）の発足以降のこととなる。

一九四八年三月二十日土曜日。この日は八十二回目となるＡＣＣ本会議で、午後二時十五分、アメリカ代表の陸軍大将クレイと次席代表の国務省特命顧問マーフィーが旧裁判所の五五〇会議室に入り、続いてイギリス代表ロバートソン男爵（大将）とピーターソン駐ソ大使、そしてフランス代表ケーニグ大将とシャテニョー駐ソ大使が入室。ちなみに国務省特命顧問マーフィーは四年後（一九五二年四月二十八日）、主権を回復した日本の初代駐日大使として昭和天皇に信任状を奉呈している。

それはさておき、この日、マーフィーは会議室の入口付近にある壁龕《へきがん》におさまった正義《ユースティティア》の女神を一瞥し、額の抜け上がったいかつい顔を少しばかり苦し気にゆがめた。

理由がある。マーフィーには気がかりな情報が国務省から届いていた。それはマーシャルプランを不満とするソ連が、ベルリンから米英仏駐留軍を追い出そうと「露骨な挑発をしかけつつある」というＣＩＡ情報で、三月五日に至ると、追加ＣＩＡ情報は悲鳴に近くなっていたからだ。

——遅かれ早かれ、こういうことにはなっただろう。

と、マーフィーは思う。なぜなら、ポツダム会談で合意された外相理事会は三回目以降モロトフ外相の強硬姿勢で破綻していたし、かつ、ソ連抜きで一カ月前に開催されたロンドン六カ国会議の肝は《西ドイツの成立》と《北大西洋条約機構（ＮＡＴＯ）の成立》に対する下工作だったから、ソ連が神経質になるのは目に見えている。なお、六カ国会議については次の要領で朝日新聞が記事にした。

■昭和二十三年二月二十五日朝刊

ロンドン、インディアハウスにおいて米英仏三カ国会談開始。アメリカ代表＝ダグラス駐英アメリカ大使、フランス代表＝マシグリ駐英フランス大使、イギリス代表＝ストラング英外務次官。本会談にはベネルクス三国を招請し、次の七項目の議題が決定された。

①ベネルクス三国を対ドイツ政策討議に参加させる、②ドイツとマーシャルプランの関係を確認する、③欧州経済とドイツの役割およびドイツ経済の管理、④対ドイツ安全保障、⑤対ドイツ賠償問題、⑥ドイツの政治機構と経済機構、⑦ベネルクス三国とドイツの国境

《ロンドン特電二十三日発＝ＡＦＰ特約》

マーフィーは「ジューコフがいるころはまだよかった」と、ため息をついている。

ＡＣＣ（連合国管理評議会）の前ソ連代表ジューコフ元帥は北海道侵攻に反対したためスターリンから疎《うと》まれており、戦勝の熱気が下火になったころウラル管区司令官に左遷。代わりにクレムリンの操り人形ソコロフスキー元帥が一九四六年三月に着任した。

午後二時三十四分、五人の同伴者を従えたソコロフスキー元帥が到着。四、五分の遅刻はソ連代表団のお家芸で、今となっては誰も驚かない。

チェーンスモーカーの元帥が太いキューバ産のダヴィドフ葉巻に火をつけ、それに誘われて何人かが、紙巻きタバコやパイプを取り出したが、この日、会議は最初から荒れ模様で、元帥は会議の開催を宣言するや否や、むちゃくちゃなことを言い出した。それはロンドン六カ国会議についてで、最初は穏やかに「ロンドンでの会議について詳しい内容を教えていただけませんか」と言った。

「一カ月前、すなわち三月十七日、ロンドン六カ国会議の成果物としてブリュッセル条約が署名されました。この条約については、公表されている以上のことは何も知りません。この会議に出席したわけではないので、悪しからず」と、クレイ。

すると元帥の目が異様に輝き、激しく吐き出すように言葉がほとばしった。

「あなたがたはロンドンの会議場での出来事を教えようとしない。ドイツに関することを我々に隠そうとしている。あなたがたはマーシャルプランの陰に隠れて勝手なことをやっている。平和を愛するドイツ人民の意思に反する行動に出ている。私はがっかりだ。もはやＡＣＣの会議を続けても意味はない。私は無期延期を宣言する。それでは解散！」と言って、座っていた椅子

クレイ大将

を乱暴に引き、騒々しい靴音をたて、立ち去った。信じがたいものを見た米英仏三カ国代表は呆れてしばらく無言だった。

この出来事について、マーフィー顧問が本国に発信した電文は次の通り。

発／マーフィー合衆国ドイツ問題政治顧問／ベルリンより

宛／マーシャル合衆国国務長官

分類／極秘・緊急（SECRET/NIACT）

日時／一九四八年三月二十日土曜日午後七時

三月二十日午後二時三十分に開催されたＡＣＣ八十二回目の会合において、ソコロフスキー元帥の口を通じて明らかになったソ連の本音はマーシャル・プランの即時停止だったから、米英仏はその討議はＡＣＣの権限の逸脱であると指摘。するとソコロフスキーは、議長権限により会議の無期限延期を宣言し、本日の会議の解散を宣告した。ソ連は北大西洋条約機構と西ドイツ政府の承認についてかなりのことを掴んでいるらしい。（以上／マーフィー電文）

この報告には、まだ少し心の余裕が感じられる。しかしそれから十一日後の三月三十一日水曜日に発信されたマーフィー報告は《超極秘・切迫（TOP SECRET/URGENT）》に変わった。なぜならこの日の午前十一時、ミハイル・ドラトーヴィン中将が次の三項目から成る衝撃的な通行制限通告書を米英仏ＡＣＣメンバーに届けて来たからだ。

①四月一日午前零時以降、ソ連軍当局は、西ベルリンに出入りする総ての西側の人間を臨検する。すなわち、一般人だろうと軍人だろうと、身分証明書を調べ、あらゆる物資の点検を実施する。

②西側から西ベルリンに出入りできるルートはヘルムシュテット～マリーエンボルン～マクデブルク～西ベルリン（ツォー駅）に至る鉄道路線とそれに沿うアウト・バーン一本に限定し、それ以外は

すべて遮断する。

③臨検に際し、すべての旅客は一般市民、軍関係者を問わずソ連軍守備隊の命令に服すること。

署名／占領軍司令官・元帥ワシリー・ダニロヴィッチ・ソコロフスキー

最初の臨検犠牲はフランクフルト発特急ベルリーナーだった。

ドラトーヴィン中将の通告があったとは知らずに三〇〇人のアメリカ人将校と多数の一般人を乗せた特急ベルリーナーは四月一日木曜日の夕刻、フランクフルト中央駅を発車。この特急がベルリンの西一八〇キロにあるマリーエンボルンに到着したのは午前二時だった。列車は待避線へ引っ張り込まれ、軍用犬を連れたモンゴル兵がびっしりとそのまわりを取り囲んだ。車窓のシェードは引き下ろされ、外に出るなどもってのほか。この日は湿度が異常に高く、そういう中で乗客は何と十八時間放っておかれた。そして午後八時。列車は突然動き出し、ベルリンではなく、フランクフルトに向かって走り始めた。アメリカ人将校が断固臨検を拒否したので追い返されたのだ。

これ以外に、西ベルリンからマクデブルク、マリーエンボルン、ヘルムシュテットを経てハノーファーにバス移動したイギリス分遣隊とその家族、計一二〇名のエピソードがある。責任者はジョン・レイノルズ大尉。午前十時、カーキ色に塗った三台の軍用バスは西ベルリンをたち、正午を少しまわったころ、マリーエンボルンの検問所に着いた。二〇〇メートル幅の無人地帯を隔て、その向こうの丘にはイギリス国旗がはためいている。周囲の風景に紛れて分からなかったのだが、タバコの煙でいぶしたような綿入れ軍服を着こんだモンゴル兵の一団がにわかに立ち上がり、マンドリンという異名を持つ短機関銃を持ってバスを取り囲んだ。

「フン族よ。アッティラだわ」

ティーンエージャーの娘が興味津々と言った体で身を乗り出した。

レイノルズ大尉は、「静かに」と言って女子高生をたしなめると、ロシア人将校二名をバスに招じ入れ、臨検に応じた。ひどくゆっくりした身分証明書チェックが進み、それが済んでロシア人はバスを降りたが、すぐに戻って来て「全員バスから降りろ！」と叫んだ。

驚いたレイノルズ大尉は通訳を伴って、「いったい、この横暴な振る舞いは何ごとかね？」と訊いた。

騒ぎのもとは、フン族がいると騒いでいたティーンエージャーがモンゴル兵の写真を撮ったからで、娘を逮捕すると言ってきかないロシア人将校との押し問答は一時間続き、結局、フィルム没収、カメラは返却、プラス五カートンのタバコ、二瓶のジョニーウォーカーでけりがついた。三台のバスは午後二時四十五分にヘルムシュテットのイギリス軍駐屯地についたが、その直後に本格的な道路封鎖が開始され、これ以降のイギリス人を乗せたバスの群れはすべて西ベルリンに引き返させられている。

※　※　※

クレイ大将は、ドラトーヴィン中将が宣戦布告に等しい文書を置いて帰った翌日午前八時、これから西側が被る損害の予測会議に入った。この時クレイは最初から誤ったデータを受け取っている。

誤りの一つは封鎖によって直接苦痛にさらされる西ベルリン市民の数だった。当時、東西ベルリン市民の総数は三五〇万人。このうち西ベルリン市民は二〇〇万人だったが、東西ベルリンの境界線は占領軍が設けた申しわけ程度のバリケードであって、東西の行き来は比較的自由。そのため西ベルリンには共産党を嫌って難民のように流入する東ベルリン市民が多く、実際は二五〇万人を超えていた。クレイが指名した実務者たちはこの共産党を嫌った流入人口を考慮していなかったから、これが後になって、あわや西ベルリンの乳幼児および高齢者は全員餓死かという際どい瞬間を招いた。

もう一つの誤りは鉄道による物流ボリュームで、これを過小評価していた。実務者チームが前提にしたのは、「今まで西ベルリンに向かう主要幹線は三本であり、仮に一本あたり二十五両編成の貨物列車が毎日六便、西ベルリンに向かっているとすれば、妨害を受ける前の鉄道物流の総数は一日あたり九〇〇〇トン前後」のはずだった。妨害で主要幹線が一本に制限され、臨検という名の阻害要素をプラスすると、「九〇〇〇トンは三〇〇〇トンになるだろう。損害は六〇〇〇トンだ」と予測したのだが、大誤算だった。ベルリンへの物流は鉄路輸送、運河を使った河川輸送、トラックを使ったアウトバーン輸送によって支えられており、その合計は一日あたり一万二〇〇〇トンで、これをもって二五〇万人を超える西ベルリン市民は生活を維持していた。

ともあれ、クレイ大将は、《西ベルリン市民は二〇〇万人》《物流総数は九〇〇〇トン》を前提に空輸計画をスタートさせた。

「九〇〇〇トンの内、大きな比重を占めているものは何かね？」とクレイ。

「石炭です。冬に備えて毎日一九四一トン運び込んでいます。当地の冬の寒さはマイナス摂氏二〇度になり、とても厳しいので、今までは二〇両編成の石炭専用列車を毎日三便走らせていました。これが一便しか駄目だということになれば悲惨なことになりますよ。地上兵力の護衛のもとにトラック輸送する。これはいけませんか？」

「強行策かね。それは駄目だ。ホワイトハウスはモスクワ駐在のベデル・スミス大使とマーシャル国務長官に処理を一任した。外交で決着を付けようということだ。マーシャル長官とスミス大使は両方とも尊敬すべき陸軍軍人だよ。現地軍が外交の足を引っ張ってはならない。そこで私は空輸でしのごうと思う」と、クレイ。

しかし、アメリカの空軍力がいかに他を圧していようと、ジャンボジェット[*3]が存在しない時代、これは非常に厳しい選択だった。空輸の難しさは戦史が物語っている。最初の事例は第一次大戦のメソポタミヤ戦線で、オスマントルコ軍に包囲されたイギリス軍守備隊へ第30飛行隊が一六〇回、物資を空輸（空中投下）したが効果はなく、守備隊は降伏した。二回目の事例は、同じく第一次世界大戦中の西部戦線で、ドイツ軍に包囲されたベルギー・イーペルのフランス軍に、イギリス第28飛行隊が計二〇〇回、食糧を空輸（空中投下）し、成功。三回目は第二次世界大戦中にアメリカのフライング・タイガースがヒマラヤ越えで蒋介石軍へ大量の物資を空輸したが、加藤隼戦闘隊の辻斬り戦法で多くの被害を出した。四回目はソ連で、ドイツ軍の包囲下にあったレニングラードに物質空輸（空中投下）を行ったが、失敗。五回目はスターリングラードで包囲されたドイツ第六軍への補給で、ゲーリング元帥は一日三〇〇トンの空輸を命じたが、これも完全な失敗に終わった。要するに多少の成功事例はあるけれど、空輸はだいたいが失敗だった。

「ヒマラヤで日本の戦闘機にアメリカの輸送機はだいぶ喰われましたが、ここではソ連の戦闘機が襲ってきますよ」と、某実務者。

「今は戦時下ではない。それに一九四二年二月に締結された航空協定ではソ連が占領するドイツ上空に我々が使える道が三本あるのさ」と、クレイ。

協定に定められた三本の空路とは、①フランクフルト方面／ヴィースバーデン飛行場、②ハノーファー方面／ヴンストルフ飛行場、③ハンブルク方面／ファスベルク飛行場、この方面と西ベルリンを結ぶ、おのおの幅三十二キロメートルの空路である。

「ドラトーヴィン少将の文書ではこれを破棄するとは言っていない。私はこの協定が生きていることを前提に空輸作戦を決心したのだ」と、クレイ。

「編隊飛行で臨みましょう。これならロシア人もひるむでしょう」

クレイはこの案を採用し、その場で、テンペルホーフ飛行場責任者を呼び出し、「使用可能なC-47Sスカイトレイン輸送機は何機あるか」と訊いた。

「フランクフルトの第61飛行隊が三十六機保有していますが、すぐ使えるのは二十五機。十一機は修理中です」

「もう一つ。Ｃ‐47Ｓの最大積載量《ペイロード》は何トンかね？」

「三トンですが、積み荷の形状次第でそれ以下になります」

クレイは礼をいうと電話を切った。

「聞いての通りだ。日に何度もＣ‐47Ｓにベルリン往復をさせることになる。それと、物資の空中投下はＮＧだから、西ベルリンに新しい飛行場を作ることになるな」

このときクレイはイギリス本土スキャンプトン空軍基地に飛来したＢ‐29を使おうとはしていない。この爆撃機は九トンの爆弾を抱えて飛行でき、かつ、余計な武装を外してしまえばペイロードは二〇トン近くに上昇する。しかし離着陸に難があった。つまりＢ‐29は海あるいは広い野原に面した飛行場から飛び立って徐々に高度を上げ、目標に爆弾をすべて投下し、身軽になって帰投することを前提としている。ゆえに、周囲が障害物だらけのテンペルホーフ飛行場に荷物満載のＢ‐29が着陸するには危険すぎた。

「医薬品やビン詰め飲料などの壊れやすい生活用品は爆弾でも落とすように空中投下はできない。輸送機を飛行場にソフトランディングさせること。これが重要だ」

クレイはそう言って実務者会議を終えた。

最初の空輸は四月二日未明に開始されたが、この時、Ｃ‐47Ｓ五機で編成された輸送先遣隊長アルバート・シュナイダー少佐は四つの奇妙な指令を受けた。それは「①戦時中の夜間出撃と同様の手順で発進せよ。②輸送機には何も積まず発進し、西ベルリン上空を旋回せよ。③高度一五〇〇メートルで飛べ。④高射砲とＹＡＫ‐3ヤコブレフ戦闘機の攻撃に備えよ」とあった。この指令のもとに実施されたソ連の出方を見るためのテスト飛行は敵に妨害されることもなく無事に終わり、この日、シュナイダー隊が去った後、二十機のＣ‐47Ｓが合計六〇トンの物資を抱えてテンペルホーフ飛行場に着陸した。

※　※　※

「イギリス旅客機、大破炎上！　西ベルリン上空でソ連戦闘機と衝突」

四月六日火曜日の朝刊第一面に踊ったこの驚くべき事件はアメリカ第53飛行隊の最初の空輸から三日後の四月五日午後に起きた。原因はソ連戦闘機の異常接近で、この事件は以下のマーフィー報告に詳細が記載されている。

発／マーフィー合衆国ドイツ問題政治顧問／西ベルリンより
宛／マーシャル合衆国国務長官
分類／極秘・緊急（**SECRET/NIACT**）
時／一九四八年四月六日火曜日午後六時

「本日、クレイ将軍と私・マーフィーはＡＣＣ（連合国管理評議会）イギリス代表ロバートソン男爵とクリストファー・スティール政治顧問を招き、昨日、四月五日の飛行機事故について話し合った。衝突事件のあらましは次の通り。

西ベルリン・ガトウ飛行場にファイナル・アプローチ中のバイキングＢ１型旅客機は乗組員《クルー》と乗客あわせて十四名を乗せていた。この時の視界は九五〇〇メートル。ソ連軍占領地から緊急発進した一機のヤコブレフ戦闘機（ＹＡＫ《ヤク》‐３）が、ガトウ上空三〇〇メートルでバイキング旅客機に異常接近。威嚇飛行を繰り返すうち、旅客機の右主翼に激突。両機とも墜落し大破炎上。生存者はゼロ。犠牲者十四名の内訳は次の通り。

◎機長を含む乗組員《クルー》／イギリス人四名＝ジョン・ラルフ（機長）、ノーマン・メリントン（副操縦士）、チャールズ・マンセル（通信士）、レオナルド・グッドマン（客室係）

◎乗客／アメリカ人二名＝フランシス・クロウ夫人（軍政局職員）、パスカル・ピンタス軍曹（陸軍

248兵站部技官）／イギリス人八名＝ジェーン・シエラ（シエラ将軍の娘）、レジナルド・ロバーツ氏、スティーブン・ストッキング氏、フレミングス大尉、ロバート・コリア氏、レッドハム氏、レウィン氏、ワルデマール・ハルド氏／計一〇名。

スティール政治顧問は、「事件直後、ソ連兵とイギリス兵の間であわや銃撃戦かという険悪な状況になった」と我々に語った。それは黒こげになった旅客機の乗客を巡ってのことで、すぐに引き渡しが約束されたから大事に至らなかった。仔細を聞くとガトウ飛行場はソ連の占領地域と隣り合わせだから、大破炎上したソ連のＹＡＫ-３とパイロットはイギリスの占領地域に落ち、旅客機はソ連の占領地域に落ちたのだという。銃撃戦は回避したけれども、結局、ソ連当局は事件から数時間たっても犠牲者の引き取りを許さなかったから問題が大きくなり、ＢＢＣ放送はロシア人を極悪非道の人非人と全世界に電波で流した。

次にロバートソン男爵はソ連軍司令部にいるソコロフスキー元帥を訪問した時のことを語った。男爵は司令部で三時間半待ちぼうけを喰わされ、結局元帥は現れたが、その態度は極めて傲慢で、非はイギリス人パイロットの拙い操縦技術にあるとまくしたて、加えてイギリスＢＢＣ放送の報道に強烈な悪意があると難詰した。これに対し男爵は「自分は今回の事故の責任所在について議論するためにここに来たのではない。ＡＣＣが三年前に立ち上げたベルリン航空安全センターの管理下にある飛行ルールを米英ソ仏四者間で再度協議しようと提案しに来たのだ」と言った。すると元帥は、「今回の事件はイギリス人パイロットとロシア人パイロットの間で起きたことだ。ソ連とイギリス二カ国間の問題で、アメリカとフランスが関与する必要は無い」と言って、強引に話を打ち切った。

スティール顧問は、「ソ連との関係はさらに悪化するだろう。ところで、ソ連は自国に対するアメリカとイギリスの一般大衆の怒りが予想以上だったことに驚いている」と言った。つまり、ソ連は米英両国への国際共産主義者の浸透度が想定以下であることに失望し、その反動でソコロフスキー元帥は大げさに騒いでみせたのではないかと言うのだ」

ガトウ飛行場での事件は外交問題となってＡＣＣ（連合国管理評議会）の手を離れ、米英外交当局はソ連に厳重抗議。四月六日午後十時までに満足すべき回答が無ければ、ベルリンに向かう輸送機に戦闘機の護衛をつけるという強硬姿勢を取った。ソ連は遺憾の意を表明し、「①航空機運航上の相互協定に従い、イギリス機がベルリンへの国際的回廊を使うことに対し、ソ連は何ら干渉の意図を持たない。②バイキングＢ１型旅客機の犠牲者および持物収容の便宜をはかるよう直ちに命令を発する」という二項目を確約。米英側はこの回答に満足し、戦闘機の護衛命令を撤回した。

いっぽうクレイはC-47Sを三十六機保有する陸軍第61飛行隊に一日二回のベルリン・フライトを命じた。これは一番機を、朝八時にヴィースバーデン飛行場（フランクフルト）から発進させ、その後、五分間隔で離陸。午前十時五十五分までに全機を離陸させ、そこから一時間三十分かけてテンペルホーフ飛行場に向かう。テンペルホーフ飛行場で荷物をおろし、ヴィースバーデンに帰り、同様の手順でベルリンを往復し、午後十時に一日の仕事を終える。これが出来れば一日二一六トンをクリアできる。イギリスも同様の空輸に踏み出しているから、両国あわせ三三〇トンになるだろう。さらに各方面から輸送機を動員し、新空港を作り、かつ、ペイロードが大きいC-54S、あるいはC-97ストラトクルーザーを投入すれば、陸上輸送制限で運べなくなった六〇〇〇トンを空輸でカバーでき、ソ連の妨害を耐え忍ぶことができる。

これがクレイの胸算用だったが、実務者が出してきたデータの大きな狂いにはまだ気付いていない。

イギリス旅客機衝突事件から十二日後の四月十七日土曜日、ダーレム地区クライウ・アレー１３５番地の米陸軍司令部（現在は米英仏連合国博物館になっている）は別の件で大騒ぎになっていた。騒動を引き起こしたものは「牛乳がない。乳児が死んでしまう」といって駆け込み訴えに及んだ公衆衛生局長ユージン

・シュワルツ博士の一言で、そのわけはと言うと、ソ連はベルリン陥落時に略奪の限りを尽くし、その中には七〇〇〇頭の乳牛も入っていた。ロシア人に乳牛を召し上げられてしまった西ベルリン市民は、アメリカが供給する小麦で毎月一万八〇〇〇リットルのミルクをロシア人から買い、その三分の一を使って西ベルリンにいる六〇〇〇人の乳児をケアしていた。しかし今や鉄道輸送があの通りとなり、ミルクを得るための小麦がなくなってしまった。

「ミルクの供給をストップされた六〇〇〇人の乳児は、そのほとんどが月曜日までに死んでしまう」

そう言って公衆衛生局長のシュワルツ博士は泣きっ面になった。

クレイ配下の実務者グループは切迫した顔つきの博士が握りしめているリストに目を止め、見せてもらうと、そこには次の通り、これだけは毎日西ベルリン市民に供給されねばならない必須アイテムが列記されていた。それは《小麦粉＝六四六トン》《穀物＝一二五トン》《食肉＆魚＝一〇九トン》《脱水ジャガイモ＝一八〇トン》《油脂＝六十四トン》《砂糖＝一八〇トン》《塩＝三十八トン》《イースト菌（パン種）＝三トン》《コーヒー＝十一トン》《粉ミルク＝十九トン》《脱脂粉乳＝五トン》《チーズ＝十トン》《脱水野菜＝一四九トン》《石炭＝一九四一トン》、合計三四七五トンとなっている。

実務者たちは合計三四七五トンという数値を見て少し安心した。自分たちが弾き出し、クレイ大将に報告した九〇〇〇トンを大きく下回っていたからだ。

「博士、ご安心ください。このリストにある供給品とトン数は私たちが想定しているものより下回っています。ミルクは必ずお届けします。今は空輸が始まったばかりなので、需要に追いついていませんが、輸送機の編成は月曜日には整います」

「ありがとう！　安心しました。念のために言っておきますが、合計三四七五トンという数値の中には米英仏駐留軍六五〇〇名に供給する食糧などの軍事物資は含まれていませんよ」とシュワルツ博士。

聞いて、実務者たちは苦しそうな作り笑いをした。軍事物資は半年で備蓄が尽きる。そうなれば日に二五〇〇トンの軍事物資追加空輸になる。余談ながらフランス駐留兵にはハウスワインの供給が必須で、これをコーラで代替しようとしたアメリカ当局は、ド・ゴール将軍から直接苦情を食らっている。

その内、公衆衛生局長は恐ろしいことを口にした。

「合計三四七五トンは市民生活に必要な衣類ならびに医薬品は含まれていないので、このあたりも日を改めてご相談したいと思います。それから合計三四七五トンという数値は西ベルリン市民が二〇〇万人だった時のもので、現在は東ベルリンからの流入者が増え二五〇万人を超えていると思います」

——何と、空輸計画は全部やり直しだ！

実務者たちは今度こそ青くなって互いの顔を見た。ミルクなどは序の口なのだ。厄介な問題が山ほど出て来そうな予感がする。気もそぞろとなった実務者たちは、幼児を死なせるような真似はしないと誓ってシュワルツ博士にお引き取りいただき、一目散に仕事場に戻り、空輸計画の再検討に突入した。

ともあれ、最大の難物は石炭一九四一トンだった。そしてもしも、ソ連が完全封鎖という挙に出ればさらに話は違ってくる。最大積載量《ペイロード》三トンのC-47S輸送機では話にならないのだ。もちろん七月には十三トン積載のC-54S、十トンのC-82Sが来るし、十六トンのC-97ストラトクルーザーと二十二トンのC-74グローブマスターは、運が良ければ一年以内に配備されるだろう。しかし、いくら何でも石炭列車と同じような芸当を輸送機に求めても無理がある。某実務者が石炭は医薬品やビン詰め飲料などの壊れやすい生活用品ではないから、デリバリー効率を上げるため、袋に詰めて空中投下しようというアイデアを出した。念のため投下実験をしておこうとなり、それをイギリスの海岸で実施することになった。石炭は水兵が支給される円筒形の背嚢《ダッフルバッグ》に詰め込まれ、低空飛行のB-29から雨あられと空中投下されたが、結果は惨憺たるもので、砂浜の標的に落ちたダッフルバッグは裂け、石炭は粉々になり、暗黒色の雲となって飛び散ったから、拾い集めることなど夢にも及ばない。石炭雲はそこら中に飛び散り、標的からずいぶん離れた家庭の洗濯物を真っ黒にしてしまった。空中投下は失敗。クレイ将軍の指摘通り、ソフトランディングするしかなかったのだ。

幸いにもミルク事件は間違った前提条件を白日の下にさらす効果があったから、その結果、実務者グループは次のように新計画の骨子をまとめた。

①ペイロード十一トンのC-54S輸送機を大量配備する。②輸送機の離陸間隔を五分から三分にする。③離陸する滑走路を倍の四本にするため、ヴィースバーデン飛行場とライン・マイン飛行場を使う。④西ベルリン空港の滑走路の本数を現在の倍にする。

この施策が円滑に進めば、空輸ボリュームは現在の鉄道輸送量を凌駕することになり、仮にソ連が完全封鎖に出ようと、「恐れることは一つも無い！」としていたが、現実はそう簡単に進展していない。例えば石炭は、C-54Sが本格配備された後もトラブル続きだった。石炭入りダッフルバッグから漏れ出した炭塵がコクピットに満ち溢れ、パイロットは採掘現場で一仕事終えた炭鉱夫同様、真っ黒になって飛行機から降りてきたが、そんなことは些事である。ともあれ機内がこういう状態になるため、石炭と食品や衣料品の混載は不可能。さらに、炭塵は計器を汚し、電気系統のショートを引き起こし、尾翼制御ワイヤーを痛め、ダッチロールを誘発した。このトラブルは特別仕様の石炭専用C-54Sを三十八機投入することでやっとクリアしている。ついでながら小麦粉もトラブルメーカーで、これを空輸したC-47Sは防水仕様に難があり、結露や雨漏りが多く、かくして機内は小麦粉が白い泥に変わってぐちゃぐちゃになり、滑って怪我をする人間が続出した。

※　　※　　※

ソ連の大方針は共産圏の拡大による世界制覇だったから、欧州復興計画《マーシャル・プラン》はまったくもって目障りな存在だった。だからスターリンはモロトフの耳もとで、「米英仏三国を西ベルリンから追い出せ！　成功すればあの計画は頓挫する」と囁《ささや》いた。次にスターリンは「西ベルリンに兵糧攻めを仕掛けろ！」と続けている。これをやれば、その後には職業革命家なら誰でも思いつく常套手段が控えているからで、プロパガンダ放送と流言飛語で餓死と凍死の恐怖を西ベルリン市民に吹き込み、とどめの一撃はドイツ社会主義統一党（ＳＥＤ）の細胞分子を使嗾《しそう》して、厳冬期のデモ行進と便乗暴動を起こし、米英仏駐留軍を撤収に追い込む。そういう筋書きだった。なお心底原爆を恐れたスターリンは、一九四六年十一月にＢ‐29がイギリス本土の三つの空軍基地に配備されたことを承知していたから、全面戦争回避を基本原則とした。西ベルリンを締め上げるにあたり、スターリンが一貫して空路遮断に踏み込まなかったのは、大戦争に発展することを恐れたからだが、それとは別にもう一つ理由がある。この独裁者には、「飛行機は役に立たない」という苦い体験があった。ドイツ軍に包囲されたレニングラードとスターリングラードへの物資補給にあたり空輸はことごとく失敗したからで、これがアメリカ人の空輸など勝手にやらせておけという考えに繋がっている。

ソ連戦闘機はイギリスの旅客機と空中衝突事件を引き起こしたが、その後も異常接近を止めず、ベルリン封鎖が解除されるまでの十五カ月間に七三三回も危険飛行を繰り返した。実のところ、その目的は威嚇ではなく、すべての米英側輸送機の写真を撮影し、それをクレムリンに送ることだった。写真を解析したＫＧＢと国防省はスパイ情報とこれを突き合わせ、米英側の空輸能力を調べ上げ、その結果、「空輸で二百万市民を満足させることは不可能。石炭と食糧の供給が間に合わず、飢餓と寒さで暴動が起きる。Ｂ‐29級の化け物輸送機が出現しようとも、陸路と河川を完全に封鎖すれば同様の結果になる」と報告した。スターリンはこの報告と自分の苦い体験をもとに米英の空輸能力を過小評価したのだ。

ところで、西ベルリンはミッテルラント運河およびエルベ川、ハーフェル川、シュプレー川という三河川によってハンブルク港ならびにライン川と船舶往来ができる。そこでソ連は五月に至り、妨害の範囲を河川に広げ、これを完全に封鎖して河川物流を麻痺させる措置に出た。きっかけはソコロフスキー元帥だった。多くのソ連高級軍人はポツダム市バーベルスベルクに家族を住まわせており、そこから東ベルリンの勤務地に向かう。ソコロフスキー元帥の邸宅はカールマルクス・シュトラッセ二十七番地にあり、元帥はいつものように我が物顔で西ベルリンを横断し、シュプレー川右岸にある在独ソ連軍総司令部に入ろうとした。少し細かく言うと、ポツダムの私邸を出た元帥は再建されたばかりのグリーニッケ鉄橋を渡って米軍検問所を抜け、西ベルリンに入る。そこからアウトバーンを通って再び米軍検問所（有名なチェックポイント・チャーリー）に至り、東ベルリンに抜け、カールスホルスト街ツヴィーゼラー通り四番地の総司令部に入る。つまり西側を通過する際、元帥の車列は完全に顔パスで、車のスピードを緩めたことはただの一度もない。この傍若無人にクレイは腹を立て、ルール無視のロシア人は、たとえ高級軍人であろうと厳しく臨検せよと命じた。命令は翌朝、直ちに実行されている。グリーニッケ鉄橋の米軍検問所の前を元帥の車列が猛スピードで取り過ぎると、手ぐすね引いて待つＭＰはすぐさまこれを追跡し、アウトバーンの中間地点で停車させ、短機関銃《トミーガン》を突きつけて、身分証明書と西側通行許諾書の提示を命じた。この報復措置がソ連当局の河川遮断である。

　ソ連の目的は西ベルリン市民の恐怖を煽ることで米英仏駐留軍を追い出すことだったから、接収したラジオ・ベルリン放送局を使って、住民の不安を助長する怪情報を流し続けた。これはナチス政権が常用した刷り込み手法で、繰り返し何度も聞かされていると、よく考えれば荒唐無稽な馬鹿らしい内容でも、本当のことのように思えて来るという実証済みの手だったから、これに踊らされた人間は多い。

　デマ放送は例えば次の二件。

●米英仏三カ国の軍隊はドイツの群衆に銃火を浴びせた。街路には一般市民の死体が折り重なって倒れている。また、ライニッケンドルフ区とパンコウ区のフランス軍占領区では復讐に名を借りた強姦事件が多発している。

●西ベルリン全域で飲料水などの生活用水は供給が途切れ、乳幼児の身体を洗うことができなくなるだろう。そのほかに電力供給がストップするだろう。

前者については、ベルリン陥落後、婦女暴行を兵隊に許可し、犠牲者はその数八十五万人という事件を起こしたソ連が、いったいどの口でそういうことを言うのか、その神経を疑うほかはない。だが後者の渇水責めは市民を恐怖におとしいれている。これはベルリン市内を流れる川がソ連占領下にあるシュプレー川だけなら大規模な水不足もあり得る話だが、ハーフェル川とその流域にある湖水は西ベルリンにあり、水不足など起こるはずもない。しかしパニックはなかなか収束しなかった。イギリスが空輸の一環としてサンダーランド飛行艇をテーゲル湖に着水させたのは、集団ヒステリー鎮静のためのデモンストレーションでもあったのだ。

放送と並行してソ連は西ドイツに向かう鉄道切符の発行を東ベルリン・フリードリッヒシュトラッセ駅のみに限定した。これは目的が嫌がらせにあるのではなく、人口流出の防止にあったたから、なまなかな通行許諾書で切符は購入できず、喜んだのは闇商人だけだった。なお、この切符規制はさまざまな流言飛語を生み、米軍工兵隊将校カミングスの妻、ベラ夫人は「ロシア兵が私たちアメリカ人をシベリアの収容所に連れて行くという噂が飛び交った」と回想している。

※　　※　　※

大クレムリン宮の映画室でスターリンとモロトフが密談をしている。

「アメリカは六月二十四日に西ベルリンで新ドイツ・マルクへの切り換えをやりますよ。この日付けについては、ソコロフスキー元帥からの報告とスパイ情報が完全に一致しています」と、モロトフ。

「なるほど。通貨切り替えはやめろという意味で、二日間、完全封鎖措置を取ったが、そんなものは痛くも痒くもないと来たか」

二日間うんぬんというのは、六月十一日金曜日午後八時から六月十三日日曜日午後八時までの二日間、一本だけ生きていた陸上輸送路を完全に遮断したことを指している。

「それでは本気で締め上げてやろう。新マルクへの切り替えと同時に無期限の完全封鎖をやれ。それと空は遮断するな」

「承知しました。空輸は西ベルリン住民にとって生き残るための希望ですからな。空輸という希望がまったく役に立たないと知った時の苦痛は、希望を知らずにいた時よりも激しいものになりますからね」

「単なる絶望が人に与えるものは無気力だけだが、希望を抱き、それが絶たれた時に味わう絶望は暴動に直結する。ドイツの細胞工作員も仕事がしやすかろう」

※　※　※

六月二十三日水曜日午前三時、ミュンヘン・カウフボイレン空軍基地にいた第三十九輸送隊ランドルフ・タリー中尉（機長）は奇妙な命令を受けた。

「即刻、フランクフルト・ラインマイン基地に飛べ。そこで荷を積んだらすぐにベルリン・テンペルホーフ空港に向かえ」

ラインマインに到着したタリー中尉のC-47Sは三トン超の積載量限界まで木箱梱包の荷を積んだ。木箱には《クレイ（Clay）》と《バード・ドッグ（Bird Dog）》という暗号めいた単語がペイント刷り込みされている。

積み込みの最中、タリー中尉と副操縦士《コーパイ》はブリーフィング室に呼び出され、またしても奇妙な指示をうけた。

「テンペルホーフ管制塔を呼び出す場合のコール・メッセージは《ニューヨークを持参した》だ。もう一つある。もしもソ連占領地帯に不時着するような場合には飛行機ごとすべて燃やせ」、と言って発火性手榴弾が二人に渡されている。

「ニューヨークを持って来ただとさ。何のまじないだ?」と、中尉。

「不思議の国のアリスに出て来る童謡みたいですね」と、コーパイ。

「それにこの手榴弾。こんなポンコツ輸送機に秘密なんてあるはずはない。渡すとやばいのはあいつだな」と言って、中尉は積み荷を顎でしゃくって見せた。

テンペルホーフ上空にさしかかった時、中尉は命じられた奇妙なメッセージを発信した。

「テンペルホーフ管制塔、テンペルホーフ管制塔、ニューヨークを持参した!」

そしてC-47Sが着陸するや否や、MPを満載したジープの群れが輸送機を取りかこみ、タリー中尉がエンジンを停止させると、とげとげしい声が搭乗員二名に突き刺さった。

「飛行機から降りろ! お前たち二人はここから先は関与するな。仕事は済んだ」

二人の飛行士はこの日、自分たちが数億ドル相当の新ドイツ・マルク紙幣を運んで来たとはまったく知らぬまま、手榴弾をMP指揮官に返却した後、飛行場の軽食堂でコーヒーとドーナツを頬ばった。

六月二十三日午後二時五十分、アメリカ占領地域ダーレム街にある配給本部にはその配下の支所長数十人が有無を言わさず呼び出され、がん首を並べている。またこの時、配給本部にはプレスの腕章をつけたターゲスシュピーゲル紙の記者が詰めており、何やら雰囲気は普通でない。ジャスト午後三時、数名の部下を連れた本部管理部長が現れ、ろくな挨拶もせず、やや甲高い声で申し渡しを述べ始めた。

「我々は二十四日木曜の朝八時をもって西ベルリンの通貨を一新する。この切り換えは価格急騰《ハイパー・インフレ》の危機と闇市場ありきの行き詰まりを一掃する起死回生の切り札である。各支所は旧ライヒス・マルクを新ドイツ

・マルクに切り換える業務を開始せよ。レートは新マルク1に対し旧マルクは10。明後日、六月二十五日までに切り換え作業を完了し、旧ライヒス・マルクを紙くずにせよ。本件は今晩八時のＲＩＡＳベルリンによるラジオ放送と、明日の朝刊ですべての西ベルリン住民はこのことを知る」

管理部長の話が終わると、プレス用に質疑応答の時間が取ってあり、それが済んで記者が帰ると、今度は実務遂行についての身内同士の話し合いだったから、狂瀾怒濤、蜂の巣をつついたような騒ぎになった。

それから半日が過ぎた午後十一時、ターゲスシュピーゲル紙の編集会議室では、明朝、読者の手に渡る朝刊の最終ゲラを各セクションの編集員が赤鉛筆を片手に査読している。がさつな記者連中に混じって掃き溜めに鶴といった感じの戦争未亡人マーゴット・デリグスは政治面の担当で、そのゲラは明らかに他の編集員よりも修正箇所が多く、朱入れで真っ赤だった。

この日、新マルクのおかげで残業となり、Ｕバーンの終電に乗ろうと大急ぎで帰り支度を始めた編集員が「おさきに《グーテ・ナハト》」と言ったその時、テレタイプがカタカタなった。このテレタイプは、ソ連の支配下にあるアルゲマイナー通信社専用のもので、このところ沈黙状態だったから、マーゴットは死人が生き返って歯を打ち鳴らしているような不吉な気持ちになった。同様に、帰宅寸前だった編集員は職業的な勘が働き、引き返して、テレタイプの穴開き紙テープを読むため、これをたぐっていたが、じきに隣のビルにいても聞こえそうな罵声をテレタイプに浴びせ、びっくりしてすっ飛んで来た編集長以下全員にテープの内容を読み聞かせた。

ベルリン／一九四八年六月二十三日水曜日／アルゲマイナー特電

在独ソ連軍・軍政部門・輸送局は、明朝二十四日午前六時をもってベルリンへの陸路ならびに河川を使った輸送をすべて禁止する。この措置により、人ならびに石炭、食糧などすべての物資の輸送は停止となる。同時に電気、ガスなどエネルギー関連のすべての供給も停止となる。

テレタイプはカタカタいうのをやめ、ピンク色の紙テープが舌のようにだらんと垂れさがっていた。マーゴットは他の職員と同様、金縛りに合ったように固まっていたが、編集長の一言で我に返った。

「差し替えだ！　三時半までには輪転機を回さにゃならん。でないと朝刊がストップする。今日は全員徹夜だ！　再編集が済んだら鋳植機《ライノタイプ》の前に座って印刷部の仕事を手伝おう」

〈註〉

＊1　ドイツの米英ソ仏四カ国分割占領

日本同様、国が木っ端みじんになるまで闘ったドイツは、マッカーサーGHQの日本と違って、左記のとおり、米ソ英仏四カ国の分割占領となった。

ソ＝東ドイツと呼ばれていた五州（ブランデンブルク州／ザクセン州／ザクセン・アンハルト州／メクレンブルク・フォアポンメルン州／チューリンゲン州）

米＝南方三州および一つのハンザ自由都市（バイエルン州／ヘッセン州／バーデン・ヴュルテンベルク州／ブレーメン市）

英＝北方三州および一つのハンザ自由都市（ノルトライン・ヴェストファーレン州／シュレースヴィヒ・ホルシュタイン州／ニーダーザクセン州／ハンブルク市）

仏＝南西部二州および一つの行政管区（ラインラント・プファルツ州／ザールラント州／フライブルク行政管区）

なお、仮にこの占領状態とまったく同じことが日本に起きたとするならば、

ソ＝関東・東北・北海道

米＝東海・近畿・中国・九州

英＝甲信越・北陸

仏＝四国

という具合になる。

＊2 ドイツの首都ベルリンはソ連占領区域の中にある。当然スターリンは赤軍の手で陥落させたこの大都市を単独支配しようとはかったが、すぐに考えを変え、米軍が占領していたエルベ川から東側にあるザクセン州およびザクセン・アンハルト州を西ベルリンと交換。かくしてベルリンは特別区として米ソ英仏四カ国分割占領となった。米英仏三国が〝赤い海〟に浮かぶ孤島のような西ベルリンに六千五百名の兵を駐留させたのはかかる経緯によっている。ちなみに、東西ベルリンと東京都二十三区の面積は次の通り。

東ベルリン＝四〇九平方キロメートル、西ベルリン＝四〇九平方キロメートル

東京都二十三区＝六二七平方キロメートル

なお、仮にこの占領状態とまったく同じことが東京都二十三区に起きたとするならば、

ソ＝千代田区／中央区／江東区／荒川区／足立区／葛飾区／江戸川区／墨田区／台東区

米＝新宿区／渋谷区／港区／品川区／目黒区／世田谷区／大田区

英＝中野区／杉並区／練馬区／文京区

仏＝豊島区／北区／板橋区

となり、東京の西半分から外の横浜、所沢、高崎、宇都宮、水戸にはロシアの戦車が居座ることになる。

＊3 当時最大のB-29とジャンボジェット機の比較（巡航速度、航続距離、武装込みの最大積載能力《ペイロード》）

●ボーイングB-29／時速三七〇キロ、六六〇〇キロ、二〇トン（爆装上限九トン）
●ジャンボジェット機／時速九〇〇キロ、一万四〇〇〇キロ、二五〇トン
●ダグラスC-54S（ベルリン封鎖時の主力輸送機）／時速三一〇キロ、六八〇〇キロ、十一トン
●ダグラスC-47S（ベルリン封鎖時の主力輸送機）／時速三〇〇キロ、二五〇〇キロ、三トン
●フェアチャイルドC-119フライング・ボックスカー／時速三二二キロ、三六六九キロ、十五トン
●ダグラスC-74グローブマスター／時速五二八キロ、五五〇〇キロ、二五トン
●ボーイングC-97ストラトクルーザー／時速六一六八キロ、七四〇〇キロ、五四トン

(3) ベルリン大空輸

ホワイトハウス筆頭執事ハウェル・クライムの管理するトルーマン大統領の予定表には六月二十五日金曜日午前十時から十一時までの一時間、大統領が執務室でベルリン封鎖とそれをはね除けるための大空輸について検討したことが記されている。執務室に召集されたのはフォレスタル国防長官、ラヴェット国防次官、ローヤル陸軍長官、ブラドレー参謀総長、ノースタッド空軍参謀長、サリバン海軍長官、以上六名。

一時間で終わったこの時の会議はトルーマン大統領の次の一言で決着している。

「ラヴェット国防次官の慎重論はよく理解した。さて諸君、もうこれ以上あれこれ言うのはやめにしよう。大空輸は実施。アメリカはベルリンに留まる。ピリオドだ」

大統領は非常にきっぱりと力の行使を明らかにしたが、実のところ、ソ連の妨害について言えば、アメリカは足元をすくわれたのだ。おかげで初動に遅れが生じ、打つ手がすべて後手に回ってしまった。

虚を突かれた理由は、原爆保有国アメリカにまさか喧嘩は売らないだろうという気の緩みが一つ。もう一つは、この時期トルーマンは大統領選挙に突入し、しかも明らかに劣勢だったから、浮足立ち、意思決定が遅れた。もっとも、トルーマン回想録では、次の通り、そのことには一切触れていない。

「欧州復興計画《マーシャル・プラン》に激しい敵意を覚えたソ連はすぐに経済相互援助会議《コメコン》を立ち上げて対抗し、西欧と東欧の貿易切断を画した。それに次ぐ二の矢がベルリン封鎖であり、これによってソ連は西側の団結と忍耐の程度を試すと同時に、本気で米英仏三カ国をベルリンから追い出そうとしたのだ。

当初ソ連は終戦以降三路線で保たれていた西ベルリンの出入りを一本に絞り、さらに、新ドイツ・マルクに切り換えが行われたことに反発したソ連は、報復措置として全面的な封鎖に出た。私は軍指導者を召集して対応を討議し、六月二十六日土曜日、空輸組織を再編成し、予備あるいは新規配備の空軍機をすべてベルリンに向けるよう大統領命令[*1]を発した。なぜなら、この封鎖事件は国際共産主義者《コミンフォルム》による西側自由主義世界への悪質な攻撃だったからだ」

この大統領命令に歩調を合わせ、六月三十日水曜日、マーシャル長官は「我々西側諸国はベルリンを見捨てない[*2]」という声明をラジオ電波に乗せて全世界に伝えた。

大統領と国務長官の決意は即座に形となって現れ、飛行機燃料を積んだ海上航行中のタンカー三隻が、いきなり目的地をハンブルク港に変更されるなど、いっせいにヒト、モノ、カネがベルリンに向かって流れはじめた。そしてこの時、ヒマラヤ越えで七万一〇〇〇トンの物資を蒋介石に空輸した高名な司令官タナー少将[*3]も空輸作戦の総責任者としてベルリンに派遣されている。

七月二十九日木曜日は雨まじりの陰鬱な一日だった。夕刻になり、ヴィースバーデン飛行場の駐機場《エプロン》と誘導路《タクシーウェイ》では、C‐47Sが小麦粉の積み込みで長い待ち行列を作っている。滑走路は霧雨でしっとりと濡れ、オレンジ色の滑走路灯に照らされた輸送機が絶え間なく飛び立っていく。その合間を縫って、垂直尾翼に5549と機体番号が刷り込まれたC‐54Sが第二滑走路に着陸した。これを、小麦粉にまみれて白くなった作業帽とオーバーオール姿の労働者が数名目撃したけれど、すぐに搬入作業という現実に引き戻され、アッという間に5549の存在は忘れ去られている。

降りてきたのはベルリン空輸司令官に就任したタナー将軍と女性秘書一名を含む空軍の略式帽をかぶった二十二名のスタッフで、男性は全員、ヒマラヤ空輸作戦参加者だった。ちなみに日本陸軍のインパール作戦発動はヒマラヤ越えの援蒋空輸が原因だった。

ところでタナーのベルリン派遣にあたり、一部に心配する声があった。それはヨーロッパにおけるアメリカ空軍のトップがカーチス・ルメイ中将だったからだ。

「タナーの上司はじゃやじゃ馬ルメイか。ひと悶着あるな、これは」

タナー少将

「本来はルメイに任せたいところだが、あいつは異常に残忍で好戦的だ。そういう男にやらせれば必ずソ連と全面戦争になる。だからタナーなんだよ。ルメイはタナーのやることに一切口を出すなと言い含められたそうだが、どうなるかね」

　このようにワシントンの廊下雀は囁いていたけれど、万が一を心配したトルーマン政権はルメイを一九四八年末に本国帰還させ、戦略航空軍団司令に据えた。こういう人事異動があったから、まわりが危惧した変事は起こっていない。しかしタナーがルメイの前に現れた時、その待遇はけっして良くなかった。ベルリン空輸を最初に手掛けたのはルメイで、この男から見ればタナーは大統領命令によって途中から入ってきた異物であり、面白くない人事だったから、実に冷淡な扱いをしている。例えば宿所だが、これは米軍が接収したヴィースバーデンの四つ星ホテル、シュワルツァー・ボックだったけれども、空爆でガタがきており、当然、エレベーターは動かない。当時四十二歳だったスリムな筋肉質のタナーは五階までの階段上下を苦にしなかったが、寝泊りするスイートルームは荒れ果てており、これを見た秘書のカテリーナ・ギブソンは、「大学中退で、向こう見ずなだけが取り柄のルメイが、ウェストポイント出のタナー将軍を目の敵にしたのよ！」と大胆なことを言った。しかし、翌日案内された司令部はもっとひどく、完全に半壊状態のアパートで、家具の類はゼロだったから、元気のいい秘書もさすがに落ち込んだ。いずれにしてもタナーは司令部開設と今までの経緯に係わる下調べに時間を食い、ベルリンに入ったのはヴィースバーデン到着から数えて十五日後の八月十三日になっている。ただし、この日、テンペルホーフ飛行場では大事故が起き、おかげで隠れていた問題点が顕在化したから、これは将軍にとって幸運だった。

　八月十三日金曜日午前八時三十分、ヴィースバーデン飛行場の滑走路は大粒の雨に叩かれ、見上げればそこには風雨をたっぷり溜め込んで流れて行く黒い雲があった。この日、タナーが乗るC-54S（5549番機）の機長はベティンガー大佐。副操縦士はフォアマン中佐で、将軍は二人のすぐ後ろにある補助席に座った。遥か彼方のハルツ山地には濃密な雲がかかっており、怪現象で名高いブロッケン山はまるで見えない。だから、気象予報士の報告を見るまでもなく、その向こう側にあるベルリンの天候はここより悪いことがよくわかる。

午前十時、5549番機はテンペルホーフ上空三七〇〇メートルに到着したが、飛行場は厚い雲にすっぽり隠れている。下界は土砂降りで、レーダースクリーンは降雨による乱雑なエコーが映るのみだ。

「まずいな。団子になってるぞ」

将軍は身を乗り出し、次々に飛来する輸送機の群れが着陸できず、玩具箱をひっくり返したような無秩序の旋回飛行に入るのを見て嘆いた。輸送機が五分間隔で到着するテンペルホーフで、管制塔がパイロットに着陸指示を与える方式は通用せず、これが団子の原因だったからだ。

「運航規程を変えなきゃならん」

将軍がつぶやいたその時、異変は起きた。

午前十時二十二分、C-54Sを操縦するヘンリー・フルトン機長は雲の切れ目から滑走路が一瞬みえたので、目視着陸に入ったけれども、それは未完成の第三滑走路だったから、泥濘に前輪を取られ、胴体着陸になった。犠牲者はゼロ。飛行機先端部には直径五〇センチほどの穴が開いた。

午前十時二十九分、今度はフランシス・アダムス機長のC-54Sが第一滑走路にオーバーラン着陸。輸送機は立ち入り防止柵に突っ込み、左翼燃料タンクが吹っ飛んでガソリンをまき散らし、あたりは炎に包まれた。アダムス機長ほか全搭乗員は無傷で脱出。

午前十時三十五分、同じ第一滑走路で着陸態勢に入ったジョン・アシュビー機長はアダムス機がオーバーランするのを見て肝を潰し、炎を避けるため、無理な姿勢で地上走行に入った。おかげで左主翼下についた降着装置《アンダーキャリッジ》が車輪ごと折れ、滑走路脇の土手に乗り上げて止まったが、これも搭乗員はすべて無事。

管制官は一瞬目をそむけたが、すぐ我に返り、後続輸送機をテンペルホーフ上空一〇〇〇メートルから三七〇〇メートルの高度で旋回するよう指示を出した。しかし続々とやって来る輸送機は、巣の周りでわんわんうなっているスズメバチの様相を呈し、パニックが起きかけた。

この時、タナー将軍は「多重衝突が起きるぞ！」と言って、後部座席を立ち、操縦席の脇にあるマイクを取ると、「テンペルホーフ管制塔、こちらは５５４９号機。私はタナー将軍だ。今すぐ、上空旋回中の輸送機をヴィースバーデンに戻せ。そして私から別命あるまで待機するよう命ずる」と叫んだ。

「もう一度くりかえしてください！」

管制官は途方に暮れたような声でそう言った。

「私の上と下で団子になっているすべての機長にヴィースバーデン飛行場へ戻れと言え。わかったか！」

「了解！」

後に〝暗黒の金曜日〟と呼ばれるこの日、将軍は騒動が収束に向かうのを見届けると、ベティンガー大佐とフォアマン大佐を呼び、「二人ともあれを見たな。それでは今からこの飛行場の運営を隅から隅までよく観察し、これからどうすべきか、その方策をＡ４一枚にまとめて出してもらう。明日の午後一時に集まって会議だ」と言い、次に、将軍を迎えに出ていたハウリー大佐（ベルリンのアメリカ軍政局長）に向き直ると、「どこか一〇人ぐらいが入れる会議室を用意してもらいたい」と依頼した。

ハウリー大佐はこの時の様子を回想し、次のように語っている。

「私とタナー将軍は初対面でした。将軍はこの後、私の案内でテンペルホーフの中をチェックしてまわりましたが、最初に将軍が苦々しげな顔をしたのはブリーフィングルームで、それは一〇人ほどのパイロットが所在なげにぶらぶらしているのを見た時です。そして、ドア一つ向こうにある広い軽食堂を覗いた時、そこにびっくりするほど多くの搭乗員がたむろしているのを見て、『運航の定時性がひどく緩んでいる』と嘆きました。計画通り飛行機が発着していれば、人の滞留など起きるはずがないからです。

ところで、私は空輸の目標トン数を向上させるため、二つの点に注力しました。それは、輸送機の数をいかに増加させるか、また、それらの輸送機をいかに短い間隔で離陸させるかであり、それが決め手だと判断したのです。しかし一日一〇〇〇トンのラインを越えた途端、停滞が始まりました。タナー将軍がベルリンにやって来たのはそういう時です。将軍ですか？　とてもきびきびした性格の将軍にはウェストポイントのにおいがしました。将軍の強烈な信念に裏付けられた稀に見る洞察力は、あの陸軍士官学校が磨き上げたものです」

翌十四日は快晴。生い茂った夏草が、厳しい日ざしのもと、輸送機の猛烈な排気ガスを浴びているけれど、文字通りどこ吹く風といった按配でそよいでいる。

会議は、飛行機の爆音を嫌って、閉め切った大講堂の片隅にテーブルを運び込み、予定通り始まった。そこで冒頭、将軍は「改善策を討議する前に」と言って、フランクフルトに到着したC-74グローブマスター輸送機のことに触れている。同機はB-29より多い二十五トンの最大積載能力《ペイロード》を有し、与圧と空調は完璧。機内には貨物移送のためのクレーン、および、貨物搬入出のためのエレベーターがある。この巨大輸送機はソ連の度肝を抜くため、明日にもテンペルホーフに飛来する予定だったが、滑走路が短く、着陸できない。

将軍はそこまで説明すると、語調を変え、「すぐに新しい滑走路とそれに付随する物流インフラを作らねばならない。そのため私は、フライング・ボックスカー輸送機に重機、火力発電所、ノックダウン工場を運ばせる」ときっぱり述べた。

将軍の言葉足らずをおぎなうと、ブルドーザーなどの重機はヴィースバーデン飛行場でいったん分解し、これをボックス・カー輸送機でテンペルホーフに空輸。そしてこれを再度溶接し、稼働させるというやりかたであり、将軍はこの手法によってさまざまな建設機材をベルリンに持ち込むほか、火力発電所、セメント工場、あるいは大型トラックのノックダウン工場、およびベルトコンベアを主とするマテハン素材工場まで分解&溶接メカニズムで作ってしまおうとした。ちなみに、将軍がベルリン空輸の基本方針とした飛行場でのインフラ整備は後年〝エアカーゴ物流〟という特別な地位を得ている。

会議はタナー方針の説明を受けた形で、参加者による具体的な改善討議に移ったが、ここでもヒマラヤ空輸とベルリン空輸の対比から始まった。すなわち、ヒマラヤ空輸の場合、発進基地インド・アッサム州にはディンジャン、チャブア両基地周辺に十三の飛行場があり、物資を受け取る中国・雲南省・昆明周辺には六つの飛行場があった。だが、ベルリンにはテンペルホーフとガトウという二つの飛行場しかない。空路に至ってはわずか三本。しかも狭い。加えて、ソ連は、対空砲こそ撃ってこないが、阻塞気球《そさいききゅう》、威嚇飛行、電波妨害の他に、夜間にはサーチライトをベルリン上空に照射し、視覚妨害に及んでいる。

「ソ連の奴らはヒマラヤ越えでやりあったオスカー（日本陸軍機〝隼〟のアメリカ側呼称）よりたちが悪い。それに、大戦を通じ、昆明への物資空輸は七万一〇〇〇トン。これで大成功だったから勲章までもらったが、ベルリンは日に一万二〇〇〇トンやらなきゃならん。桁違いだな。しかし、三分間隔で飛ばせば四八〇〇トンはやれる」と言った。つまり輸送機を三分間隔で離陸させれば、一日あたり四八〇フライトが可能で、ここに積載量十トンのC-54Sを持って来れば四八〇〇トンに届く。加えて、新滑走路が完成すれば、積載量二十五トンのグローブマスターが使えるから、目標一万二〇〇〇トンは達成できると考えたのだ。

「空輸は三分間インターバルのように離着陸の間隔を短くすること。これが大前提となるけれども、ベルリンの天候を考慮すると、昨日のような団子状態はまた起きる。それを回避するためには、人の手が入らないオートマチック運航で行くほかはない。管制官とパイロット同士の話し合いはやめだ。運航規約を変えるぞ」

そう言って将軍は次の三つから成る突飛な改定案を披露した。
①ベルリンの飛行場に輸送機が着陸する場合、管制塔から各機に対し特段の指示は行わない。雲底高度が一二〇〇メートル以上、視界一六〇〇メートル以上なら直ちに着陸せよ。それ以下の悪天候なら任務は中止。ヴィースバーデン飛行場に戻れ。ベルリン上空での旋回待機は禁止する。この規定を破った機長と副操縦士はただちに降格する。
②ベルリンの飛行場に輸送機が着陸する場合、一回でもタイミングを逸し、タッチ・アンド・ゴーに至った場合、そのまま、ヴィースバーデン飛行場に戻れ。以下同文。
③ベルリンの飛行場に着陸してから離陸するまでの間、機長と副操縦士は搭乗機から降り飛行場内のブリーフィングルームあるいは軽食堂に行ってはならない。なお、用便は飛行中にすませること。以下同文。
三番目の、軽食堂に行ってはならない云々《うんぬん》については説明が要る。

通常、機長は着陸すると飛行機のエンジンを切って地上に降り、諸手続きが済んだ後、軽食堂で一服。次の飛行許可書《クリアランス》が渡されるまで待機となった。この地上待機が定刻発進を阻害していたから、タナー将軍は今までのやり方を変えた。つまり管制官が機長のいる搭乗機におもむき、窓越しにブリーフィングを行い、飛行許可証を渡す方式にしたのだ。おかげで搭乗員のたまり場だった飛行場内の軽食堂は閑散としたが、その代わり、うら若いベルリン娘がフードトラックに乗ってあらわれ、ドーナツなどのスナックやコーヒーを操縦室の窓越しに提供するようになり、「離席禁止」という突飛な措置は、着陸から離陸までの時間を平均二十五分短縮した。

　次に討議されたのは安全運航が第一優先の整備で、その規定は以下の通り。
　①定期整備は二十五飛行時間ごとに実施。
　②二〇〇飛行時間、つまり定期整備八回目には精密検査実施。
　③それを繰り返し、二〇〇〇飛行時間経過後にオーバーホール実施。
　だからこの規定をもとに、一日あたり四八〇フライトというベルリン空輸を実施するとなると、整備場と交換部品が不足する。だが何といっても不足するのは整備士で、もしも増員計画が無いとすれば、疲労で注意力散漫になり、安心して搭乗できる機体の整備は根底からぐらつく。これに対し将軍は、「ドイツ人整備士を雇用し、ベルリン空輸に参加させる」と言って、次のように続けている。

「ドイツ空軍《ルフトヴァッフェ》は解体されてしまったが、そこで軍務に就いていた生き残りの整備士は家族のもとに帰ったはずだ。かつて整備士だった西側に住んでいるドイツ人を募集しよう。仕事の中身はベルリンの同胞を助けることなのだから、応募者は多いはずだ」

　タナー将軍はこのように決定した。そして、これに加え、①輸送機の飛行速度は最も遅いC-47Sに合わせ、時速三〇〇キロで統一、②飛行高度はベルリンに向かう場合三五〇〇メートル、ベルリンから西側に戻る場合は五〇〇〇メートルで統一、③西側からベルリンに向かう輸送機の通信コードは《EASY《イージー》》、ベルリンから西側に戻る輸送機の通信コードは《WILLIE《ウィリー》》で統一、などの細則を取り決め、会議を終えた。

　米英合意の上で実施された新しい運航規程にもとづく《三分間インターバル&四八〇フライト》はすぐに効果を現し、会議から十日後、すなわち八月二十四日にはこの日一日で三〇三〇トン（三九五フライト）をたたき出した。しかし目標の一日一万二〇〇〇トンは遥か彼方にある。また、懸念した通り、飛行機事故も増えた。すでにアメリカは七月十日木曜日にヴィースバーデン基地の西側にあるフンスリュック山地にC-47Sが衝突し、機長ほか二名が殉職。これが最初の事故だったが、それから十五日後に、同じくC-47Sがテンペルホーフの西側にある住宅街に突っ込み、大破炎上。さいわい住民に被害はなかったが、殉職者二名という事故を起こした。そして八月二十五日には濃霧のラボルツハウゼン上空でC-47S同士が空中衝突という悲惨な事故を起こし、四名が殉職した。事故はベルリン封鎖が正式に解除された一九四九年九月三十日までの十五カ月間に米英合わせて二十一回、犠牲者は七十六名にのぼっている。

ところで空輸のもたつきとは別に、タナー将軍は共産党のゲリラ活動に苛立った。民間人の姿をして破壊工作に励むスターリンの手先《コミンフォルム》は、「西ベルリンの食糧は三日で尽きる。この危機を招いた疫病神は米英仏三国だ。米英仏軍を市民運動で追い出せ！」と煽り立てるなど、実に悪質な存在だったが、こればかりは手の施しようがない。

当時、ベルリンでは《一つの市議会》が発足しており、これは米英ソ仏四カ国から認可された自治組織だったから、議員は共産党で埋め尽くされてはおらず、イギリスの労働党に近い穏健社会主義政党などの民主的な勢力が多数いた。それにベルリン市内での東西の行き来は比較的自由で、検問所はあったけれど、バリケードは申し訳程度。鉄条網やコンクリート壁はなく、したがって市会議員が集まって討議する赤レンガ造りの市庁舎《ローテス・ラートハウス》は、ソ連占領区のまっただ中にあった。だが封鎖が始まった途端、共産党は他勢力を駆除してしまおうという意図を隠さなくなったから、建設的な討議は不可能となって議会は休会。だが八月末になって、タナー将軍の空輸改革を見た市長代行オットー・ズーア博士は「九月六日月曜日午後十二時三十分に議員を召集する」という声明を新聞に発表した。いっぽう、スターリンの分身としてあらゆる破壊工作を指導した共産党トップ、ヴィルヘルム・ピークはこの機会に乗じ、議会を乗っ取ろうと決心した。かくしてピークは、九月六日、六〇〇〇人の共産党員を動員し、市庁舎占拠という露骨な実力行使に出ている。

九月六日午前十時、二〇〇〇人ほどの共産党細胞は赤旗を掲げ、〝インターナショナル〟を唄い、奇跡的に空爆をまぬがれたネプチューン噴水の脇を通って赤い市庁舎《ローテス・ラートハウス》に至り、〝マーシャル・プランを撤回せよ〟〝米英仏軍はベルリンから去れ〟と、ソ連当局から指示されたシュプレヒコールを叫んで練り歩いた。ソ連占領区の制服警官は詰所に引っ込み、まったく表情を消してこれを眺めている。ちなみに、米英仏占領区となっているベルリン十二区からは十九人の制服警官がこの日、市庁舎前へ派遣されていた。赤旗を振り回すデモ隊はまたたく間に増え、午後十二時十五分、庁舎職員が正面入口の扉を閉め、かんぬきをかけたその瞬間、鍛冶屋が使う大きな金槌を持った若者の一団が駆け寄って扉を打ち破り、職員二人を殴り倒し、この直後、二階の本会議場になだれ込んだ共産党員は目障りな議員を市庁舎から叩き出してしまった。

九月九日木曜日。アメリカ占領地区にあるＲＩＡＳ放送局のニュースキャスターだったルドルフ・ギュンター・ワグナーは朝からろくな食事も取らず仕事に突入した。この日、共産党の暴挙に対する大規模な抗議集会が国会議事堂《ライヒスターク》前で行われることになっており、ワグナーは集会が始まるギリギリまで、シェーネベルク区、ライニッケンドルフ区、シャルロッテンブルク区などにある西ベルリンのおもな街をスタッフと一緒に車で流し、多くの人々にインタビューをして回らねばならない。なお補足すると、ブランデンブルク門の東側はソ連占領区であり、またこの門から西側はイギリス占領区で、隣接する議事堂もイギリス占領区に存在する。そして、議事堂の前には広大な緑地帯《ティーアガルテン》があり、人々はこの緑地帯を目指した。

ワグナーは生の声を取材するかたわら、たびたび車の中から次のように中継放送をしている。

「人々は徒歩で、自転車で、トラックの相乗りで、続々と国会議事堂《ライヒスターク》を目指しています。本日午後五時、我々ベルリン市民は、封鎖という抑圧にどう立ち向かうのか。共産主義者の赤色テロにどう立ち向かうのか。これら切実な声をＲＩＡＳ放送局（Rundfunk Im Amerikanischen Sekter）が全世界にお届けします！」

この日の天気は昼過ぎまでどんよりと曇っていたが、午後になると空はすっきりと晴れ渡り、目を開けていられないほど強い日ざしが照りつけ、気温は摂氏二十八度近くまで上がった。大気はじっとりと湿り気を帯び、それに混じって、遅咲きの菩提樹が濃厚な香りを放ち、時おり吹き抜ける風が戦禍で廃墟となった建物の中で砂塵を巻き上げた。

集会に参加したベルリン市民の数はおよそ五〇万。ブランデンブルク門頂上にあった世界一美しいクアドリガ（四頭立てのローマ戦車に乗る勝利の女神像）は爆撃で馬一頭を残してほとんど吹っ飛び、今は急ごしらえの木製ポールを立て、そこにソ連の赤旗が翻っている。議事堂も中央の屋根が空爆で崩落し、銃弾で穴だらけのドーリア式列柱だけがかつての面影を留めるのみ。また、その前面に広がる緑地帯《ティーアガルテン》は瓦礫の集積場と化し、無残な姿をさらしていたが、そこに集まった五〇万人は次のことを理解していた。それは、自分たちが今、非常に重要な分岐点に立っていること。すなわち、「ベルリンの地に自由が再生するのか、それともスターリンが支配する共産主義者の手によって自由がこのまま葬り去られてしまうのか」という問題が、今、目の前にある。それをよく知っていたのだ。

この日、日没は午後七時四十五分だったから、抗議集会が始まる午後五時はまだ充分すぎるほど明るい。関係者は議事堂前の大階段に演壇を作り、都合六本のマイクをそこに置き、ハウリングを起こさないよう注意深くセッティングを終えた。この時、聴衆は自発的に不穏分子を排除したから、演説妨害は起こっていないが、占領軍は万一のため境界線あたりに兵を展開した。特にイギリスは緑地帯と議事堂が自国の占領区だったから、ロイヤル・ノーフォーク連隊の兵五〇〇名を夜中の内に配置していたし、ソ連も同様だった。

集会の演説はフリーデンスベルク市長代行が「共産党の邪悪なテロ行為を避けるため、米英仏占領地区の市議会は活動の場をシェーネベルク庁舎に移す」と宣言することで始まった。

次に立ったルドルフ・マルケヴィッツは、「我々ベルリン市民は誇り高くあろう。萎縮し、媚びへつらうことなく、守るべき大義を貫こう」と述べた。

次は鉄道組合委員長グスタフ・ピエスチで、だみ声の委員長は、「ベルリン封鎖は失敗した！　今、ソ連とその手先となった共産党は冬将軍の到来によって我々が弱体化するのを待っている。しかし頭上に轟く飛行機の爆音を聞け。我々は孤立していない。ソ連と共産党の邪悪な期待は打ち砕かれると決まった！」と述べた。

「本日、ソ連のベルリン軍政官コチコフ少将は一つの回答を得る。それは我々ベルリン市民の怒りという回答だ。我々はロシア人の暴虐に断固抵抗する」と、これはオットー・ズーア博士。

その後、次から次へと議員が演壇に立ち、最後にエルンスト・ロイター博士が演壇に上がって次のように述べた。

「皆さん！　今日は外交官や将軍たちが交渉する日ではありません。ベルリン市民である皆さんが自身の言葉を全世界の人々に聞かせる日なのです。私たちはベルリンが共産党の支配下に置かれることを認めてはなりません。三日前、市庁舎で起きた共産党の行動は非合法活動の際たるものだ。ナチスとどこが違う。ナチスを放置して失敗した私たちは、今こそ共産主義者に〝ノー！〟を突きつけねばなりません。今日、皆さんは全世界に向かって語り掛けるのです。世界中の人々の目と耳は、ベルリン市民である皆さんに注がれている。世界中の人々は、私たちがライプツィヒ、ドレスデン、マクデブルクに住む親戚を心配するのと同じように、皆さんを気遣っているのです。そして世界中の皆さん！　アメリカ、イギリス、フランス、イタリアの皆さん！　このベルリンを見てください！　あなたがたはベルリンを見捨てることはできません。見捨ててはならないのです！　私たちには共産党という闇の力を打ち倒すまで、闘い続ける義務がある。私たちは自分の義務を果たし、そして、私たちはこの戦いに必ず勝利します！」

ロイターの演説は大喝采を浴びた。この演説はベルリン市民の前途に横たわる切実な苦難に明快な答を示していたからだ。これを物語るようにズーア博士の妻スザンナ夫人は「自分の一生を振り返って、あれほど激しく声を張り上げたことはありません。九月九日はそういう一日でした」と、回想している。

集会は午後六時三十分に終わり、人々は興奮の余韻が覚めてしまうのを惜しむように小グループで集会を開き、その後、東側に住んでいた数千人の群衆がブランデンブルク門を抜け、ソ連占領地区に入った時、騒動が起きた。

日没は間近に迫り、あたりは夕陽を浴びて逢魔が時のミステリアスな瞬間を迎えている。破壊された窓と鉄筋がむき出しになったアメリカ大使館の前にトラックの列が見え、そこにはソ連兵とは別に、共産党員パウル・マルクグラフ長官配下の人民警察を荷台に乗せた数台のトラックがとまっている。誰かが「出ていけ、イワン！」[*4]「出ていけ、コチコフ！」[*5]と叫び、次に「裏切者！　共産党の豚野郎！」という叫び声が飛び出すと、それが合図だったように石礫《いしつぶて》の雨が警官隊に降り注いだ。人民警察はいったん追い散らされたが、すぐに増援が到着し、今度は群衆が押し戻された。混沌の中で、群衆は罵声を上げて警官隊のスクラムに突っ込み、警官数人が顔をひどく殴られた。そのうち、パンパンという連続音が聞こえ、ついに警官が群衆に向かって拳銃を発射した。最初の犠牲者はウォルフガング・ショイネマン。年齢十五歳。ドイツ社会主義青年団ファルコンの構成員だったショイネマンはそばにいた看護婦をかばった時、拳銃で鼠径部を撃たれて死んだ。

突然、はっと息をのむ出来事が群衆の目をくぎ付けにした。

数人の市民がブランデンブルク門上の赤旗を奪い取ろうと門の内側にある螺旋階段に突進したが、警察の射撃にあって撃退された。しかしこれにひるまず、三人の若者が螺旋階段を駆け上って、一人が門の頂上にある木製ポールをよじ登り、赤旗を引きむしって、地上に投げ落とすと、地上にむかって「燃やせ！」と叫んだ。午後七時十分のことだった。

このときソ連製ジープGAZ-67の車列がすごい音を立ててブランデンブルク門の前にやって来た。群衆を四散させたこの一隊は門の西四〇〇メートルの場所にあるソ連戦勝記念碑で衛兵交替式を済ませた儀仗隊で、これを追いかけるようにやって来たのはロイヤル・ノーフォーク連隊付き憲兵のジープである。

ベルリン市民からは《火事場泥棒の碑》と陰口を叩かれていたこの戦勝記念碑はイギリスの占領地区にあったから、イギリスとソ連は協定を結び、憲兵隊の護衛の下で毎日衛兵交替の儀式を行っていた。イギリス憲兵隊のジープがGAZ-67にピタリとくっついたのはこういう次第である。

門の前にやって来たソ連の儀仗隊員はソ連の国旗が叩き落とされるのを見てぎょっとし、威嚇のために空に向けて発砲した。そして人の波が崩れると、ソ連兵はシモノフ・カービン銃を構え、ソ連国旗を奪い返そうと走ったが、旗はすでに影も形も無い。すると数人のソ連兵が怒りに任せて群衆に銃口を向けた。

この時、イギリス憲兵隊のフランク・ストークス少佐は将校の持つ短いステッキをゆったりと持ち、それをぶらぶらさせながら、頭に血がのぼって眼を三角に吊り上げたソ連兵の一群に近づいた。少佐はこの時、田舎の校長先生が手に負えない悪ガキを教導すると言った調子で、のどかな顔をさらしつつ、相手の構えるカービン銃の筒先をステッキでこんこんと叩いた。兵隊はみごとに気勢を削がれ、かすかな笑みを浮かべつつ、黙って門の向こうのソ連占領地区に去った。同じように群衆も、一人また一人とその場を去った。

この事件でドイツ市民の犠牲者は重傷二十一名、死者一名となっている。

※　　※　　※

タナー将軍の空輸はじわじわと効果を上げ、九月十八日土曜日には六九八八トンという実績を記録している。これは好天に恵まれ、《三分間インターバル／七二〇フライト》をやり遂げた結果だった。また九月二十四日金曜日にはペイロード二十五トンのダグラスC-74グローブマスターが配備され、この巨大輸送機は一日で四二九トン（十八フライト）をやってのけた。

だが、米英仏占領地域のベルリン人口は東からの流入で五〇万人近く増えたから、生活環境は改善の兆しを見せていない。

――このままでは……。

ベルリン市民が共産党員の吹き込む社会不安に影響され、「ソ連の術中に陥る」と、クレイ将軍は危ぶみ、そこでクレイはマーフィー国務省特別顧問をともなって十月二十一日木曜日、午前十一時から午前十一時半までの三十分、ホワイトハウスで開かれた国家安全委員会に出席した。なおこの会議の主宰者はトルーマン大統領であり、そのまわりをフォレスタル国防長官、ローヤル陸軍長官、ドレイパー陸軍次官が固めている。余談ながら、トルーマンは九月五日日曜日から大統領選挙戦に突入している。

クレイは現状打破にあたり、陸上部隊の投入を主張し、次のように続けた。

「私は、地上兵力の護衛つきで大量のトラック集団をベルリンに向かわせたい。次善の策は輸送機のさらなる投入ですが、即効性を考えればやはりトラックです」

「戦車の護衛つきでトラック輸送に踏み切るという策は第三次大戦のボタンを押すようなものだ。とても承認できませんね」と、フォレスタル長官。

「輸送機の追加投入だって、すぐに出来るとは思えない。現有パワーでの空輸継続。この線でやれませんか？」と、ローヤル長官。これに対してはマーフィー顧問が答えた。

「ここで何もしない、今のままだとなれば、それはアメリカがベルリンに消極的だというメッセージをソ連に与える。スターリンは、もうひと押しすればアメリカは撤収と考え、大喜びするでしょうね」

「輸送機の追加投入について少し補足させていただきます」と、ドレイパー次官。

「輸送機そのものはダグラス社とボーイング社の尻を叩けば何とかなりましょう。問題はパイロットです。ベルリン空輸はソ連戦闘機の妨害がひどいそうだ。戦時中ならともかく、今は平時ですからな。そんな所に訓練所を出たばかりの新米パイロットを配属する訳にはいきません。かと言って、名誉除隊したベテランに声をかけても、今度は家族がいい顔をしない。おわかりでしょう？」

ソ連がベルリン上空に阻塞気球《そさいききゅう》を上げ、曳光弾を撃ち込み、パイロットの目をねらってサーチライトを直射するなどの妨害はましなほうで、ＹＡＫ‐３戦闘機の無分別な異常接近は毎日起きている。ソ連の戦闘機がスズメバチのように群れを成して輸送機の上下左右に群がったのは、米英航空機の写真撮影を命じられていたからで、そのため戦闘機は三〇メートルまで接近した。この曲芸飛行をやったため、ソ連のパイロットは異常に興奮し、挙句の果てに、相手をどれだけいたぶったかの競争になったのだ。これら危険極まりないソ連の妨害行為は外交問題になってずいぶん経つけれども、いっこうにおとなしくなる気配は無い。ドレイパー次官の「パイロットがいない」という一言はこういうことを踏まえた上でのもので、この一言が効いて、誰もクレイとマーフィーの言葉に耳を貸す様子がないまま、時間は過ぎた。

将軍は諦め、マーフィーをともなって立ち去ろうとすると大統領は、「場所を変えよう。みんな、私の執務室《オーバルオフィス》に来てくれ」と言った。

オーバルオフィスに行くと、トルーマンは執務机に置かれた木製の卓上プレートを手に取った。プレートには《the BUCK STOPS here（責任は〝親〟の俺が取る）》という標語が金字で刻まれている。

一呼吸置いて大統領は、「クレイ将軍、あんたを辛い立場に置いて気の毒だと思っている」と言い、次のように続けた。

「そういう窮地にいる人をほったらかしにしておくことはよくない。輸送機を投入しよう。パイロットは、名誉大佐のままハリウッドに帰った映画スターのジミー・スチュアートを現役復帰させるつもりで、ベテランのスカウトに力を入れよう」

かくしてC-54S六十六機の追加および、ボーイングC-97ストラトクルーザーとダグラスC-74グローブマスターの最優先配備が決定した。

クレイはアメリカの強い意志を伝えるため、ベルリンに赴き、その地で輸送機の大量投入をラジオで放送。加えて、フランス軍占領地区にアスファルト舗装二四〇〇メートル滑走路二本を持つテーゲル飛行場が十月二十九日金曜日に操業開始となることをアナウンスした。

テーゲルの用地は、かつてドイツ軍が対空砲訓練場として使用されていた野原であり、飛行場建設にはエルンスト・ロイター博士の肝いりで一万九〇〇〇人のベルリン市民が参加している。この内、六八〇〇人は一般家庭の主婦であり、すべての工事参加者には時給一マルク二〇ペニッヒの賃金と一食分の温かい食事が提供された。完成までにかかった日数はわずか四十九日というテーゲル飛行場は、大量の貨物受け入れと分配を前提とした現代のエアカーゴシステムのひな型であり、この完成によってベルリンの窮乏生活は解消する。ちなみに、テーゲル飛行場への一番機は第十九輸送飛行隊所属のC-54Sで、機長はルートヴィッヒ大尉。ロイター博士を含む二〇〇〇人のベルリン市民と米英仏軍楽隊が迎える中、一〇トンのチーズを運んで来た。

C-54S六十六機投入とテーゲル飛行場の完成はソ連に対し、「西側はベルリンを放棄しない」という強烈なメッセージを送ることにはなったけれど、空輸実績の向上には繋がっていない。それは天候のせいだった。秋が深まると、ウンターデンリンデンの菩提樹は大きな枯葉を散らし、落ち葉は路上で丸くなり、風に吹かれてからからと乾いた音を立てる。そのうちベルリンの空は鉛色の雲に覆われ、その向こうにはカボチャのような黄色い太陽が透けて見える。日没時間は日に日に早まり、午後四時ともなれば闇に包まれ、ハーフェル川とシュプレー川から冷たい風が吹き、ベルリンにはミルクのような濃霧がただよい、雪まじりの細かい雨が降る。これこそはスターリンが待っていた冬の到来で、こうなっては大事故回避のため、空輪のペースを落とさねばならない。スターリンは十一月になると空輪効率が極端に悪化することを知っていたから、米英の輸送機に向かって「ぶつかれ！　落ちろ！　燃えてしまえ！」と呪詛の言葉をつぶやき、ひたすら西ベルリン市民が厳冬の中で飢餓に苦しむことを祈っている。

十一月十三日土曜日、パンヤ綿を思わせる厚さ三〇〇メートルの濃霧が全ヨーロッパを覆った。この日、アメリカ空軍二一〇五気象大隊のチャバッセ中佐はタナー将軍に、この状態は一進一退を繰り返しながら二カ月は続くであろうと告げ、その上で次のように言い添えた。

「将軍は、《雲底高度が一二〇メートル以上、視界一六〇メートル以上なら直ちに着陸。それ以下の悪天候なら任務は中止》という命令を出しておられます。そうなると空輪は全面ストップです。どうされますか？」

将軍は悩んだあげく、《離着陸インターバルは五分とする。雲底が七十六メートル以下の場合、輸送機はアイドリング状態のまま、滑走路上で待機。天候回復の瞬間を捉えて離陸せよ》と命令を修正した。チャバッセ中佐はこの修正命令に対応する形で、滑走路の両端に気象観測所を置き、視認距離を常にパイロットへ連絡するという手を打っている。だが問題は着陸で、特に夜は霧が深くなり、パイロットは地上から照射される誘導灯が見えないためさらに危険が増した。だが窮すれば通ず。駐機場の作業員がアクリルガラス製のレンズを通して誘導灯を照射すると、上空のパイロットからは魔法の杖でも振っているように見えることを発見した。

しかし、どのような創意工夫を尽くしても、自然の猛威に打ち克つことは難しい。

十一月二十七日土曜日、濃霧の直撃を受け、空輪は午前零時から午後三時まで十五時間ストップ。さらに十一月三十日火曜日はたった一〇の輸送機しかベルリンに到達できず、これは最悪のフライト記録だったから、十一月度の空輸量は一日平均一五〇〇トン以下になり、市民生活は危険水域に達してしまった。つまり十月まで、市民には毎日、一オンスの脂身、二オンスの粉末卵かあるいはスパム缶詰（米国ホーメル食品社が製造販売するランチョンミート）、三オンスの小麦粉か乾燥スライスポテト、二オンスのシリアル、一オンスの砂糖、十七オンス半の食パンが届いた。それから特例対応として腸に疾患がある生後十九カ月のペーター・ブーハーのために乾燥されていない生のバナナ五房が週に一度空輸され、こういう細かい対応も順調だった。だが十一月に入ってからは状況が変わる。市民の何割かは食べ物を探してゴミ箱をあさった。ともあれ、味などどうこう言っていられる状況ではなかったから、飢えの苦しみを和らげるため風変わりなおかゆ（スープ料理）の調理アイデアがたくさん誕生した。テレグラフ紙の今日の料理というコラムでは、食材転用可能な野草のリストならびにその調理法を掲載し、これが好評だったことを受け、シナモンと腐ったリンゴを使ってジャムを作る方法や、ろうそくの油で揚げた黒パンに乾燥玉ねぎを粉末状にして、それをまぶし、味を偽装する方法など、通常では考えられないレシピを特集した。特集の中でヘルタ・ユングトウという技師の妻が考え出した物凄いパンケーキは、これを真似した人間がいたかどうかは別にして、話題をさらった。ヘルタ夫人は乾燥ポテトのスライスをひき潰して粉にし、それに小麦粉と粉末卵を混ぜ、亭主が仕事場から持ち帰った機械油で揚げたのだ。

石炭備蓄は底をつき、市民は燃料確保のため、街路樹を切り倒し、その内、大きかろうと小さかろうと見境なく伐採を始め、土を掘り起こして根っ子まで取り出したから、森は消え失せた。ある人は大切にしていた寄木細工の床をはがしてストーブにくべ、あるものは、戦災をくぐり抜けて何とか残った家具をバラバラにし、それを燃やして暖をとった。爆撃でガタが来た窓から瞬間冷却剤のような隙間風が吹き込んだので、人々はボロ布や厚紙を使って寒気を防いだが、あまり効果があったとは思えない。電気は一日にわずかの時間しか供給されず、かつ、それはしばしば夜間供給だったから、人々はその供給時間に合わせ、普通は日中にやる仕事を深夜に回した。また調理に不可欠のガスも、電気同様、指定時間内の限定供給だったから、ガス栓のうっかり放置によるガス中毒死がそこらじゅうで起こった。

飢えのために何人が犠牲になったか確実な数字はない。しかし消防士は毎日老人家庭を巡回し、電気検針メーターが回ってなければ危険と見なして踏み込んだ。

すべてが停止してしまった感のベルリンだが、意外にも五社あった新聞社は一社も休まず蠟燭《ろうそく》の灯で朝刊を発行し続け、また、四十二あった映画館と劇場、そして演芸ホールはいつもより盛況だった。

舞台芸人のウォルター・グロスはクーダムの劇場へ行った時、スケートリンクのように氷の張った舞台を見て仰天したが、一座の仲間は靴にボロキレを巻いて舞台を務め、客席の来場者も外套《がいとう》の上に毛布をかぶり、これまた見上げた根性で最後までそこで泣いたり笑ったりしていた。グロスはさめた目で回想し、「お客は狂ったように拍手喝采してましたがね、なに、寒くて少しでも温まろうとはしゃいでただけですよ。お客は自分たちの置かれた辛い状況を少しでも紛らわすため、ユーモアと笑いを求めたのです。演芸場がいつも満員だったのはそのせいでさ」と言った。

ウェイトレスだったフロイライン・ヒラーは次のように回想する。

「最も温かい場所は映画館でした。私は仕事が終わった後、店のオーブンで温めておいたレンガをコートでくるみ、映画館に出かけました」

次は当時十三歳の子供だったクラウス・ハルトヴィッヒの回想。

「私と妹のノーラは冬の間ずっと寝たきり病人のように過ごしました。石炭の欠乏で学校へは来ても来なくてもどっちでもいいと通知されていたからです。私と妹はありったけの服を着てベッドに上がり、なぞなぞゲームに没頭しながら、布団の中で五カ月間過ごしました」

越冬対策には違法行為もあった。電気の検針メーターを叩くと検針盤の回転が鈍くなる。一家族の割り当ては一時間あたり十八キロワットだったから、超過罰金を払わずに少しでも供給量を多くしようと、いじましい努力をする。これは違法行為の代表格だった。その内もう少し悪賢いのがあらわれ、検針メーターの裏側に小さい磁石を取りつけた。磁石は商品化され、《チビのグスタフ《クライネ・グスタフ》》という名前がつくほど普及した。

病院の入院患者には石炭割り当てが優先され、一人当たり一八〇〇カロリーが保証されており、たまたまこの時入院しなければならない人は幸運だったし、ベルリンのウェディング区にあるルドルフ・フィルヒョウ病院ではふとどきな患者が病気をわざと悪化させるようなことをした。状況が厳しいのは米英仏占領軍も同じで、将兵は蠟燭の灯の下で夕食をとり、寒いのでミトン手袋と目出し帽《バラクラバ》をつけ、パジャマの上に軍服を着て寝た。

封鎖は悲惨な状況を西ベルリンにもたらしたけれども、市民はこの苦痛が共産党《コミンフォルム》をあやつるソ連の手に落ちるより遥かにましだと知っていた。ソ連軍はベルリンを攻略した後、すべての物資と機材、ならびに工業設備をすべて略奪し、モスクワに持って行った。ドイツの科学者や技術者は強制的にシベリアの収容所に送られ、持っていた先端技術のすべてを差し出さなければならなかった。さらに、市民はソ連軍がベルリン在住の婦女子を大強姦したことを見ていたから、共産党員が煽り立てる《米英仏はベルリンから出ていけデモ》には加わらず、春まで耐えれば何とかなる飢餓を選んだ。

ベルリンは今も昔も十二月から二月にかけて気温はマイナス摂氏二〇度になる。しかし、一九四八年から一九四九年にかけてヨーロッパは暖冬だったから、ベルリンはマイナス一〇度を割らなかった。

濃霧の十一月が過ぎると、空は鉛色であることに変わりはなかったが、雲底は一五〇メートル以下にならず、視界も良好だったから、空輸効率は飛躍的に向上し、その結果十二月度は一日平均五九三五トンとなり、特に十二月九日木曜日は六一三三トンをマークした。

ところで十一月から十二月にかけての日本の新聞におけるベルリン封鎖についての記事は、例えば読売新聞の場合左記の通りで、これとは比較にならないほど大きな紙面を取っていたのは、トルーマンが大逆転で共和党のデューイを破って大統領に再選されたこと、東京裁判[*6]での判決が下り、十二月二十三日に七戦犯の絞首刑が執行されたことだった。

■読売新聞朝刊／昭和二十三年十二月二日木曜日

◎ソ連調停工作に先手／ベルリン新市議会を創設／新市長選出／現役員を追放

ソヴェト支持のもと、ドイツ共産党は三十日夜、ついにベルリンに革命的市政府を樹立。元ワイマール共和国ドイツの故エーベルト大統領の息子フリードリッヒ・エーベルト氏を市長に任命した。一方ソヴェト支配下の警官隊はソヴェト地区にある市庁舎に侵入。書類を押収した。フリーデンスベルク現市長代行は市庁舎から退去するに先立って身体検査を受けたが、他のドイツ人官吏は警官隊の進入寸前に危うく西部地区に避難した。この結果ソヴェト地区にこれまで踏み止まっていた真正市会吏員の全部が西部地区に放逐されるに至った。大部分ソヴェト占領地区から特別列車やバスでベルリンに転入させられて来た約三万のドイツ共産党員はかくて新市会を分立するに成功し、十二月五日の西地区市会選挙および国連の調停工作に素早い先手を打つに至ったものだ。

《ベルリン特電十一月三十日発＝ＩＮＳ特約》

■読売新聞朝刊／昭和二十三年十二月五日日曜日

◎ベルリン全市を統轄／共産系市長言明

共産系ベルリン市政府のエーベルト新市長は記者会見し、次の通り言明した。

「私は市長としてベルリン全地域を統轄する。ベルリンはソヴェト占領地区の一部であり、したがって私はソヴェト軍政府の命令だけに従う」
《ベルリン十二月三日発＝ＵＰ共同》

エーベルト市長誕生から六日後の十二月五日日曜日、米英仏占領地区では八十六パーセントの支持を集め、ロイター市長が誕生し、ここに東西分裂は事実上確定した。なお一九四七年五月三日に施行された日本の新憲法が戦争放棄を謳ったのに対し、一九四九年五月二十三日に施行されたボン基本法（ドイツの新憲法）は《ベルリン封鎖》という戦争切迫の瀬戸際を体験したおかげで、日本のような夢物語は採用していない。その代わりに、ドイツ憲法二十一条では「自由と民主主義に反し、ドイツ連邦共和国（西ドイツ）の存亡を脅かす政党は違憲である」と謳い、「政党で、その目的または党員の行動が自由で民主的な基本秩序を侵害もしくは除去し、または、国家の存立を危うくすることを目指すものは違憲である。違憲の問題については、連邦憲法裁判所が決定する」と駄目を押しており、これはナチスと共産党の恐怖が身体にこびりついていたからだ。

さて、ロイター市長が誕生してから十三日後の十二月十八日土曜日。この日の朝日新聞朝刊には「ソ連放送用アンテナ二基をフランス軍がダイナマイトで爆破／ベルリンにまた物議の種（ベルリン特電十二月十六日発＝ＡＰ特約）」という記事が小さく掲載された。

記事にある《ソ連放送用アンテナ》とはラジオ・ベルリンが管理する高さ一二〇メートルの放送アンテナで、テーゲル飛行場からは距離にして一五〇〇メートル。ソ連とフランスの占領境界線上に立つこの塔は、飛行機の離着陸にとって非の打ち所のない邪魔者だった。

ギャネバル中将（右）
ロイター市長（左）

爆破事件から二十六日前（十一月二十日土曜日）、フランスのベルリン軍政長官ジャン・ギャネバル中将はソ連軍ベルリン軍政長官アレクサンドル・コチコフ少将とラジオ・ベルリン局長ハインツ・シュミットに次の通り文書警告した。

「もしもこのアンテナを貴ラジオ局がどこかよそに移転しないならば、フランス軍政当局は十二月十六日木曜日に責任をもってこれを撤去してさしあげる」

信じがたいものを目にしたコチコフ将軍はフローナウ近郊にあるギャネバルの司令部に怒鳴り込み、いっぽう、フランスエリート教育の生ける見本ギャネバルは洗練された物腰でにこやかにほほ笑みながら相手に椅子を勧め、一呼吸置いて、「何か?」と言った。かんかんに怒ったロシア人の精神状態をじっくり観察しようという腹だ。

コチコフにはロシア人特有の肉厚なふてぶてしさはない。軍人には不向きな繊細男で、よく将軍にまでなれたものだと感心する。そしてコチコフは、どういうつもりか、こういう強談判の場に、いつもは外している丸い黒縁メガネをしていたから、まるでタヌキで、迫力は無い。ひたいに薄っすらと汗をにじませたコチコフは「何かだと。ああいう文書をよこしてどう言うつもりだ!」と声を限りに叫び、こぶしを握り締めて恫喝した。

「ま、お静かに。テーゲル飛行場はフランスにとって何物にも代えがたい愛情の対象なのです。飛行機進入経路の真ん中に百メートルを超えるようなものを建てるとは。フランスの友好国ソ連がそんなことを敗戦国ドイツに許す訳がない。何かの間違いでしょう」

「愛情?」

コチコフは想定外の言葉に不意を突かれ、怪訝な顔をした。

「さよう、愛情です。お国のかたがたなら、重大な関心を持つとかいうのでしょうが」

これでコチコフは肩すかしを食い、大声で相手を圧倒する気が失せた。

「愛情ね、世の中は広い。ともあれアンテナ撤去要請は取り下げてもらいたい。文書をもって」

「大戦当初、ドイツに負けたフランスが、ここに来て、偉そうにソ連を小突き回すようなことを言ったとスターリン大元帥閣下に知れたら、あなたの立ち場は悪くなるでしょうな。そうなってはまことに不本意だ。私からはこれ以上ことを大きくさせないため、取り下げ文書については何もしないことにします」

このやり取りについてコチコフがどう解釈したかは分かっていないが、ソ連の将軍は言うだけのことは言ったつもりで帰った。

さて、コチコフの脅しは決してオーバーな言葉のあやではなく、米英輸送機に対する嫌がらせは時間を追うごとにあくどさを増し、ソ連の放送大隊は電波妨害波を拡散したから、輸送機のパイロットはレシーバーからぞっとするような妨害音を聞いたし、無線方向探知機《ラジオ・コンパス》はすぐ不調になった。

愛情という場違いな言葉が混入された妙な警告を受けてから二十六日目。この間、コチコフは月が変わってすぐ、狭心症の発作を起こして入院していたが、爆破を延期するような優しい気づかいとは無縁のギャネバルは警告通り十二月十六日木曜日午前九時、〃やれ！〃と命じた。

憲兵隊は直ちにテーゲル飛行場を封鎖。米空軍所属の地上職員だった十九歳のジャック・フェルマンは管制塔の中に入ってきたフランス人の将校を見て、当惑した。将校は「着陸予定の輸送機は他の飛行場に向けられた。作業を停止し、ここから撤収しろ」と言ったのだ。なぜ撤収かについての理由は一切知らされなかった。そうこうするうち憲兵一〇〇名に護衛されたフランス軍工兵があらわれ、アンテナに忍び寄り、土台石のあたりで爆薬装填のため忙しく働いている。アンテナ塔の近くに小さな建物があった。そこでは一握りのロシア人技師が電話を使って指示を与え、さまざまな助言をどこかから受けていた。じきに電話線はフランス軍工兵によって切断され、同時に、ロシア人技師は憲兵に保護拘束された。

コチコフ少将

午前十時四十五分、テーゲル飛行場の滑走路脇でディーゼルエンジン技師ギュンター・ミハエリスは仲間と世間話に興じていたが、その時途方もない爆発音がした。二基のアンテナ塔がゆっくりと揺れ、ぐずぐずと土煙をあげて崩落したのだ。爆破音はベルリン市内の中心にまで届き、塔はぐしゃりとねじれ曲がって鉄の廃棄物に変わり、テーゲル飛行場は邪魔者がいなくなって、安全な着陸ができるようになった。

この件については十八日に次いで翌十九日、朝日新聞が次の報道をしており、この記事から透けて見えるのは、西側三カ国の準備連携は入念であって、決して何かの気まぐれでこのような爆破をしてのけたのではないという一点である。

■朝日新聞／昭和二十三年十二月十九日日曜日

◎佛軍のアンテナ破壊に謝意／クレイ長官言明

ドイツ占領米軍政長官クレイ大将は十七日、フランクフルトにおける記者会見の席上、ソ連管理下のベルリン放送局アンテナを破壊したベルリン駐在の佛軍当局に深い謝意を表してつぎのとおり言明した。

「アンテナが破壊されたためベルリン空輸の大きな危険はまったく除かれた。ソ連側がこれに対する報復手段に出るかどうかについては別段問題にはしていない」

《フランクフルト特電十二月十七日発＝ＡＦＰ特約》

以下はＫＧＢのセルゲイ・テュルパノフ少将の回想。

「そのニュースは激しい痛みをともなって我々を打ちのめしました。例えるなら胆石で転げまわるほどの激痛で、正直、モルヒネの投与が必要なほどのものだった。私は即刻、政府要人と共産党《コミンフォルム》のメンバーにアンテナ塔の破壊については何も声明を出すなと指示しました」

コチコフの事実上の上司だったテュルパノフ少将は入院中のコチコフに「さっさとギャネバル将軍に会

って、落とし前をつけてこい」と命じたが、この時、コチコフは完全な病人で、いつ気を失って転倒してもおかしくない状態だった。かわいそうな少将はギャネバルに向かい完全にヒステリーを起こし、まさに怒髪天を突く勢いで立ち向かったが、長続きしなかった。相手をしたギャネバルは、息切れし、顔から大量の汗をしたたらせ、半べそをかいている少将に向かって仕方のない人だと言わんばかりに苦笑いし、「起こるべくして起きたことです」と言ってコチコフを玄関まで見送った。見苦しい失敗をした男として帰国したコチコフは収容所送りにはならなかったが、再入院し、五十そこそこで引退。だが運命は皮肉で、離婚したコチコフのそこからの人生は長く、一九八一年七月二十日に他界。享年七十九だった。

　ベルリンの封鎖危機は春を迎え、大きな山を越えた。その証拠は空輸実績を見れば明らかで、一月度は一日平均六〇〇〇トン、二月度は六三七三トン、三月度は六五三八トンをマーク。四月二十三日日曜日にはこの日だけで一万二九四〇トンを空輸した。

　ベルリンを救ったものは、一つは暖冬であり、もう一つは桁違いの巨大な輸送能力[*7]を持つダグラスC-74グローブマスターとボーイングC-97ストラトクルーザーの登場だった。ソ連はアメリカのすべての輸送機がこの二機種にモデルチェンジされると読み、これでは兵糧攻めの効果なしと見て封鎖を諦めたのだ。

　トルーマンは回想録でベルリン封鎖の顚末を次のように締めくくっている。

　「ベルリンは自由の大義を守るにあたっての、アメリカを含む西側の決意の象徴になった。ソ連の頑迷な思考と野蛮な行動は多くのヨーロッパの人々の中に、西側は緊密な軍事提携をしなければならないという必要性を共有化し、これが議論された結果、最終的には北大西洋条約機構《NATO》の創設となった。ベルリン封鎖がすべてに対する一つの教訓となったのである。……ソ連が策動したベルリンと、さきのギリシャとトルコに対する動きは、ソ連勢力圏に隣接する西欧連合国陣営の弱い地点をさぐり出そうとする計画の一部だった。……米英ソ仏四カ国は一九四九年五月四日水曜日、共同声明を発し、五月十二日木曜日にベルリン封鎖への対抗措置を解除することになった。封鎖による制限がソ連側によって加えられ、ベルリンから退去することを強制された米英仏三国は空輸をもってそれを拒否したが、このことはヨーロッパの人々に向けて、自由が脅威を受けた時には、我々が絶対協力して護ることを実証した。政治的にはヨーロッパの人々を我々の側に、よりいっそう接近させた。ベルリン封鎖は結果として我々の抵抗力と抵抗意志を示すことになった」

トルーマン回想録の中に記された《米英ソ仏四カ国の共同声明》は次の通りで、誰が署名したのかという点に注意すれば、封鎖というソ連の振り上げた拳を降ろす場所が、同じ国連本部ビルではありながら、国連安保理とは別の場で行なわれたことが分かる。

■米英ソ仏四カ国共同声明書／一九四九年五月十二日に施行されるベルリン封鎖解除のための取り決めについて

署名場所＝ニューヨーク国連本部、署名日＝一九四九年五月四日水曜日

署名者　米＝国連大使フィリップ・キャリル・ジェサップ、英＝国連大使アレクサンダー・モンタギュー・ジョージ・カドガン卿、仏＝国連大使ジャン・ショヴェル、ソ＝国連大使ヤコフ・アレクサンドロヴィッチ・マリク

フランス、ソヴェト社会主義共和国連邦、イギリス連合王国、アメリカ合衆国の各政府は以下に示す三点の合意に達した。

①ベルリンと西側ドイツの間の通信、輸送、貿易、および東側ドイツと西側ドイツの間の通信、輸送、貿易に関し、一九四八年三月一日以来ソヴェト社会主義共和国連邦政府によって課されていたすべての制限は五月十二日に解除される。

②制限の解除から十一日後、すなわち一九四九年五月二十三日にパリで開催する米英ソ仏四カ国外

相理事会では、第①項の規定によってベルリンで新たに発生した状況を巡る問題について討議する。またその討議の中にはベルリンにおける通貨問題を含むものとする。

ところで、五月二十三日月曜日にパリで開催された第六回目となる外相理事会に出席した代表は、フランス＝シューマン、ソ連＝ヴィシンスキー、イギリス＝ベビン、アメリカ＝アチソン、となっており、ポツダム会談以来代わっていないのはベビン外相のみとなった。

ベルリンに話を戻すと、一九四九年五月十二日木曜日、ソ連は封鎖を解除し、鉄道、運河、アウトバーンによる輸送が再開されたけれども、十五カ月間の封鎖で転鉄や信号などのシステムに不具合が出、空輸は九月三十日金曜日まで続いた。

きわどい出来事は、封鎖解除から一〇九日後の八月二十九日に成功したソ連初となる原爆で、もしも順序が狂っていたら封鎖は解除されたかどうか分からない。ともあれ空輸終了となる九月三十日までの米英両国空輸達成トン数は二三二万五八〇九トン。テーゲル飛行場建設を含む総投資コストは約三億ドル。記念すべき二七万六九二六回目のラストフライトはボーイングC-97ストラトクルーザーで、搭乗員はハリー・D・インメル（機長）、チャールズ・M・リース（副操縦士）、ジェームズ・C・パウエル（航空士）、マシュー・M・テレンツィー（通信士）だった。

〈註〉

＊1 何が幸いするかわからないものだが、ベルリンを救うと号令を発したトルーマンは大量のドイツ移民票獲得に成功し、一九四八年十一月二日、下馬評を覆して大統領選挙に勝利した。

＊2 マーシャル長官のラジオ演説は十五年後の一九六三年六月二十六日にケネディー大統領が西ベルリン・シェーネベルク市庁舎前で演説した「私はベルリン市民だ（Ich bin ein Berliner）」に繋がっている。ちなみに、格調高

いこの演説のポイントは次の一節である。

「二千年前、最も誇り高い言葉は《私はローマ市民だ》であった。今日、この自由な世界において、最も誇り高い言葉は《私はベルリン市民だ（Ich bin ein Berliner）》である」

＊3　がっしりと背が高く、眼光鋭い金髪の少将、ウィリアム・ヘンリー・タナーはオーストリア・ハンガリー帝国から移民して来た技師の息子で、一九〇六年七月十四日、ニュージャージー州エリザベスで生を受けた。一九二八年六月、ウェストポイント陸軍士官学校を卒業し、テキサスの飛行隊に配属。ここから飛行機との長い付き合いが始まる。将軍はベルリン空輸後、東京に転任し、朝鮮戦争で空輸作戦を担当した。ベルリンのシュテーグリッツ＝ツェーレンドルフ区にはタナー将軍の名前を冠した通りがある。

＊4　《イワン》とはドイツの侮蔑語で、ロシア兵を指す。《ジャップ》のようなもの。

＊5　《コチコフ》とは、ベルリンのソ連軍政局長コチコフ少将のこと。

＊6　東京裁判に先んじ、ニュルンベルク裁判で判決が下ったのは一九四六年十月一日。青酸カリ自殺したゲーリングを除く戦犯一〇名は十月十六日、絞首刑となった。

＊7　米英が投入した輸送機と米英両国の達成した空輸トン数
①投入輸送機
◎アメリカ投入計四四二機（ダグラスC-54Sスカイマスター＝三三〇機／内三十八機は石炭輸送専用、ダグラスC-47Sスカイトレイン＝一〇五機、フェアチャイルドC-119フライング・ボックスカー＝五機、ボーイングC-97ストラトクルーザー＝一機／B-29の改版、ダグラスC-74グローブマスター＝一機）
◎イギリス投入計一五九機（ダコタ輸送機＝八十六機、アブロヨーク輸送機＝二十七機、アブロチューダ輸送機＝五機、アブロランカスター輸送機＝三機（給油専用）、ハンドレページ・ヘイスティングス輸送機＝二十六機、サンダーランド飛行艇＝十二機）
②米英両国の達成した空輸トン数／米英合計二三二万五八〇九トン
◎アメリカ＝計一七八万三五七三トン

（石炭一四二万一七三〇トン、食糧二九万六三〇三トン、その他六万五五四〇トン）
◎イギリス＝計五四万二二三六トン
（石炭一六万四八〇〇トン、食糧二四万一七一三トン、その他一三万五七二三トン）

2　米ソの朝鮮半島政策と国連の動き

（1）金日成《キム・イルソン》と李承晩《イ・スンマン》

国家権力による歴史の粉飾は洋の東西を問わず珍しいことではない。しかし、それも程度問題で、共産主義中国の場合、歴史はまさしく政治の重要な一環であるため、白髪三千丈式のプロパガンダ偏重が当たり前になっている。また、現実離れした異常に高い自己評価と嘘の上塗りなど意に介さない自己主張は天下一品という北朝鮮において、建国にまつわる官製史はまったく信用ならない。こういう中、朝鮮戦争について確かな事実を一つだけ挙げろと言うならば、この戦争は金日成《キム・イルソン》の冒険的な侵略行為によって始まったものであり、そして金日成の背中を押したのはスターリンだったという点で、このあたりは作り話の多い朝鮮戦争をめぐる歴史の中の希少な真実であることが証明されている。

金日成主席

頭がおかしくなる前のスターリンは、原爆を持っているアメリカを刺激しないようそれなりに努力していた。もしもスターリンが脳内異変を起こさなかったなら、いくら核保有国になったと言っても、ソ連にはこれを投下するB-29爆撃機のような搬送手段が不備だったから、独裁者は金日成の冒険的南侵作戦にＯＫを出すはずが無かった。

スターリンにはトラウマとなった悪夢のような体験がある。大戦前、独ソ不可侵条約の中の密約条項によって東ヨーロッパはドイツとソ連の勢力圏に分割され、その結果、ソ連は地上に引いた一本の細い線でドイツと隣り合わせになった。そして独ソ戦開始となり、国境線はいとも簡単に突き破られ、スターリンはもう少しでヒトラーに国を乗っ取られるところだったから、以後、人為的に引いた〝線〟を諦め、その代わり衛星国を作り、そこに忠良なる共産党員を詰め込んで土嚢のように積み上げ、これをもって国土防衛の基本とした。当然ながら、衛星国の指導者はソ連万歳のガチガチ共産党員でなければならず、よってポーランドではKGBのエージェントだったボレスワフ・ビエルトを首班としたし、東ドイツではウィルヘルム・ピーク、ワルター・ウルブリヒトを国家評議会議長に据えた。チェコスロバキア、ハンガリー、ブルガリア、ルーマニアでも同様の手口であり、スターリンは欧州であろうと極東であろうと、衛星国を作ってソ連の防波堤にするという方針を変えていない。だから南朝鮮に反共の敵対勢力が居すわると分かった以上、三十八度線以北の北朝鮮には土俗臭の強烈な共産党ロボットを多数詰め込んで土嚢を作り、ソ連を防衛しようとした。

さて、そこで金日成だが、この男はスターリンが泥の塊を拾ってこね上げ、それに命を吹き込んだ完璧なあやつり人形だった。後日、金日成はこの事実を隠蔽するため、お粗末で安っぽい政治神話をでっち上げたけれども、それらの嘘を取り払ってしまえば、金日成のプロフィールは次の九項目で言い尽くせる。

①父親は金亨稷《キム・ヒョンジク》、母親は康盤石《カン・パンソク》。両親は知識人階級のキリスト教徒だが、当時の朝鮮半島における人口の四十八パーセント強を占めていた貴族階級（両班《リャンパン》）ではない。

②金日成の本名は金成柱《キム・ソンジュ》。生年月日は一九一二年四月十四日。出生地は平壌《ピョンヤン》の西にある万景台《マンギョンデ》。

③一九二〇年、一家は満州に移住。当時満州には一三〇万人の朝鮮人が住んでいた。父親は一九二六年に死去。このとき金成柱は十四歳。

④金成柱は一九三二年に中国共産党に入党。このとき二十歳。これ以降、自身の名前を金日成というペンネーム[*1]に変更した。

⑤一九三六年、満州にあった中国共産党の抗日ゲリラ組織《東北抗日連軍》に入隊。東北抗日連軍総司令は楊靖宇《ヤン・ジンユ》。金日成は第六師長（大尉相当）。このとき金日成二十四歳。

⑥一九四〇年、東北抗日連軍は関東軍と満州国軍によって粉砕され、金日成と配偶者の金正淑《キム・ジョンスク》はハバロフスクに逃亡。

⑦一九四一年、ソ連は独ソ戦に極東配備の正規軍を投入するため、空白となった沿海州に抗日ゲリラ戦闘員から成る中朝混成の第八十八独立ライフル旅団を創設し、守備固めをした。旅団長は漢民族出の周保中《ジョウ・バオジョン》。金日成はこの旅団に入隊した。このとき金日成は二十九歳。

⑧金日成は第一極東方面軍・第二十五軍・政治管理部第七課に転属。グリゴーリー・メクレル大佐の下で宣撫工作の訓練を受け、共産主義の政治分子に育てられた。

⑨終戦時、大尉に昇進した三十三歳の金日成には朝鮮への帰国意志はなく、夢はモスクワの軍事アカデミーを卒業して師団長になることだったから、ハバロフスク近郊で誕生した長男にはユーリーというロシア名をつけた。ユーリー・イルセノヴィッチ・キムという名のこの息子が後の金正日《キム・ジョンイル》である。余談ながら、金日成が北朝鮮の指導者に祭り上げられた時、金日成がもらした一言についてメクレル大佐の同僚だったワシリー・コヴィジェンコ大佐は次の証言を残している。

「金日成は急激な環境変化に疲労し、『私は部隊長、そして師団長になりたいのに、これは何だ。この仕事は訳が分からないし、人民委員のトップになりたいとも思わない』と言いました」

事実、金日成は、スターリンが死に、主体《チュチェ》思想というソ連との決別宣言を行うまで、ソ連の傀儡《かいらい》であり、北朝鮮の名目上の指導者だった。

さて、朝鮮半島にソ連の傀儡政権を作る時、スターリンには五つの選択肢があり、KGBと政治局が勧告した金日成というカードの優先順位は四番目か五番目だったけれども、スターリンはソ連軍大尉の金日成を選んだ。理由は軍人なら命令遵守が叩き込まれているだろうと期待したからである。

一九四五年九月二十一日金曜日、ウラジオストク港から汽船で元山《ウォンサン》港に入って朝鮮帰国を果たした金日成の身分は、平壌《ピョンヤン》市の憲兵隊長（大尉）だった。この日、憲兵隊長は第二十五軍司令官チスチャコフ大将に引き合わされることになっている。だが予期せぬ出来事が起きた。金日成が乗り込んで平壌に向かう列車とチスチャコフ大将の乗り込んだ列車が元山《ウォンサン》駅近くの見通しの悪いカーブで正面衝突したのだ。列車は双方ともスピードを落としていたから大ごとにはならなかったが、チスチャコフ側は怒り狂い、金日成が乗った列車の機関士を銃殺。それ以外の乗務員をウラン採掘グーラク送りに処した。

列車衝突事件から二十三日後の十月十四日、ソ連軍歓迎集会の日。この時、金日成は憲兵隊長からソ連軍平壌衛戍司令部の中隊長に格上げされていたけれども、集まった朝鮮人への紹介はごく控え目に〝金日成大尉〟と紹介されただけで、大演説をぶちかましたわけではない。ちなみにこの日の主役はイワン・チスチャコフ大将以下、第二十五軍政治委員ニコライ・レベジェフ中将、民生局アンドレイ・ロマネンコ中将などの将官であり、金日成の人生に大きな影響を与えるテレンティー・シトウィコフ大将の登場は翌年一月初旬だった。

※ ※ ※

朝鮮戦争を引き起こす原因の一つがスターリンの同意を取りつけることに成功した金日成の野心にあったとするなら、もう一つの原因はたまたまアメリカという勝ち馬に乗り、おかげで自分を見失うほど舞い上がった李承晩《イ・スンマン》にある。一八七五年三月二十六日、没落貴族の家に生まれた李承晩は科挙試験合格を目指して勉強していたが、科挙が廃止になり、その時めぐり合ったアメリカ人宣教師ウィリアム・ノーブル

李承晩大統領

博士[*2]から、一八八五年創立の培材学堂《ペチェハクタン》（現在の培材《ペチェ》大学）で勉強してはどうかと言われ、このミッションスクールに入学した。李承晩はその青年期、朝鮮王高宗に逆らう者として人生最初の獄中生活を体験。そのときにプロテスタント・メソジスト会に入信し、出獄後、主たる活動拠点をアメリカに移し、ウッドロー・ウィルソンが総長を務めるプリンストン大学で政治学博士号[*3]を取得。

かくして李承晩は自尊心を異様に肥大させながら朝鮮独立という政治活動に打って出たけれども、自分の望んだ成果は得られず、不満だけが体内で増殖し、口から吐き出されるものは怒の一字という阿修羅もびっくりの攻撃人間になった。七十三歳で大韓民国初代大統領の座に就き、八十五歳の時にクーデターでその座を追われ、アメリカに亡命して九十歳の死をホノルルで迎えた李承晩について、在韓米軍軍政長官ホッジ中将は「よこしまで情緒不安定、冷酷で腐敗し、救いがたいお天気屋」と評したけれども、アメリカ公文書館に保管された一九四五年二月五日以降の関連文献からは、それとは別の李承晩と朝鮮の姿が浮かび上がってくる。

関連文献の最初は米国務省極東部長バランタインがワシントン駐在中華民国大使の劉鍇《リュウ・チェ》氏と交わした箇条書きの朝鮮関連対話記録だが、念のために申し添えると、バランタイン局長はアメリカが原爆を開発中だという事実をまったく知らされていない。

●上海、杭州、南京、長沙、広州、綦江、重慶には多くの朝鮮人政治結社があるけれど、指導者間には摩擦や嫉妬が渦を巻いており、朝鮮人が固く団結しているとは言いがたい。ともかく仲間同士の中傷合戦は日常茶飯であり、よって中華民国は朝鮮人政治結社を信用できないと敬遠し、おもてだっての接触を避けている。

●重慶にいる朝鮮の指導者たちは米英ソ中連合国から認めてもらいたいと期待している。連合国からの具体的な援助を期待する前に、自分たちの責任能力を実証することは朝鮮人の責任であるが、これはおろそかになっている。
●朝鮮人指導者は朝鮮の一般人に抗日の方法を教え、フランス式レジスタンス運動を組織すると言ったけれど、その計画がどこまで進んだかは不明。同じく、現在日本に奉仕中の朝鮮人部隊は、適切な時に武器を捨て、連合国に集団投降すると確約したが、これもどこまで本当か不明。
●朝鮮人指導者の一人は重慶に居住する朝鮮人約二〇〇〇人を訓練し、ゲリラ隊員を養成の上、レジスタンス活動に投入したいと重慶の中華民国外交部に申し出た。
●去年の八月、パリ帰還を果たしたドゴール政府は朝鮮暫定政府と非公式の関係を維持するよう重慶駐在フランス大使に指示した。朝鮮暫定政府に対するフランスの同情的関心が込められたこのドゴール通達は二月二十六日に重慶のフランス大使館から朝鮮暫定政府に知らされた。
●重慶に居る朝鮮暫定政府に対するアメリカの姿勢は、中華民国重慶政府の姿勢同様、静観である。日本軍から集団投降した朝鮮人のために、武器を提供できるかどうかについては、軍当局が決定するテーマと位置づけた。
そしてバランタイン極東局長と劉鍇《リュウ・チェ》大使の会談後、重慶のハーリー大使から国務省に次の電文が届いた。

■一九四五年三月一日木曜日

中華民国・重慶駐在アメリカ大使パトリック・ジェイ・ハーリーより／国務省へ
「趙素昂《チョ・ソアン》（Tjo So-wang）という人物が二月二十三日金曜日、当大使館にあらわれ、自分は金九《キム・グ》（Kim Koo）を主席とする朝鮮暫定政府の外務大臣だと述べた後、アメリカによる朝鮮暫定政府への積極的な支援を呼びかける声明を読み上げました。唐突で、とりとめがなく、おそろしく長いこの声明を要約すると、『朝鮮は飢餓に瀕している』『日本支配に対する憎しみは朝鮮半島に住む二千万人の全朝鮮人を対象にした徴兵によって激化の頂点にある』『日本を叩き潰す機は熟した』とあります。その上で、ミスター趙素昴は自分の暫定政府が朝鮮を代表する最も強大な集団なので、アメリカが他の朝鮮人団体ではなく、ミスター趙の政府とのみ直接対話することが最良の分別だと言いました。

こういう事を聞かされた後、私がミスター趙から具体的に要求されたのは次の通りです。

①アメリカ軍は太平洋諸島のどこかと黄海沿岸のどこかで朝鮮人を訓練すること。

②武器供与ならびに資金援助はレンドリースなど朝鮮暫定政府とアメリカで取り決める方法で対処すること。

③アメリカは諜報目的で朝鮮人エージェントを採用すること。

④朝鮮暫定政府が作成する宣伝ビラをアメリカ空軍機が朝鮮半島に散布すること。

さて、これ以外に、ミスター趙は、サンフランシスコで開催される第一回国連総会に在米朝鮮人代表を招待するよう朝鮮暫定政府として要求すると言いました。もう一つ。ミスター趙は近々アメリカを訪問することになるので、迅速なビザ発給のための準備を始めるよう求めました。これについてミスター趙が返答を求めたので、『重慶のアメリカ大使館はミスター趙が要求した内容をワシントンに伝え、その回答をもってミスター趙に結果をお知らせする』と応じました。

右に記した四項目の要求についていかなる処置を取るべきか返電をお願い申し上げます。また、ミスター趙のビザについてもお忘れなきようお願い申し上げます。余談ながら、朝鮮暫定政府は二月二十八日、ドイツに対し宣戦布告しました」

かの民族には、他人から見て自分の姿がどのように映っているか分からないという風評があり、そういう噂そのままの素っ頓狂なミスター趙だったから、結果はすぐに出た。

■一九四五年三月二十日

国務次官ジョセフ・クラーク・グルーより／重慶ハーリー大使へ

「ミスター趙素昻には次の通り返答されますように。

①日本に対する戦争努力にあたり、朝鮮人をどのように処遇するかという問題は軍当局の検討対象である。つまりハーリー大使がミスター趙素昻から要求された四項目を含め、重慶の朝鮮人グループがこれから計画する対日ゲリラ戦は、すべて軍当局の検討対象であり、重慶のアメリカ大使館は回答できない。

②米英ソの合意によって実施が決定した国連創設を記念するサンフランシスコ会議への招待状は、招待枠を拡大し、一九四五年三月一日までに国連加盟国となった国々に対し発送されている。つまり「三月一日までに加盟国」という条件を満たさない国には、招待状は送付されない。よって朝鮮暫定政府には送付されない。

さて、ミスター趙素昻のアメリカ訪問の件でありますが、国務省はミスター趙のアメリカ訪問にどのような意義があるのか把握していません。そこで、重慶の中華民国外交部と状況を検討した上で、その訪問が戦争終結に貢献するようであれば、ミスター趙に対し、ハーリー大使裁量により、ビザを発行することができます。ただし発行するとしても、観光目的の一般民間人用ビザであり、政府役人に発行する外交特権ビザではありません」

グルー国務次官からハーリー大使に送られた電文をもとに、重慶のアメリカ大使館は、三月二十八日に慇懃無礼な書簡を趙素昻へ送っている。これを趙から伝えられた李承晩は大憤慨し、次の通り直接アメリカ国務省に書簡を発した。

■一九四五年四月二十日金曜日

朝鮮暫定政府ワシントン代表・李承晩より／国務省御中

「四月二十五日に開催される記念すべきサンフランシスコでの第一回国連総会に、アルゼンチン、シリア、レバノンが招待され、朝鮮暫定政府には招待状が来なかった件につき、ここに謹んでアメリカ当局の注意を喚起させていただきます。三月二十八日に趙素昴が重慶のアメリカ大使館から受け取った書簡には『一九四五年三月一日までに連合国となった国々のみがサンフランシスコ会議へ招待される』とありました。

三月一日までに連合国となったアルゼンチン、シリア、レバノンが招待枠に入ったのなら、なぜ三月一日よりもずっと前から連合国の一員だった朝鮮暫定政府がサンフランシスコ会議への参加を許可されないのか？　日本の真珠湾攻撃翌日に対日宣戦布告した朝鮮暫定政府は、なぜ国連総会に招待されないのか？

私はこのように問いただしたい気持ちに強く突き動かされています。もしもアメリカ国務省が依然として我々に対する態度を変えないのなら、私は謹んで次の行為に出たい。すなわち、サンフランシスコ会議に招待されると決まったすべての国に対し、朝鮮暫定政府にはこの会議に出席できる資格が無いのかどうかを問い、投票という民主的な方法で白黒をつけよう。それが私には許されるでしょう」

こういう調子で李承晩のうらみ節はこれ以降延々と続き、これを読まされた国務省の極東部門担当者は李承晩の〝怒〟にうんざりした。

ところで、《日本の真珠湾攻撃翌日に対日宣戦布告した》という李の主張は、例えば私はハーバード大学を出ましたという類の学歴詐称者がよく使う第三者証人不在の、いわゆる本人申告である。そして同じように、朝鮮暫定政府主席の金九《キム・グ》と外務大臣の趙素昴は『一九四一年十二月九日に連名で対日宣戦布告をした』と主張しているが、その布告文書は日本政府に届いておらず、また何よりも連合国から相手にされていなかった。

国務省は李承晩の手紙を見て、これはクレーマーの妄言だから放っておけとなったけれど、李承晩とその取り巻きは大まじめだったから、引き続き次の書簡を、今度はトルーマン大統領に送っている。

■一九四五年五月十五日火曜日

朝鮮暫定政府ワシントン代表李承晩より／トルーマン大統領へ

「親愛なるトルーマン大統領閣下

最近明るみに出た朝鮮を信託統治[*4]の下に置こうというヤルタでの秘密合意は、カイロ宣言に反しており、私がそうであったように、大統領閣下も驚愕されたものと推察いたします。

大統領閣下には、朝鮮が秘密外交の犠牲になったのはこれが初めてではないという事実に思いを致していただきたいものです。桂・タフト協定という最初の日米間秘密合意によって朝鮮は日本に売却されました。この売却劇は一九〇五年のことで、それから二〇年間秘密にされていたのです。

いっぽうヤルタでの朝鮮にかかわる秘密合意は第一回国連総会の開催中に明るみに出、幸いにも秘密にされていた期間は三カ月で済みました。トルーマン大統領閣下は朝鮮にかかわるヤルタ合意を白紙撤回するため、ぜひともこれにご尽力いただきたい。それと同時に白紙撤回への訴えを私たちはせねばなりません。それは過去の間違いを正し、三〇〇〇万という朝鮮人のさらなる奴隷化を防ぐ唯一の方法です。

さて、私たちは国連の加盟国審議委員会に対し、朝鮮の正当な権利として国連総会での着席枠を要求すると申し出ましたが、却下されました。本件は大統領閣下の指導力のみで解決でき、そうなれば朝鮮人は国連の場で発言できるのです。大統領閣下、私たちはずいぶん前から国連総会に出席させて欲しいと要求してきたのです。どうかこの要求を叶えて下さい。
もう一つ。私たちは現在、アメリカ軍に、抗日ゲリラ活動を行う上で朝鮮人の巨大なマンパワーを提供したいと申し入れています。私たち朝鮮人は相手が日本人となれば激しく敵愾心を燃やして襲いかかるし、事実、過去四〇年間、まったく孤立無援の中で闘い続けて来ました。今や太平洋戦争の大波が日本列島に近づいており、私たち朝鮮人はより大規模に、かつ効果的な方法でこの戦争に参加したいと望んでいます。米英連合軍は私たち朝鮮人の抗日ゲリラ活動を必要とするでしょう。私たち朝鮮人は日本をより早く敗北させ、アメリカ兵の死傷者数を減らせることが出来るのです。
大統領閣下、私たち朝鮮人はあなたに向かって、連合国がこの戦争の大義としているものを私たちにも与えよと申し上げたい。
大いなる敬意をもって／朝鮮暫定政府ワシントン代表・李承晩」

李承晩がカイロ宣言に反していると激怒したのは、宣言の中で謳われている次の部分、すなわち「米英中三大国は、奴隷状態にある朝鮮人民（the enslavement of the people of Korea）に対し心を痛めている。そして米英中三大国は、時節が来て朝鮮人民が自由になり、独立することを望んでおり、同時にその望みが達成されんことについて決意を固くしている」という部分だった。

すべてが白日のもとにさらされた現在、カイロ宣言がルーズベルト大統領らしい軽薄なリップサービスだったことは明らかになっており、また、同じルーズベルトがヤルタで「朝鮮半島は、当面の間、連合国の信託統治下に置こう」とスターリンに語りかけ、この軽い調子の一言が秘密合意となって、三十八度線を境に南側をアメリカ、北側をソ連へという分割占領に流れていく。

李承晩の直訴状に当たる五月十五日の手紙をトルーマンが本当に読んだかどうか分からない。しかし李承晩はそれから三週間後の六月五日火曜日に、国務省特命顧問フランク・P・ロックハートから返書をもらった。大統領の代弁者だと自己紹介したロックハートは、「カイロ宣言と矛盾するようなヤルタ秘密合意があると言うこと自体、根拠のない噂である」と述べ、「三月二十四日に国務次官補アーチボルト・マクリッシュが、朝鮮は日本から解放され、カイロ宣言の通り独立に向かって歩みを進めるだろうとラジオ広報した事実がある。この放送が朝鮮にかかわるヤルタ秘密合意の存在を否定している」と論旨展開した。もちろんこの放送は、終戦間近の時期になって聞こえてきた李承晩たちの騒音を鎮めるための〝子守歌〟だったことが数か月後に判明する。

さて、このように舌触りの良い説明を噛ました後、ロックハート顧問は次のように文章を続けている。

「サンフランシスコで開催された国連総会の参加国はすべて合法的に構成された統治組織を持っています。しかし、朝鮮暫定政府はそうなっていない。つまりアメリカの承認を得るために必要な資格を有していないのです。朝鮮暫定政府は朝鮮人の代表者とは言えず、移民ないし亡命朝鮮人の間でさえ、朝鮮暫定政府に賛同し、追随する数は限られている。これらの理由から、アメリカは朝鮮暫定政府を認知していないのです」

国連総会に出席する資格がない、という指摘を受けた李承晩は八月十五日という終戦日までの三カ月間に最初の文面と全く同じ趣旨の手紙を三通書き、全部無視された。中でも二通目となる七月二十一日に出した手紙は、ポツダム会談開始五日目に当たり、この時期に、一面識もないトルーマンへ陳情レターを送ること一つ取って見ても、李承晩の自己中心的な性格は病気の域に達している。

※　※　※

ソ連は八月九日に対日参戦し、これを受け、チスチャコフ大将麾下の第二十五軍が満州と朝鮮の国境を越えて、南下を開始。同時にソ連海軍が北朝鮮の清津港《チョンジン》と羅津港《ラジン》を攻撃した。

トルーマンは、昭和天皇の玉音放送が電波にのった八月十五日、スターリンに宛てて長文の親書を発し、トルーマンにはツキも味方した。アメリカの提起この中に初めて《三十八度線》[*5]という言葉が登場する。トルーマンにはツキも味方した。アメリカの提起した三十八度線での分割案に対し、実にあっさりとスターリンが同意したからだ。

かくして、李承晩も金日成も知らない内に、朝鮮半島で米ソによる軍政がスタートしてしまったから、重慶で準備中の朝鮮暫定政府構想は吹き飛び、ソウルで同時進行中だった朝鮮人民共和国構想も米ソに拒否されて同じように消滅した。この流れを裏書きするように、アメリカの国務陸海軍調整委員会[*6]は文書番号一七六をマッカーサー元帥に発行し、元帥はこの文書に基づき、次の布告を行っている。

■一九四五年九月七日金曜日／横浜ホテルニューグランドにおいて

ダグラス・マッカーサーより／朝鮮人民へ

布告第一号（Proclamation No.1）

「太平洋陸軍総司令官として私は以下のように宣言する。

日本帝国と日本国政府ならびに日本国大本営を代表して署名された降伏文書の条項により、日本に勝利したアメリカ軍は朝鮮半島の三十八度線以南を占領する。

長らく奴隷状態にあった朝鮮人民（the long enslavement of the people of Korea）に心を痛め、そして時節が来て、朝鮮人民が自由になり、独立することを望み、これについて決意を固くしている我々アメリカ軍の、この占領の目的は日本と交わした降伏文書の執行であり、もう一つの目的は朝鮮人民の個人生活と信仰の権利を守ることにある。

これらの目的を達成するためには、朝鮮人民の積極的な協力と法令遵守が必要となり、そこで、太平洋陸軍総司令官である私に与えられた権限により北緯三十八度線以南の朝鮮半島住民の軍事的統制を確立するため、次の占領条件を布告する。

第一条　北緯三十八度線以南の朝鮮半島で行使されていた立法・司法・行政の権限は今より私の権

限の下で行使される。

第二条　さらに追加命令[*7]が出るまでの間、朝鮮総督府、地方行政府のすべての上級職員と一般職員は通常業務を引き続き実行し、すべての記録および財産を保存し、保護するものとする。同様に、公共福祉と公衆衛生を含むすべての公共施設と公益事業の当局者と従業員、そして必要不可欠な業務に携わるすべての人は、有給と無給とを問わず、通常業務を引き続き実行し、すべての記録および財産を保存し、保護するものとする。

第三条　北緯三十八度線以南の朝鮮半島住民は私の権限のもとで発行された命令に即座に従わねばならない。占領軍に対する抵抗行動、あるいは公共の平和と安全を妨げる行為は厳しく処罰される。

第四条　朝鮮人民の財産権は尊重される。朝鮮人民は占領軍が特段の命令を出さない限り、今まで通りの仕事につくことが出来る。

第五条　占領軍が軍事統制をするにあたり、その目的を果たすための公式言語は英語とする。朝鮮語または日本語のテキストに曖昧な点や解釈定義の多様性がある場合は、英語のテキストが優先する。

第六条　さらに、宣言、条例、規制、通知、指示、制定が私の権限の下で発行され、朝鮮人民にとって何が必要かを指定する」

布告第一号を発行した翌日（九月八日土曜日）、マッカーサーはホテルニューグランドを引き払い、東京・虎の門のアメリカ大使館公邸に入った。元帥はこの日から一九五一年四月十一日水曜日に退任するまでの五年と七カ月、ほとんど東京を留守にすることなく、毎日決まったリズムで日比谷にある第一生命ビル（ＧＨＱ）に出勤した。

これとまったく同じ九月八日、マッカーサーの部下、ホッジ中将は二十四軍団の一部を率いて仁川《インチョン》港から上陸し、その日に内にソウルの朝鮮総督府に入り、日本軍の武装解除を行った。余談ながら、ホッジは在朝鮮アメリカ陸軍司令部・軍政長官として一九四七年二月五日までその職にあったけれども、歴史に残る自分を強烈に意識したマッカーサーと違い、まったくそういうことに無関心なホッジは、「朝鮮人は日本人同様アメリカの敵だったのに、それが戦後、突然連合国とは、図々しいにもほどがある」と正直な感想を述べた。これを聞いた李承晩はヒステリーの発作を起こし、以来、疫病神としてホッジに取り憑く。

〈註〉

＊1　金日成の敵対者が好む指摘がある。それは、本物の金日成は有名な抗日の英雄で、この人はすでに死んでいたのだが、ソ連当局は金成柱《キム・ソンジュ》に、「朝鮮赴任にあたり、金日成と名乗れ」と命じた。だから「あの金日成はまっかな偽物だ！」という指摘である。さして李承晩などの敵対者に言わせると、この成りすましは臆面もないソ連の小細工だと断言する。なぜ臆面もないかと言えば、本物の金日成は行者のように痩せて背が高く、何よりも白髪の老人だったのに、ソ連当局の作り上げた「金日成」は身の丈一六六センチ、小ぶとりで三十三歳と若かったからだ。この指摘はソ連崩壊後、朝鮮系ソ連人の兪成哲《ユ・ソンチョル》といった人々からの口述聞き取りが確たる証拠となって生き続けたが、二十一世紀になってソ連軍第八十八ライフル旅団長・周保中《ジョウ・バオジョン》ほかに関する情報発掘が進み、意図的な金日成なりすまし説は消え、たまたまこれをペンネームにしたものと理解されている。

＊2　アメリカ人宣教師ウィリアム・アーサー・ノーブル博士はソウル駐在アメリカ大使館の一等書記官ハロルド・ジョイス・ノーブルの実父である。

＊3　李承晩は右半身が反共で左半身が反日だと評されるけれども、本当は徹頭徹尾反日であって、日本本土を朝鮮領土に組み込み、日本人を牛馬同様に使役したいと念じていた。だから反共などはアメリカに調子を合わせるための方便に過ぎない。なお、李承晩がアメリカで残した学歴は、一九〇七年、ジョージ・ワシントン大学で学士号取得、一九〇八年、ハーバード大学で修士号取得、一九一〇年、プリンストン大学で政治学博士号取得となっている。ちなみに、妻はハンガリー人フランチェスカ・ドナー。実子が居なかった李承晩は遠縁の李康石《イ・ガンソク》を養子に迎えた。

この養子は李承晩がアメリカへ亡命する時、一家心中をはかって自殺。

＊4　朝鮮を信託統治下に置く方針はヤルタ会談の席でルーズベルトがスターリンに囁いたことが決定打となっている。なお、信託統治については一九四三年三月二十七日土曜日にホワイトハウスを訪れたイギリス外相イーデンとルーズベルトの会談が発端になっており、以下はその時の模様を綴った大統領顧問ホプキンスのメモである。

◎午後一時から昼食会／ルーズベルト大統領、イーデン外相

◎午後二時四十分から午後四時四十分まで会議／出席者はルーズベルト大統領、イーデン外相、ハリファックス駐米大使、英国外務次官ストラング男爵、コーデル・ハル国務長官、サムナー・ウェルズ国務次官、ジョン・ワイナント英国駐在アメリカ大使、ハリー・ロイド・ホプキンス

◎メモ／委任統治下にあった南洋の島々を連合国の信託統治に置き換えるなど、全体的な考え方が議論され、大統領とイーデン外相はこの方針について歩み寄りの気配が濃厚であるように見えた。大統領はすべての植民地が戦前通り、もとに戻るべきだとは考えないし、望まないことを明らかにした。それは、具体的にはポルトガル領ティモールとフランス領ベトナムを指していた。

＊5　終戦直前の八月十日から十一日の会議の最中、陸軍次官補ジョン・マクロイは朝鮮半島の米ソ占領境界線の策定を陸軍省顧問ラスクと陸軍大佐ボーンスティールに命じた。三十八度線は朝鮮半島をちょうど二分する上、ソウルが南半分に含まれるという理想的なものだったので、二人はこれを勧告した。ラスクとボーンスティールがこの策定作業にかけた時間は三十分だった。

＊6　国務陸海軍調整委員会（SWNCC／スウィンク／State-War-Navy Coordinating Committee）

＊7　第一号布告が発行された九月七日、マッカーサーによって二つの追加命令が発行された。一つは犯罪関連であり、もう一つは通貨関連だった。また、十月二日には日本政府へのマッカーサー通達が出され、これ以降、朝鮮で行政権を行使しないよう指示し、占領軍が朝鮮で唯一の権限であると述べた。

（2）北朝鮮駐在ソ連軍軍政長官シトウィコフ

クレムリンの北西二キロにあるスピリドノフカ通りは端から端まで歩いても十分程度の短い片側一車線道路だが、そこにはペルー大使館、ギリシャ総領事館の他にマキシム・ゴーリキ博物館などがあり、中でも十七番地にある十九世紀末の豪商モロゾフが建てた屋敷は革命期の混乱を乗り越え、ソ連の外務省迎賓館になり、現在もロシア外務省公邸として現存する。

一九四五年十二月十六日にこの迎賓館で開催された戦後二回目となる外相理事会は特に朝鮮半島を巡る騒乱の出発点となっているが、この会議に出席したソ連駐在アメリカ大使ハリマンは淡々と次の書き出しの備忘録を残している。

■会議初日＝一九四五年十二月十六日日曜日
■時間＝午後五時から七時十分まで
■出席者（中華民国は欠席）
　◎ソ連
　外相モロトフ、外務次官ヴィシンスキー、駐英大使グーセフ、国連大使マリク（元駐日大使）、国連代理大使ツァラプキン、通訳パブロフ
　◎アメリカ
　国務長官バーンズ、駐ソ大使ハリマン、国務省顧問コーエン、ハーバード大学総長コナント、国務省欧州局長マシューズ、国務省東アジア局長ビンセント、特命顧問兼通訳ボーレン
　◎イギリス
　外相ベヴィン、外務省常任顧問サー・カドガン、駐ソ大使サー・クラーク・カー、ポルトガル

大使サー・キャンベル、外務省極東局長ベネット、外務省特別顧問サー・ディクソン、通訳マカフィー

■議事内容

「冒頭、モロトフが立って、開会の挨拶とソ連側出席者の紹介をし、それが済むと、バーンズ、ベヴィン両氏が立ち、同様のことをした。その後、モロトフは議事進行手順ならびにプロトコルをポツダム会談同様にしたいと提案し、その上で、ソ連側の総務幹事役にマリクを指名した。同様にアメリカはボーレンを、イギリスはディクソンを指名した。

会議が始まると、モロトフ外相は『九日前（十二月七日）、バーンズ長官[*1]から提出された要討議事項は次の六項でした。ベヴィン外相に異議が無ければこれにそって進めたい』と言った。六項とは《①外相理事会の再開と参加代議員のミッション、②連合国理事会代表と極東委員会代表の任期、③朝鮮統一政府の創設および独立した朝鮮政府の設立に向けて、④中国北部における日本軍の武装解除と日本へ帰還、⑤現ルーマニアおよびブルガリア政府の承認条件、⑥提案条項（原子力エネルギー管理[*2]の国連委員会付託について）》であり、ベヴィン外相は異議なしと応じた。

この日の会議はこの六項目には触れず、諸般の外交プロトコルの取り決めに終始した」

十二月十六日から十二月二十六日まで一〇日間にわたる外相理事会は、しばしばハリマン議事録に記された六項目から逸脱し、頻繁にドイツ問題が蒸し返されている。そういう次第で、《朝鮮統一政府の創設》というテーマのために費やした時間はトータル一時間半そこそこであり、かくして朝鮮問題は「《①米英ソ中四カ国は朝鮮人民による民主的な朝鮮暫定政府の立ち上げに賛成する》《②米英ソ中四カ国は朝鮮を最長五カ年の信託統治の下に置く》《③米英ソ中四カ国は朝鮮暫定政府を立ち上げるため合同委員会（the Joint Commission）を設立する》」とのみ共同声明に記載されて閉幕した。ちなみに共同声明では合

同委員会について詳細に言及しており、その内容は以下の通りとなっている。
■合同委員会の構成メンバーは朝鮮半島の南に進駐したアメリカ軍軍政官代表と北に進駐したソ連軍軍政官代表から成る。合同委員会は朝鮮暫定政府の適切な姿を米英ソ中四カ国に提案し、同時に朝鮮暫定政府がその目標に向かってどの程度前進できたのかを評価する基準書を米英ソ中四カ国に提案する。この提案は米英ソ中四カ国の検討に附され、その後、四カ国がこれを承認した証《あかし》として推奨案という名称に変わる。合同委員会はこの推奨案にそって朝鮮暫定政府の立ち上げを実行に移す。
■次に示すものは朝鮮における合同委員会のより具体的な任務である。
●米英ソ中四カ国は朝鮮を最長五カ年の信託統治の下に置く。これにともない、合同委員会は、朝鮮人民の政治的、経済的、社会的な進歩を援助し、かつ、朝鮮における民主的な独立国家の創設を支援するにあたっての、かくあるべき信託統治の方法を策定する。
●合同委員会は、策定した方法に基づく信託統治を実施することによって、推奨案の質の向上を図る。
●合同委員会が朝鮮暫定政府から相談を受けた時、その内容が米英ソ中四カ国による最長五カ年の信託統治に関連するものである場合、米英ソ中四カ国の共同検討に附される。合同委員会は、その結果を踏まえて朝鮮暫定政府に回答を行う。

※　　　※　　　※

ソ連は金日成という操り人形を《偉大な指導者、民族の太陽》として北朝鮮のトップに押し上げ、これに文句を付ける反抗勢力はスターリン流の粛清であの世に送るかたわら、着々と衛星国朝鮮の建設に動いた。このとき独裁者は初めて極東アジアに建設する衛星国のために、一九四六年一月初旬、テレンティー・フォミッチ・シトウィコフ大将を平壌《ピョンヤン》に送り込んでいる。

シトウィコフ大将

一九〇七年三月十三日にベラルーシ共和国ビテブスクの農民家庭に生まれたシトウィコフは軍人教育をまったく受けていない。もっぱら独ソ戦でのキャリヤで戦略戦術を身につけ、終戦直前、大将になった。非常にスラブ人らしい容貌で、頑丈な顎とフン族の末裔を思わせる高い頬骨に特徴がある。いつも緩めのブーツを履いていたから、お世辞にもスマートに軍服を着こなすというタイプではない。上背は金日成と比べ、首一つ分高く、豪傑笑いでしばしば相手を手玉に取ったから、圧倒された金日成（大尉）は例の歯磨きのコマーシャルのような白い歯を見せて愛嬌を振りまく以外に手は無かった。

シトウィコフ大将が赴任してすぐに着手したのは、アメリカの軍政長官ホッジにレターを届けることであり、一月八日火曜日発信のレターは次の通りだった。

「三十八度線の北側と南側にまたがる喫緊の課題について、これを解決するための持続性のある調整手段を、アメリカ軍司令部との間で検討したい。ソ連側代表はシトウィコフ大将。そして随行員は国連大使代理ツァラプキン、少将シャニン、少将ロマネンコ、顧問バラサーノフ、顧問マヌキアン、顧問ラヴロフ、顧問カルキュリエンコ、技官ブトゥーゾフ、書記官マスロフほか十四名」

かくして合同委員会（the Joint Commission）は一月十八日金曜日午後一時にソウルの徳寿宮《トクスグン》・石造殿《ソクジョジョン》で開催となったが、これに先立ち、米ソ双方は以下十二項目、すなわち、《①北朝鮮から南朝鮮への電力供給と対価、②米、原材料、燃料および生活必需品の流通、③南北間の鉄道、海運、トラック輸送、④海上輸送にともなう南北朝鮮港湾の統一規則、⑤南北間の商品代金信用決済方法、⑥北朝鮮にいる約一〇万人の日本人を本国に送還する問題、⑦軍事境界線に沿って米ソが共同で設立する監視所の是非、⑧南北間の朝鮮人の移動について、⑨南北間の小包を除く通常郵便物の扱いについて、⑩朝鮮半島におけるラジオ放送周波数の割当について、⑪電話および電信における南北間の復旧について、⑫将来発生する経済ならびに行政上の調整措置について》という協議事項[*3]を取り決めている。

ともあれソ連側は合同委員会を敵情偵察の道具と見ている。だからこの会議は何も決まらないどうどう巡りを繰り返したあげく、一九四七年七月二十五日金曜日、四十六回目の会合をもって無期限休会になった。休会はソ連側が申し出たものだが、ベルリン封鎖のようにいきなり言い出したものではなく、その前にアメリア人のレーチ少将がたまたま引き起こした小事件があり、これがきっかけになっている。

「レーチという少将は信託統治が馬鹿げていると発言したそうですな」

スターリンはハリマン大使を呼び出し、いきなりこのようにぶつけた。

ハリマンは、この情報がまったく初耳だったので言葉につまった。

スターリンは、大使が苦しげな様子で何か言おうとしたのを見ると、それを押しとどめ、発言を続けた。

「信託統治を御破算にするという話は通訳の馬鹿げた技量不足のせいにしておこう。それにしても、ああいう席で信託統治がいいの悪いのと言い出すアメリカ人の神経は嘆かわしい。ハリマン大使、モスクワ会議にはあなたも出席していたが、今、朝鮮の合同委員会に名を連ねているツァラプキンもモスクワ会議に出ており、その男がレーチというアメリカ代表の言動に腹を立て、私に報告してきたのだ」

ホッジ中将

この日、ハリマンはスターリンに小突きまわされるだけで終わったから、非常に不機嫌な様子で大使公邸《スパソハウス》に戻ると、「朝鮮駐在で、アーチャー・リン・レーチという少将の人事情報を取り寄せろ。顔写真もだ。どんな顔をしている男か見たい。今すぐ国務省に連絡しろ！」と書記官に命じ、荒々しく執務室の向こうに消えた。

百貨店の愛想の良い催事係のような風采のレーチが演じた軽率な振る舞

いは高いものについた。なぜなら、ソウルの徳寿宮《トクスグン》でツァラプキンはホッジに向かって次のように食い下がったからだ。

「朝鮮の信託統治はモスクワの外相理事会で決定したことです。ところでここに出席しているアメリカの皆さんにそれを白紙撤回できる権限が与えられているのかどうかお尋ねしたい。もう一つ。朝鮮を信託統治下に置こうと言い出したのはアメリカのバーンズ国務長官だったが、東亜日報という朝鮮の新聞は信託統治を主張したのはソ連であり、アメリカは信託統治を望んでいないと報道した。これはアメリカの肩を持ちつつ朝鮮の大衆におもねるという実に不愉快な飛ばし記事だから、アメリカはこれを訂正すべく記者会見をしなければおかしい。やっていただけますかな？」

しかしホッジはこれをうやむやにしようと図ったから、シトウィコフにまたとない破談宣告の口実を与え、かくして合同委員会は空中分解した。

いっぽう、シトウィコフは北朝鮮を完璧な衛星国に改造するために大車輪で働いている。将軍は平壌にソビエト民政庁を設置し、北朝鮮五道人民委員会連合会を組織すると、この委員会に党員数十七万人という北朝鮮労働党を作らせ、名誉議長にスターリンの名前を置いた。次に北朝鮮労働党の中から一一五三名の代議員をつまみ上げ、その中から二三一名のメンバーを選んで最高人民会議を設立し、一党独裁制の骨格を築いている。次に着手したのは国作りの中でもっとも重要な土地の再分配で、これはレニングラードから招聘された二人の農業経済専門家が土地改革新法を起草し、クレムリンが修正を加え、最高人民会議が承認し、金日成が署名した。かくして北朝鮮はソ連型の集権的計画経済体制に変貌を遂げる。シトウィコフはこうして土台を固め、さらに通貨改革を実施し、アメリカ資本主義にのみ込まれないようにするかたわら、北朝鮮軍（朝鮮人民軍／総参謀長は姜健《カンゴン》）の充実を図った。最後にシトウィコフはモスクワから法制度の専門家を招いて北朝鮮憲法草案を作り上げ、これをソ連共産党中央委員会に送って修正を施し、それをスターリンが承認。その上で金日成が署名し、朝鮮民主主義人民共和国社会主義憲法が成立した。この憲法の成立により、以降、北朝鮮は南の政府をいっさい認めず、朝鮮半島で唯一正統な政府であるとしたから、スターリンの死後、憲法改正を行うまで、首都は平壌ではなくソウルだった。またシトウィコフは独ソ戦が始まる直前、フィンランドのカレリヤ地方にあった収容所《グーラク》の建設に一枚噛んでおり、この経験のもと、北朝鮮にソ連式抑圧システムを移植し、ソ連系朝鮮人の方学世《バン・ハクセ》を政治警察長官[*4]に据えて、組織充実を図った。

ところでシトウィコフは最後の最後になって金日成に自分の国の名前をつけろと命じ、金日成が《朝鮮人民共和国》の案を持って来ると、政治委員レーベジェフ中将がこれに民主主義を加え、シトウィコフがOKを出し、《朝鮮民主主義人民共和国》と決まった。北朝鮮に出現した非の打ち所がない警察国家の名前に民主主義を追加する悪趣味にはついていけないが、ともあれ、このエピソードこそは金日成の立ち位置を示す格好の事例である。

一九四八年九月九日木曜日、三十八度線の北側に朝鮮民主主義人民共和国という理想的な衛星国を作ってしまったシトウィコフはこの日以降、平壌駐在の初代ソ連大使になる。大使と言っても実質は総督であり、ちなみに、金日成がスターリンに初のお目見えを果たしたのは一九四六年七月のことで、以後、シトウィコフ大使を後見役として年に一度のモスクワ詣でが始まった。

〈註〉

＊1 バーンズは一九四七年一月二十一日に国務長官を解任された。

＊2 《国連原子力エネルギー管理委員会》はまったく機能しないまま一九五二年に解散した。

＊3 十二項目とは別に、アメリカが提起し、ソ連から討議拒否された案件は六項目あった。それは《①満州の石炭

と農産品を北朝鮮経由で南朝鮮に輸送する問題、②一元化された金融システム制定の問題、③商業団体本部の支店を北朝鮮に置く件、④南朝鮮の新聞を朝鮮半島全域に流通させる件、⑤朝鮮半島全域での産業機器など資本財接収の件、⑥合同委員会の議事内容を新聞に発表する件》で、特に④⑤⑥は最初から問答無用の扱いをうけた。

＊4　万学世《バン・ハクセ》というシトウィコフが育て上げた北朝鮮のベリヤは長らく国内抑圧機関のトップに君臨し、最高裁の長官を兼務し、一九九二年に天寿をまっとうした。

（3）アメリカの朝鮮半島放棄政策

「第二次大戦前、少数の宣教師を除き、アメリカ人は朝鮮についてアジアの果ての不思議な土地ぐらいの貧弱な知識しかなかった。一九四五年九月八日に《朝凪《あさなぎ》の地（the land of the morning calm）》という別名がついた南朝鮮へアメリカの占領軍が上陸するまで、この地を知る機会に遭遇したアメリカ人は稀である」

これはトルーマン回想録に書かれた大統領自身の述懐だが、この短い文章が示す通り、アメリカは日本の突然の降伏で完全な政治的真空地帯となった朝鮮半島をどう扱うべきか方針が定まっていなかった。だからシトウィコフを起用したソ連と違って実に不用意にホッジという政治音痴の将軍に三流の政治顧問を付けて問題を現地に丸投げしたのだが、このトルーマン政権の判断ミスによって、アメリカは朝鮮戦争に引き寄せられていく。

ところで軍政長官のホッジを狼狽させた険悪な空気がソウルに満ち溢れたのは、「朝鮮は五年間の信託統治のもとに置かれる」というニュースが飛び込んで来た時のことで、以来、南朝鮮はデモ、ゼネスト、暴動、テロ、流言飛語で溢れかえり、スターリンの手先となった共産党オルグに絶好の活動の場を与えた。

余談ながら、二十一世紀になっても、朝鮮半島の南半分では共産党オルグに代わって北朝鮮工作員が活躍中であるから、本質は何も変わっていない。ともあれ信託統治をめぐる南朝鮮での混乱は日を追って激しくなった。それは以下に記載する二つの電報からも見て取れる。

■連合国最高司令官ダグラス・マッカーサー元帥へ／在朝鮮米陸軍軍政長官ジョン・リード　・ホッジより／ソウル発一九四五年十二月三十日日曜日

「次に紹介するのは金九《キム・グ》（Kim　Koo）という朝鮮暫定政府の主席が私に手渡した書簡です。いつものことですが、彼等は何のアポイントも取らず当然といった顔で軍政庁にやって来ます。

『我々朝鮮暫定政府は、朝鮮を信託統治の下に置くというモスクワ会議の声明に対し次なる理由をもって大反対する。

①この声明文は民族自決の原則を信奉するすべての朝鮮人民の希望を踏みにじった。それは第二次世界大戦中、カイロ宣言などによって連合国が繰り返し我々に与えてきた保証を覆すものだ。

②朝鮮での信託統治は国連憲章第十二章のどれにも当てはまらない。朝鮮に信託統治を持ち込むならば、かならず極東の平和破壊に繋がるだろう。朝鮮即時独立のため、ならびに世界平和のため、我々は信託統治に大反対する。

朝鮮暫定政府主席・金九』

この書簡の宛先はモスクワ会議当事国の元首トルーマン大統領、スターリン大元帥、アトリー首相、蒋介石総統となっています。おそらくこの書簡が私の手から四人の元首に送られることを希望してのものでありましょう」

ホッジ中将は優秀な戦闘指揮官であったかも知れないが、政治や外交についてはまったく無能で、当然ながら国連憲章などに目を通したことはない。ましてや朝鮮人の一風変わった論理展開など知るよしもないから、いかにものん気に金九レターをマッカーサー元帥に転送した。そして元帥は朝鮮暫定政府主席という肩書が馬鹿げた虚勢だと見たから、まるで興味のない紳士服のダイレクトメールのようにこれを国務省に放り投げている。

そして電報をもう一つ。

■国務省極東部長ジョゼフ・W・バランタインへ／国務省顧問アーサー・B・エモンズより／ソウル発一九四五年十二月三十日日曜日

「共同声明のニュースを聞いて幻滅した朝鮮人運動家たちの激しい感情はまたたく間に極端な怒気へと変化しました。五カ年の信託統治という結果は運動家たちの心の内で、理性を超えた無思慮で激烈な怒りの発作を引き起こしたのです。

ここ数日、ソウルでは主に朝鮮日報《チョソンイルボ》や東亜日報《トンアイルボ》の記事、および民族主義団体が作ったビラとポスターが《信託統治、絶対反対》を煽り、その結果、ソウルの小さな通りで抗議デモがありました。公共機関での深刻な暴発はありませんでしたが、それでも職場放棄や小規模のサボタージュがあり、これに同調した店舗や事業所が抗議表明のためシャッターを下ろしました。

ホッジ将軍は朝鮮の政治指導者たちに対し、『朝鮮暫定政府を創設し、三十八度線を解消して朝鮮半島を一つの国土とすることは、朝鮮の完全な独立への重要な一歩である。そういう輝かしい成果を見据えているモスクワ会議の共同声明は満足すべきものであって、疑惑や激怒と結びつけるべきではない』と説明し、また、これを新聞やラジオ放送で広報しました。過激な朝鮮人政治指導者たちは『信託統治の白紙撤回』という言質を取ろうと詰め寄って来ましたが、ホッジ将軍は『静かで客観的なものの見かたこそが、最終的な朝鮮の独立を助け、その日の到来をより速やかなものにするだろう』と応じています。ところで北朝鮮では信託統治のニュースがまったく報道されていません。ソ連当局は、気まぐれで激昂しやすく付和雷同傾向の強い朝鮮人を落ち着かせるには沈黙が一番だと思っているようです」

さて、大邱《テグ》十月事件と大規模デモに明け暮れた一九四六年が過ぎ、翌年三月十三日木曜日、政治活動費を確保すべく朝鮮の鉱山採掘権を売却しようという思惑でニューヨークを訪れていた李承晩はトルーマン大統領に以下の手紙を出した。

■李承晩より、ご信頼申し上げるトルーマン大統領閣下へ

「どうか私に、昨日の大統領の歴史的な年頭教書演説に対するお祝いの言葉を述べさせてください。

大統領は全世界の自由を渇望する人々に対し、新しい希望を与えました。私はあなたが述べられた共産主義に対するアメリカの勇敢な政策に賛同し、これに従います。そして、どうか在朝鮮米軍軍政当局に対しあなたの方針に従うよう命令を出してください。アメリカの軍政当局はあなたの方針に従わず、合同委員会で共産主義者との相互協力に力を注いでいます。それを止めるよう大統領から命じてください。

朝鮮はギリシャと同様の深刻な状況にあり、そういう場面に遭遇している朝鮮の愛国者たちは大統領の感動的なメッセージによって、自由のために戦い抜くべく大いに励まされています。直ちにアメリカの占領地域で朝鮮の暫定政府を打ち立て、堅固な防壁を築き上げるならば、共産主義の害毒は封じ込められ、速やかな南北朝鮮の統一に向かうでしょう。敬具」

李承晩が感激した年頭教書とはギリシャとトルコの復興援助に四億ドルを投じ、共産党の脅威に断固立ち向かうとした一九四七年三月十二日付けのトルーマン・ドクトリンを指している。

この日の李承晩レターは短い。いつもは意味もなくただひたすら長いのに、短かかったから、その分、印象は強くなり、その結果、これを目にした陸軍長官ロバート・ポーター・パターソンはアメリカの軍政当局者うんぬんという記述に驚き、気分を害した。自国の政府中枢が侮辱されたような気がしたのだ。

パターソン陸軍長官

――李承晩とはいったいどんな奴だろう？

そう思った長官は、今までホッジから送られて来た電文ほか関連文献を精査し、その結果、長官の脳裏に一つの奇怪な人間像が浮かび上がった。

それは一言でいうと、人を顎で使うことに無上の喜びを見いだしている頭がおかしい老人だった。政治学博士号を持つメソジスト会宣教師という李承晩の経歴はその後の人格形成に活かされてはおらず、宗教者が放つ慈愛、謙虚、清廉のオーラはみごとにゼロ。世界は自分を中心に回っているという傲慢の毒気を全身から放っており、おかげで、うぬぼれの強さだけは桁外れだが、いかなるわけか朝鮮の独立はいっさいアメリカにおまかせ。自助努力の末に独立を成し遂げようとは露ほども考えていない。

――こういう生き物がいるとは恐れ入った！

これがパターソン長官の印象だったけれども、この時は、李承晩が人民の命を軽視する無責任で腐敗した為政者だとは思ってもみなかった。

パターソン長官が驚き呆れたのは、李承晩に独立後の新生朝鮮に対する具体的ヴィジョンが無かったことだが、それ以上に朝鮮を独立させる手段についての李承晩ロジックを知って気分が萎えてしまった。そのロジックは、「憎むべき日本を放置し、朝鮮を併合するままにさせておいたアメリカには朝鮮を復興させる責任がある。だからアメリカは朝鮮をピカピカに磨き上げるためヒト・モノ・カネを投入し、汗を流さなければならない。それは子が年老いた親を大切にするのと同様、アメリカは朝鮮を大切にしなければならない」という異様な理屈だった。

パターソン長官は浅ましい瘋癲《ふうてん》老人の世迷言に触れてあっけに取られ、そして次の瞬間猛烈に怒りがこみ上げ、その日一日、食欲を失った。しかし、李承晩の脳内世界ではパターソンの方がよっぽど変な生き物だったから、アメリカが思い通りに動かず、期待が外れるたびに李承晩は癇癪を起し、絶叫を繰り返している。

李承晩の、泣いて喚いて地団太を踏むという独特の気質は、トルーマン大統領も手を焼いた。先に述べた通り、朝鮮半島に対し、トルーマンにはおそろしく曖昧な信託統治という一字があっただけで、それ以外の具体的方針は何も無い。この点、スターリンには朝鮮半島に衛星国を建設するという大方針があり、こういう米ソ両国の指導者の姿勢を反映し、三十八度線の北側には周到に準備された警察国家特有の不思議な安定が生まれ、南側には民主主義など何も理解していない烏合の衆が引き起こす実に不安定な社会が出現した。

――日本から解放してやったのに、何が不満だ！

ヨーロッパの復興で手一杯のトルーマンは辟易し、苛立っている。いっぽう、内容が伴わず、妄想を抱くだけの李承晩は、独立の準備がまったく出来ていないというのに、ひたすら独立を望み、信託統治は嫌だと駄々をこねた。根負けしたトルーマンは、バーンズ長官を馘《くび》にしたついでに、長官の置き土産だった朝鮮の信託統治をトーンダウンさせている。

しかし李承晩の奇矯な振舞いは一向におさまる気配がなく、この男が煽ったゼネストほか無数の騒擾と暴動がアメリカ政府中枢に報告されたから、トルーマンは嫌気がさし、朝鮮からの早期撤収という空気を生み、ケンブリッジ・ファイブというスパイ・エージェントがこれをクレムリンに伝えたので、スターリンは李承晩というソ連にとって都合のいい馬鹿者の存在を大いに喜んでいる。

米ソ両国の朝鮮早期撤収の具体的な動きは一九四七年七月に起きた。

きっかけはアメリカ国務省が提起した以下三点の朝鮮復興支援計画だった。

①朝鮮への支出は今後三年間で五億四〇〇〇万ドルを見込んでいる。
②この内、二億一五〇〇万ドルは一九四八年度の支出となる。
③追加計上する経済支援は《四年目＝約五〇〇〇万ドル》《五年目＝約四〇〇〇万ドル》《六年目以降＝年間二五〇〇万ドル》となる。

これを聞いてパターソン陸軍長官は説明者のアチソン国務次官に次の質問をした。

「占領期間を通じ、アメリカ陸軍はすでに朝鮮のために救済援助予算を計上し、毎年一億ドル相当の食糧、医療品、燃料、その他消費財を供給していますが、向こう三年間で五億四〇〇〇万ドルという支出の中にすでに計上済みの救済援助予算一億ドルは含まれていますか？」

「含まれています。救済支援は人が生きて行くために我慢できる必須基準ですが、これだけでは南朝鮮は元気になりません。生産性を向上させ、自立させるためには経済支援が必要です」と、アチソン。

「欧州復興支援モデルを南朝鮮に適用しようという趣旨はよく分かりました。しかし、南朝鮮では製造産業が育つ下地が無いから、どれほど経済支援を注ぎ込もうと、それを回収することはできません。だいいち朝鮮は、大戦中の空爆被害はほとんどゼロですから復興《リカヴァリー》という言葉は不適切ですな。ともあれ朝鮮への経済支援はまったく無意味ですよ」と、パターソン。

トルーマン・ドクトリンと一対になっている戦後復興支援は慈善事業ではない。戦禍で荒廃した産業基盤を復旧して〝金の成る木〟に育て、速やかに〝豊かな実り〟を収穫する。そのための投資事業である。それを承知していたパターソンは、朝鮮への投資は最初から回収不能と分かっている不良債権と同じだ、という身も蓋もない言葉をぶつけたが、このときパターソンはさらに衝撃的な追い打ちをかけた。

「アメリカはソ連と違います。気に入らない者は収容所にぶち込んで強制労働をやらせるというのはソ連の統治方針であり、北朝鮮でソ連の軍政長官は同じようなことをやっているでしょう。しかしアメリカは南朝鮮でソ連型の恐怖政治を敷くわけには行きません。したがって、アメリカは朝鮮でアメリカの政策を実施できません。トルーマン大統領から、日本が降伏してから十九カ月以上が経つのに、朝鮮では何一つ進展していないという指摘がありました。しかしこれは進展する方が不思議なのです。朝鮮人に対しどれほど辛抱強く丁寧に言って聞かせても、アメリカ人は恐怖によって朝鮮人の激情を抑えられないから、言うだけ無駄です。紳士的な対応が通じる相手ではない。ところで東アジア有事の際、絶対に譲れないアメリカの防衛線はアリューシャン列島、日本、沖縄、フィリピンを結ぶ線だということが統合参謀本部の暗黙認識となっており、その含みをもって東京にマッカーサー総司令部が置かれています。防衛線の外側にある朝鮮に長居しても良いことはない。朝鮮放棄を真剣に考えるべき段階に来ているのではありませんか？　アメリカ軍の兵員不足という深刻な現状を直視するなら、三十八度線の南に駐留している二個師団四万五〇〇〇の兵力は朝鮮以外のどこか別の場所で使った方が理にかなっています」

この主張に対しアチソン国務次官は不満の意を表したが、パターソンはこれに応酬する際、本音をさらけ出した。

「これ以上朝鮮に深入りすると、良くないことが起きる。朝鮮人の激情は極東および世界におけるアメリカの地位に対し、おそろしく有害な状況を作り出し、あるとき突然アメリカ軍を朝鮮からの撤退に追い込むでしょう。占領による地域の安定化は日本が容易なのに対し、朝鮮はそうではない。朝鮮は世界でも指折りの厄介な占領地域なのです」

これを聞いたトルーマンは陸軍中将ウェデマイヤーを大統領特使として朝鮮に派遣し、勧告書を出させることで決断を延伸した。

しかし一九四七年九月十九日に提出されたウェデマイヤー勧告もパターソン見解と同じだった。それは《①喫緊の問題》《②軍政当局の今後のあり方》《③アメリカの目的実現に対する妨害》《④朝鮮に対し、すべての支援を中止するのか、それとも現在のアメリカの政策を継続するのか》という四章から成っており、冒頭は次の通り、アメリカと朝鮮の交流史に触れている。

「一八八二年五月二十二日締結の米朝修好通商条約をもってスタートしたアメリカと朝鮮の交流は清国の権限が不当に強く、当時の朝鮮は独立国とは言えない」

そして勧告文書の最後に至り、「朝鮮に軍隊や基地を維持することは、アメリカにとってほとんど利益にはならない。ソ連軍とアメリカ軍の同時撤退を前提として、南朝鮮にいる二個師団四万五〇〇〇名は撤退させるべきである」としていた。

トルーマン政権が採用した方針は、「国連に丸投げし、手を引く」だったが、どのような途中経過をたどってそこに行き着いたのかについては、一九四七年九月二十六日金曜日にフォレスタル国防長官からマーシャル国務長官にあてた次の覚書がそれをよく語っている。

《フォレスタル覚書》

★朝鮮占領軍はこれを維持する上でかなりの負担となっているにも関わらず、極東でアメリカに対する敵対行動が起きた場合、陣地を維持することもできない。また、アジア大陸でアメリカ軍が本格的な攻勢を取ろうとする場合、朝鮮半島を迂回する公算が大きい。仮に、もしも朝鮮半島で敵が空軍と海軍の基地を設営するならば、敵は中国東部、満州、黄海、日本海、および隣接諸島において、アメリカの通信と輸送のインフラを妨害することができるだろう。だが、そのような妨害は、敵に相当な空軍力と海軍力が無ければ実現しない。アメリカの空軍力を制圧できない状態で妨害に出た敵はアメリカの空軍力によって無力化されてしまうだろう。この方法は大規模な地上作戦よりもコストが少なくて済む。

★グローバルに俯瞰した場合の深刻な兵員不足は、朝鮮占領軍二個師団四万五千名を他の地域に投入することでかなり解消できる。朝鮮占領軍が南朝鮮からいなくなることによって、ソ連が南朝鮮を占領し、日本を攻撃する軍事体制を構築したとしても、アリューシャン列島、日本、沖縄、フィリピンを結ぶ防衛線を突破するだけの海軍力がソ連には無いので、アメリカ極東軍の軍事的優位性は損なわれない。

★現在、朝鮮占領軍は半島での疫病の流行と暴動の発生を未然に防止することが主目的になっている。このため朝鮮占領軍は、アメリカの安全保障にはまったく役に立っていないのに、非常に多くの出費を強いられている。もう一つ。朝鮮占領軍は足もとの危険にさらされている。これを裏付ける朝鮮の実態を調査したウェデマイヤー将軍の報告書には次の記述がある。

『李承晩のグループと金九のグループと共産党オルグが三つ巴になって抗争を続けている南朝鮮は無秩序、無統制な混沌状態にある。朝鮮占領軍がその権威を損なうほどの暴力的、反社会的な破壊行為が蔓延する南朝鮮では、余程徹底した経済的、政治的、文化的な社会復帰訓練を施さない限り、風土病とも言えるこの地の住民の落着きのない付和雷同気質を治すことは不可能だろう』

★このような状況下での朝鮮撤収はアメリカの威信を低下させてしまうかも知れないが、敢えてそれをやらなければ、アメリカの安全保障にとって、より重要な他の分野における協力関係に悪影響を与える。そうなってしまっては元も子もないのだ。

※　　　※　　　※

撤収と決めたアメリカの次なる一手は朝鮮独立を国連へ丸投げすることであり、これによって朝鮮問題に幕引きを図るためトルーマン大統領はアメリカ国連大使ダレスにその大役を一任した。

安全保障理事会の常任理事国には拒否権がある。しかし国連総会の方は多数決だったから、辣腕のダレスは朝鮮マターを国連総会の決議事項に持って行き、一九四七年十一月十四日金曜日の本会議で、《国連臨時朝鮮委員会の設立》を中核とするダレス案を提出。

この案は票決[*1]に回り、五十一対〇、棄権六で《国連総会決議第１１２号》として採択された。なお１１２号決議内容は次の通り。

（１）近く国連に招待される南北朝鮮代表団が朝鮮半島に駐留する米ソ両国占領軍の恣意によって選ばれた代表団ではなく、真実、南北朝鮮人によって公正に選出された代表団であることを確認するため、国連総会は《国連臨時朝鮮委員会（ＮＵＴＣＯＫ／The United Nations Temporary Commission on Korea)》を直ちに設立する。

（２）国連総会は朝鮮の独立が達成されなければならないと考えており、そのため、朝鮮半島に駐留する米ソ両国占領軍は可能な限り速やかに撤収されるものとする。

（３）国連総会は以下の事柄を再確認する。すなわち国連総会は、南北朝鮮人の自由と独立について正しく公平に解決するため、国連臨時朝鮮委員会（以下《ＮＵＴＣＯＫ》と言う）の設立を決定した。これを踏まえ国連総会は、ＮＵＴＣＯＫが南北朝鮮に存在する問題を迅速に解決する目的で朝鮮半島を旅行し、観察し、住民の相談を受け付ける権利を付託した。

①ＮＵＴＣＯＫメンバーは次の国々の中から選出される。それはオーストラリア、カナダ、中華民国、エルサルバドル、フランス、インド、フィリピン、シリア、ウクライナである。

②南北朝鮮人の代表者となる朝鮮議会の国会議員選挙は、ＮＵＴＣＯＫの監督下で、一九四八年三月三十一日までに、成人参政権保有者の無記名投票によって実施される。選出された議員は朝鮮の自由と独立を迅速に達成するため朝鮮政府を設立することができる。なお各投票区域から選出される議員の数は投票区人口に比例していなければならない。

③選挙で選出された議員は速やかに国会を招集し、国家を形成し、これをＮＵＴＣＯＫに通知しな

ければならない。そして新しい朝鮮政府はＮＵＴＣＯＫと協議の上、以下を実施する。
・朝鮮政府は自国の治安部隊を創設する。この治安部隊に含まれない軍隊または軍隊に準ずる組織は解散される。
・シビリアンコントロールの原則のもと、占領軍が保有していた行政機能は朝鮮政府が引き継ぐ。
・朝鮮半島に駐留している米ソ両国占領軍は朝鮮政府と協議し、国家形成後九〇日以内に朝鮮からの撤収をはかる。
④ＮＵＴＣＯＫメンバーを出した各加盟国は関連する事柄への援助と充実の責任を負う。
⑤すべての国連加盟国は、朝鮮が自身の独立を確立するための準備期間中、その作業に干渉しないよう配慮すること。また、すべての国連加盟国は、朝鮮の独立が達成された後、朝鮮の主権と独立を冒瀆する行為は完全につつしむこと。

ソ連はこの決議が不愉快だったから、ＮＵＴＣＯＫメンバーが北朝鮮に入ることを拒否し、シトウィコフ大将に宛てた通信文書の受け取りも拒否した。こういう次第で、《一九四八年三月三十一日まで》と期限を切った総選挙は五月十日に伸び、その間、済州島《チェジュド》住民六万人虐殺という四・三事件の他、南朝鮮各地で多数のテロ犠牲者が出た。総選挙はこういう状況下で行われたのだ。

トルーマンは回想録で、歴史始まって以来の自由選挙を経験した朝鮮について次のように述べている。

「一九四八年五月十日に実施された自由選挙は、共産党が暴動を起こして選挙妨害をしたにもかかわらず、九十パーセント以上が投票した。選出された議員は五月三十一日に第一回会議を開き、この会議で李承晩が議長に選ばれ、次いで憲法を書くことになり、この仕事は七月十二日に完了し、制憲憲法[*2]（the first constitution of South Korea）として七月十七日に公布された。李承晩は大統領に就任し、八月十五日日曜日に大韓民国（ＲＯＫ＝Republic of Kora）の樹立を正式に発表し、アメリカの軍政は終わった。新政府は数個の警察ないし保安隊の指揮を引き継ぎ、資産や財政の後始末は九月十日に完了した。いっぽう、ソ連は李承晩政権に対抗して九月九日木曜日に朝鮮民主主義人民共和国（DPRK＝Democratic People's Republic of Korea）の成立を平壌で宣言した。ついで一〇日後、ソ連外務省はモスクワのアメリカ大使館に、すべてのソ連軍は一九四八年十二月末までに北朝鮮から撤収すると通告してきた。しかし我々はソ連が北朝鮮に《人民軍》を創設しているのを知っていたし、共産主義の南朝鮮への浸透がかなり激しいものだということも知っていたから、李承晩の新政府は、万一攻撃を受けた場合には、抵抗できないことも承知していた。我々は韓国が存続できる目算は立たないものかと慎重に検討し、出した結論は新政府に訓練と装備が整った彼等自身の軍隊を与え、幼い国が潰れないようアメリカから軍事顧問団（KMAG＝Korean Military Advisor Group）を派遣することだった。私はこれを一九四九年四月二十八日に承認し、かくしてアメリカは韓国に、第一陣四八〇名、最終的には五千名にのぼる軍事顧問団を派遣した。こうした措置をほどこした後、アメリカの占領軍は一九四九年六月二十九日に朝鮮半島から撤収した。[*3] そして一九五〇年一月二十日、私は韓国の軍事力成長を図るため装備品供給に主眼を置いた米韓防衛協定[*4]に署名したが、それでも私は韓国の状態を引き続き危ぶんでいた。

　私が朝鮮半島からの占領軍撤収を承認した理由の一つは、小さいものではあるけれど、朝鮮という若い国の政治論争に巻き込まれる危険を感じたからである。李承晩は激昂タイプの奇矯な性格で、意見を異にする者を許さなかった。アメリカの占領軍は李承晩の気まぐれな暴走を押さえ付ける頑丈な壁の役割を果たしていたけれども、撤収によってその壁は取り外されることになった。私は李承晩の狂信的な対外強硬主義《ジンゴイズム》に基づく弾圧姿勢を好まなかったし、かつ、韓国政府が自国のひどいインフレに注意を払っていないことを苦々しく思っていた。しかし事がここまで来てしまった以上、我々は李承晩を支持する以外に方法が無かった。我々は李承晩に農民第一主義による南朝鮮の安泰を望んだ。農民の繁栄をはかることのみが安泰を導き、これのみが共産主義者に社会不和の煽動を諦めさせる最良の処置だったからだ」

ところで、大韓民国の創設を強力に肩入れした《国連総会決議112号》には《国連総会決議195号》という続編があり、これは数ある朝鮮戦争の火種《ひだね》の一つになった。アメリカが働きかけた《195号》は表題に《朝鮮の独立に関する問題（The Problem of the independence of Korea)》とあり、一九四八年十二月十二日日曜日、国連総会第一八七回本会議で投票となった。この時は新たにミヤンマーが国連加盟国になっていたから、加盟国総数は五十八。反対票を投じたのはソ連、ベラルーシ、ウクライナ、チェコスロバキア、ポーランド、ユーゴスラビアで、結果は五十二対六で採択。

そこで《決議195号》だが、これは前文を含め九項目から成っているけれども、肝心な部分は次の二項目であり、このような金日成の北朝鮮政府を頭から否定する国連総会の宣言は、話し合いによって朝鮮半島に統一政府を立ち上げる道を事実上閉ざしている。

①国連総会は、国連臨時朝鮮委員会（ＵＮＴＣＯＫ）から朝鮮のさまざまな姿をつぶさに観察し、かつ、これら朝鮮の住民から多くの意見と相談を受け付けた旨の報告書を受理した。よって国連総会は、朝鮮初の総選挙がＵＮＴＣＯＫ監視下で、住民の自由意思に基づいて実施されていることを認めると同時に、このようなプロセスを踏んで創設された大韓民国政府が朝鮮唯一の合法的な政府であると宣言する。

②国連総会は、《朝鮮の独立と統一》という目標の完全達成を果たすため、国連臨時朝鮮委員会（ＵＮＴＣＯＫ）を解散し、新たに国連朝鮮委員会（ＵＮＣＯＫ）をソウルに設置する。ＵＮＣＯＫのメンバー国は、オーストラリア、中華民国、エルサルバドル、フランス、インド、フィリピン、シリ

アの八カ国とする。

〈註〉

＊1　112号決議の票決にたずさわった当時の国連加盟国は五十七カ国。国名は、アルゼンチン、オーストラリア、ベルギー、ボリビア、ブラジル、ベラルーシ、カナダ、チリ、中華民国、コロンビア、コスタリカ、キューバ、チェコスロバキア、デンマーク、ドミニカ、エクアドル、エジプト、エルサルバドル、エチオピア、フランス、ギリシャ、グアテマラ、ハイチ、ホンジュラス、インド、イラン、イラク、レバノン、リベリア、ルクセンブルグ、メキシコ、オランダ、ニュージーランド、ニカラグア、ノルウェー、パナマ、パラグアイ、ペルー、フィリピン、ポーランド、ロシア連邦、サウジアラビア、南アフリカ、シリア、トルコ、ウクライナ、英国、米国、ウルグアイ、ベネズエラ、ユーゴスラビア、アフガニスタン、アイスランド、スウェーデン、タイ、パキスタン、イエメン。票決に際し棄権した国は、ロシア連邦、ベラルーシ、ポーランド、チェコスロバキア、ウクライナ、ユーゴスラビアという六カ国だった。

＊2　韓国の憲法は現在までに九回の改憲を行っている。

＊3　正確に言えば、アメリカは一九四八年六月八日から撤収を開始し、一九四九年六月二十九日に撤収を終えた。いっぽうソ連は一九四八年十月十九日から撤収を開始し、同年十二月二十八日に撤収を終えている。

＊4　李承晩のジンゴイズムを警戒したトルーマンは戦車、軍用機、重火器など攻撃目的に使用できる兵器を一切韓国軍に供給していない。朝鮮戦争初期における韓国軍のみじめな敗走はこれが原因だとも言われている。

（4）戦乱の兆し

①初代駐韓アメリカ大使ムチオ

「親愛なるトルーマン大統領閣下
昨日八月三十一日、ムチオ大使から『大韓民国のご多幸をお祈り申し上げます』という大統領親書を頂戴いたしました。私はたいへん感激しております。大韓民国の樹立を促したものは一九四七年十一月十四日の国連決議であり、この決議はアメリカ合衆国政府の働きかけによって実現しました。私は貴国の手厚いご配慮に対し、深甚なる感謝の意を表します」

これは一九四八年九月一日水曜日に李承晩大統領からトルーマン大統領に送られた書簡だが、ことの経緯を述べると、この年の八月十五日に大韓民国は独立を宣言しており、この慶事を受け、トルーマン政権はソウルにジョン・ジョゼフ・ムチオという特使を派遣し、「建国を祝す」という親書を届けた。李承晩レターはそのことに対する返礼である。

ところでアメリカは国連を操って大韓民国を作り上げたにも関わらず、その独立承認は翌年一九四九年一月であり、従って李承晩が返書を発した時、ムチオ[*1]は大使ではない。そういうムチオを《大使》と呼んだ李承晩の姿には「大国アメリカから大使を迎えたのだ」という背伸びが見て取れる。

さて、李承晩はお礼の言葉をそこそこに切り上げると、次のように返書を続けている。

「過去三年間、私たちはアメリカ人からもたらされる安全保障と経済再生のための恩恵に浴してまいりました。創設成った大韓民国政府の立場はアメリカ人の惜しみない善意を継承するためにあると言っても過言でなく、しかも、以下に述べることがらにより、引き続きアメリカ合衆国政府に大いなる経済支援をお願い申し上げる次第です。

　敗戦国となった日本は、我が国が以前に保有していた他国との貿易関係を完全に破壊し、これによって大韓民国の経済に大打撃を与えました。それだけではありません。日本は朝鮮半島を南と北に分割し、南は農水産だけの地域、北は鴨緑江の水豊《スプン》ダムから得られる電力をもとにした製造工業だけの地域としてしまい、南朝鮮の地で独自に発展していた化学技術産業基盤を北朝鮮に移し替え、南朝鮮の大切にしていた利益を奪ったのです。日本による収奪は正常な資本投資を妨げ、設備資産の劣化を招き、政情不安を呼び寄せました。これらに加え、四〇年に及ぶ日本の製造工業独占によって、大韓民国は技術者ゼロという腹立たしい事態に直面しています。これら日本から被った莫大な損害を修復するためには、日本への制裁はもとより、アメリカの経済支援と技術支援無くして解決はできません。

　それから大韓民国は、なおその上に、アメリカ合衆国政府の人道的配慮がきっかけとなった四〇〇万人の難民流入被害という深刻な問題を抱えています。特にこれら難民の内、二〇〇万人以上は共産主義北朝鮮から逃れ、大韓民国政府の保護を求めて来た人々であり、この共産難民への食糧供給を含む生活保護は、アメリカの支援無くして解決はできません。

　大韓民国政府には朝鮮半島において経済復興を果たすという重大な役目があります。しかし、先に述べた難題を抱えている以上、この役目を成し遂げるには、自助努力だけでは解決できません。私は大規模な経済支援を貴国政府に強く要請します。貴国の援助によって、我々は秩序および安全保障を確保し、これと並行して生活必需品と生産機械装置を国民に供給し、国民の活動に生気を与えたいのです。なにとぞ貴国の温情に満ちた経済支援を賜りますよう、ご配慮をお願い申し上げます」

このレターが物語る通り、臆面もない被害者のポーズをとる李承晩の姿は、誕生したばかりの途上国にありがちな《おねだり大統領》そのものである。だから戦後直ちにソウル入りした軍政長官ホッジは李承晩の〝毒気〟をまともにくらって驚いた。なぜなら李承晩は、人の顔を見れば無理難題を吹っかけ、二言目には強烈な値引きを要求するたちの良くない顧客のようなものだったからで、これに辟易したホッジは「邪悪で情緒不安定、冷酷で腐敗し、度し難いお天気屋」という捨て台詞を残し、後をムチオに委ねて本国に帰っていった。

李承晩は、アメリカと国連に大韓民国を作ってもらったまでは良かったが、そこから先はお先真っ暗だったからご機嫌斜めだった。無理もない。国は独立し、大統領にはなったけれど、それは南側半分の恐ろしく近代化の遅れた農村地帯の統治者に過ぎず、李承晩はこれにまったく納得していない。が、それと同じぐらいの不満はトルーマン大統領からよそよそしく扱われていることだった。おかげで、東アジアの王様になったようなマッカーサー元帥からはいつも居留守を使われて洟も引っかけられないし、人を威圧するために生まれて来たような国連大使のダレスは、朝鮮半島を国連に委ね、アメリカと大韓民国の縁切り工作に熱心と来ている。そしてソ連の顔色ばかりうかがっている腰抜けホッジは、このたびやっと厄介払いできたが、入れ替わりにやって来たムチオという大使は、あれは何だ。軽薄で騒々しいだけのセールスマンではないか。李承晩は大統領特使というよく分からない身分で、景武台《キョンムデ》（現在の青瓦台《チョンワデ》）を訪れ、馴れ馴れしく、陽気に話しかけて来るムチオに接し、馬鹿にされたような気になり、すっかり気分を害している。

ムチオ大使

イタリア移民の息子ムチオは一九〇〇年三月十九日、イタリア南部カゼルタ県ヴァレ・アグリコーラで産まれた。そして生後五カ月でロードアイランド州に移住。大学では修士号を得て、一九二一年に国務省へ入省。ハンブルク、香港、上海、ボリビア、パナマ、キューバ、そして独立直後の大韓民国に赴任した。ムチオは平凡なその他おおぜい組の外交官だったから、朝鮮戦争に遭遇していなければ、平凡に現役を終え、平凡に引退生活を送っていただろう。身長一七八センチのムチオはがっしりとした体形であり、長い両手を持て余しているようなところがある。少し薄くなりかけた黒髪を大胆にもオールバックにしており、肌はあぶら性と見えてメガネをかけた顔はてらてらと光っている。ボウタイが好きで、それ以外はごくたまにフォーインハンドという無造作な結び方でロングタイをしめた。大使はいつもグレーの通勤スーツを愛用していたけれど、パナマが最高のお気に入り赴任地だったから、夏場になると必ず白いコットンスーツを着こんで李承晩の前にあらわれた。

ところでハロルド・ジョイス・ノーブル[*2]一等書記官はムチオ大使について次の通り、少し辛口の感想を述べている。

「私がソウルに赴任した時、韓国政府から移譲されたバンド・ホテルがアメリカ大使館でした。ムチオ大使と初対面の挨拶を交わしたのはこのホテルです。大使は謹厳実直な顔つきをしていましたが、ひと皮むけばどこを切り取っても快活な南イタリア人で、アモーレ、マンジャーレ、カンターレという人生観の持ち主です。大使は何よりも相手を肯定的に受け入れることを信条にしていましたが、さすがに悪名高い李承晩という老人は丸め込めず、最後まで手こずっていました。しかし神経衰弱にもならず、ともかく最後までお役目を務め上げられたのは、大使の大雑把で屈託のない人柄の賜物です。ところで私がたまげたのは、大使は本国から来た訓令電文をじっくり読んだことはなく、それどころか、あらゆるペーパーワークをドラムライト参事官に丸投げしていました。だから本国ないし東京のＧＨＱに送ったムチオ署名の文書はすべて参事官が書き起こし、大使はこれにノーチェックでサインしたというしろものです。とは言え、二人はお互いが嫌いではなかったようで、良く言えば典型的なお神酒《みき》徳利《どっくり》でしょう。ともあれ大使と参事官は、これほどタイプの異なる組み合わせはそうざらにあるものではありません。大使は緊張感ゼロの超楽天家《イージー・ゴーイング》であるのに対し、参事官はエネルギッシュな頑張り屋の石頭。大使が女を口説くために使う貪欲なパワーについては脱帽ものでしたが、いっぽう参事官は女性恐怖症で、女がいるとリラックスできません。笑うしかないのは、二人とも独身だという点です」

見かけは生真面目で幾分学者肌のムチオだったが、ひとたびしゃべりだしてしまえばノーブル書記官の描き出したイタリア気質まる出しの人物に早変わりしたので、李承晩から《口から先に生まれたセールスマン》と評されても不思議はない。事実、ムチオには本社から顧客のために好条件を取り付けることで売り上げを伸ばしているカーディーラーのような所があった。

「ムチオ大使の方針は究極の太鼓持ち外交でした。そのうち大使は未熟な韓国人相手にまともな外交交渉をしても埒が開かないと見切りを付け、もっぱら李承晩に的を絞った私的な接触に軸足を移し、朝鮮語に通じた私を李承晩邸に常駐させました。私が李承晩の妻フランチェスカ夫人の個人秘書兼運転手のような存在になったのはそのためです」

ムチオは、国の品格を重視する国務省の大物が聞いたら卒倒するかも知れないごますり外交に出たけれども、情緒不安定で、何かと言うと癇癪を爆発させる七十五歳の大統領には手を焼いた。ムチオは、李承晩がトルーマン大統領承認の軍事顧問団（ＫＭＡＧ＝Korean Military Advisor Group）の派遣決定で大喜びし、それ以降はおとなしくなると思い込んでいたけれども、李承晩はそんなことは当たり前だと言う不遜な態度を崩していない。それどころか、李承晩は思いもよらぬ過大な追加要求を出しており、次の国務省に宛てたムチオ報告（実質ドラムライト報告）から、その悪戦苦闘ぶりが見て取れる。

■題名＝軍事顧問団に関するアメリカの提案と李承晩大統領の追加要求
■日時＝一九四九年五月三日月曜日午後二時
■場所＝景武台《キョンムデ》の大統領執務室
■出席者

韓国側（三名）＝李承晩大統領、李範奭《イ・ボムソク》首相、申性模《シン・ソンモ》国防長官

米国側（三名）＝ムチオ大使、ドラムライト参事官、ＫＭＡＧ司令官ロバーツ准将

■議事ならびに勧告

①ロバーツ准将は総員四九五名から成る軍事顧問団がこれから韓国軍に対して実施する教育訓練について以下二点の提案を行いました。

・軍事顧問団（ＫＭＡＧ）は韓国軍の弱点である輸送、通信、ならびに工兵が担当する土木技術能力の向上に重点を置く。

・韓国軍の憲兵養成を担当するジョン・Ｅ・ベアード大佐は、配下九名の佐官を韓国軍の九軍管区に配置し、教育訓練にあたる。憲兵養成は、いずれ韓国沿岸警備隊に対しても実施する。

②申性模国防長官の要望

・韓国は空軍を持ちたい。

・アメリカは戦闘機を無償提供して欲しい。

・ＫＭＡＧは韓国人パイロットの養成を行って欲しい。

この要望は検討案件とし、私ムチオは即答を避けました。韓国の現状を見れば、同国には空軍を下支えするための、いかなる経済的、工業的、技術的な蓄積もないし、また航空機整備員に至ってはまったくのゼロです。よって韓国が今すぐ空軍を保有することは不可能です。しかし私はこの問題を放置しておくべきではないと考え、そこで後刻、ロバーツ准将とドラムライト参事官を交えた専門家たちと協議し、その結果、私はこの国に次の航空機の提供と整備、運航ノウハウを伝授すべきであると考えるに至りました。

Ｌ-４型パイパーカブ連絡機×二十機、

T-6テキサン練習機×十五機
C-47スカイトレイン輸送機×五機

★これらの航空機の内、パイパーカブ連絡機は済州島《チェジュド》や三十八度線付近の山岳地帯観測に有効活用が期待でき、また、共産ゲリラないし密輸組織と言った敵対的な侵入行為の発見に期待できます。

★資格を持った飛行訓練師はすでにＫＭＡＧに配属されており、パイパーカブが一機でも供給されれば、韓国の航空隊員訓練はささやかとは言え、貴重な一歩を踏み出すことになり、この訓練は韓国軍の士気を鼓舞するなど、重要な心理的効果に繋がります。

★暴動ないし北朝鮮との小競り合いと言った緊急事態が起こった時、韓国内の人員ならびに機材を緊急輸送する必要が生じます。例えば去年の十月十九日から二十七日にかけて発生した麗水《ヨス》・順天《スンチョン》の反乱事件では、米軍輸送機が人員、武器弾薬、通信機材を反乱現場に空輸しました。しかし米軍撤収が決まった今、韓国軍にそのような対応力はありません。韓国軍はこれから操縦・整備・運航に支えられた航空防衛能力を修得する必要があります。

③この会議における李承晩大統領と私ムチオの重要な対話を以下に記載します。

李承晩「軍事教練は韓国軍だけに留めておくのではなく、若者を対象に全国レベルで訓練をほどこしたい。我々は済州島とその隣接地域において共産党反政府勢力を掃討しているが、この掃討作戦を終えたとしても、再び共産ゲリラが跳梁するに違いない。地下に潜ったゲリラの脅威を撲滅するため、女子生徒を含む韓国の若者たちへ軍事教練を施し、これを民兵ないし予備軍として組織化し、共産党の破壊工作を未然に防ぎたい。ＫＭＡＧ将校には全国の若者に対する軍事教練にたずさわってもらいたい。そのためにはとても四九五名というＫＭＡＧメンバーでは足りない。我々の要望に対し、アメリカはどの程度期待に答えてくれるのか？」

ムチオ「アメリカには大学生を対象とした予備役将校訓練カリキュラムがあります。これを韓国に移植するため、専門家のジョン・ラッシャー氏を韓国に招請できるかどうか検討します」

李承晩「私はそういう座学を要求しているのではない。ＫＭＡＧは協力しないのかね？　率直に言うと、私はアメリカが信頼できるかどうか疑っている。トルーマン大統領が宋美齢夫人を介して蒋介石への武器供与を断ったのは有名な話だ。アメリカは内戦で苦境に陥っている蒋介石を見捨てたのだ。アメリカは過去四〇年間に二度、朝鮮を見捨てた。一回目がセオドア・ルーズベルト。二回目はフランクリン・デラノ・ルーズベルト。特にフランクリン・ルーズベルトはヤルタ会談で朝鮮を見捨てた。確かにアメリカ人は日本を倒して朝鮮を解放した後、我々に援助を与えている。だが、アメリカは戦争に巻き込まれる危険を冒して、最後まで我々と共にいるだろうか？　我々にはアメリカから援助が受け続けられるという保証が必要なのだよ、ムチオ大使！　ＫＭＡＧの大幅増員による空軍育成と若年層の軍事訓練の実施は、アメリカの誠意の見せどころだとは思わないかね？　共産主義者との差し迫った戦争において韓国はアメリカが太平洋防衛線から大陸に攻め上る場合の橋頭保だから、アメリカは韓国を守らねばならないのに、撤収に向けて動いている。風の便りによれば韓国はアメリカが構築しようとしている太平洋防衛線の外側にあるそうで、共産主義者は喜んでいるだろう」

④李承晩大統領の不満についてはここで終わりにします。いずれにしても韓国は脆弱すぎ、到底独り歩きできません。だから李承晩大統領のアメリカに対する要求はＫＭＡＧの大規模増員で打ち止めにならないでしょう。あとは、どの程度まで我が国が李承晩の我が儘につき合ってやれるかです。

⑤追伸／李承晩との面談中、開城《ケソン》の松嶽山《ソンアクサン》（Mt.Songak）で韓国軍は北朝鮮軍の斥候大隊と銃撃戦を始めました。信じがたいことですが、数百人の韓国兵が三十八度線の向こう側に脱走しました。事件はまだ進行中であり、この衝突によって韓国軍は自信を損ない、さらなる助けを求めて来るでしょう」

ムチオはここで報告のピリオドを打った。現地外交官の悲鳴はともかくアメリカの韓国に対する方針は《放棄》だったから、国防総省は駄目押しの意図を込めて、一九四九年六月二十七日、ナイルズ・W・ボンド参事官に作成させた白書をトルーマン大統領に提出した。

A4用紙十数ページとなる白書の題名は《米軍撤収後の北朝鮮軍による全面攻撃の可能性》で、ここには南北朝鮮兵力比較の他に《留意事項（二つ）》と《討議結果（五つ）》が記されている。

■ナイルズ・W・ボンド白書

◎留意事項

韓国（南朝鮮）の社会秩序は非常に不安定であり、次の通り国家崩壊を予感させる危険が存在する。

①一九四八年四月三日に起こった済州島《チェジュド》の武装蜂起事件とこれに付随する民間人虐殺事件はいまもって終息していない。

②同年十月十九日に発生した麗水《ヨス》・順天《スンチョン》における軍隊の反乱[*3]は未だに完全鎮圧されていない。

③一九四九年五月五日、開城《ケソン》の松嶽山《ソンアクサン》における局地衝突で韓国軍第八連隊第一大隊および第二大隊は北朝鮮に寝返り、集団逃亡した。この事件の少し前に三十八度線の南側に位置する春川《チュンチョン》を北朝鮮軍が襲った時、約三〇〇人の韓国軍兵士が脱走し、北朝鮮へ逃亡した。

④韓国沿岸警備隊の掃海艇は同年五月十二日に北朝鮮に寝返り、逃亡した。

米軍撤収後、北朝鮮軍による本格的な進攻は大いにあり得る。だが、北朝鮮軍は単独で軍事作戦を持続させる能力をほとんど持っていないため、必ずソ連を巻き込もうとするだろうし、それが出来なかった時には中国人民解放軍を巻き込もうとするだろう。いっぽう米国が中国とソ連の介入を阻止できなければ、韓国は崩壊し、朝鮮半島は完全に赤化され、米国がこれまでに投入し、そしてこれから注ぎ込もうとしている様々な支援努力はすべて無駄になる。

◎討議事項

①李承晩政権と金日成政権の直接交渉による朝鮮半島平和統一の可能性

結論／国民性および李承晩と金日成の気性から見て不可能。

②北朝鮮侵攻が起こった場合の米国人救出のための緊急避難計画[*4]

結論／米国の行動は、ソウルのアメリカ大使館（ムチオ大使）と東京の極東司令部（マッカーサー総司令官）の協議を経た上で早期に対応計画を策定する。

③国連安保理における北朝鮮制裁について

結論／韓国は国連加盟国ではないが、この国は国連の肝いりで主権国家に認定されるなど、国連が作り上げた国である。従って韓国は安保理に対し、ソウルに駐在している国連朝鮮委員会（ＵＮＣＯＫ）と共同提訴の形で国連規定に基づき北朝鮮を訴えることができる。韓国の訴えが退けられるとすれば、訴えを退ける役を演じるのはソ連をおいて他にはいない。ソ連の拒否権[*5]を含め、この国の動きが耐え難いものとなった場合、米国は『北朝鮮の侵攻が世界平和への脅威である』と強い態度に出、北朝鮮への制裁実施をはかるものとする。

④米国および別の加盟国から成る〝国連軍〟を南朝鮮に上陸させる件

結論／この武力行動は国連平和維持活動の端緒であり、国連自体の威信を大いに高めるだろう。

また大戦終結後に起きたギリシャ内戦、イスラエル紛争、印パ戦争、インドネシア独立戦争などの紛争と違い、朝鮮半島動乱における国連軍の登場は効果的な安定化に繋がるだろう。しかし、戦略的な価値がほとんどない朝鮮半島への上陸は軍事的には不健全である。また、朝鮮半島への軍事行動ともなれば、ヨーロッパの国際関係が不安定な今、一時的にもせよ米軍の人材、資源、労力のバランスは崩れる。従って地上兵力の朝鮮半島上陸には反対であり、仮に実施となった場合には、他の加盟国との完全な協力が絶対に必要である。

⑤トルーマン・ドクトリンを韓国に適用することの是非

結論／トルーマン・ドクトリンが出現した背景は共産主義の脅威をくい止め、赤化寸前となったギリシャとトルコ両国の悲劇がヨーロッパ自由主義世界へ波及しないことを狙ったものである。韓国はギリシャとトルコ両国と同じ立場にはない。韓国にトルーマン・ドクトリンを適用させる場合、投資効果に見合わない莫大な支出が予想され、より優先度の高い地域が犠牲になってしまう。韓国にトルーマン・ドクトリンを適用させることは無意味であり、軍事的に望ましくなく、戦略的に不健全である。

この白書を下敷きにして、米軍は一九四九年六月二十九日、朝鮮半島から完全撤収した。

〈註〉

＊1　ムチオはそのままソウルに居続け、アメリカの韓国独立承認からさらに三カ月後の一九四九年四月二十日に改めて大使信任状を李承晩に奉呈した。ムチオは一九五二年九月八日まで韓国駐在大使を務め、二代目大使エリス・オームズビー・ブリッグスに引き継いだ。ちなみに、初代ワシントン駐在大韓民国大使は張勉《チャン・ミョン》である。

＊2　一等書記官ハロルド・ジョイス・ノーブルは一九〇三年一月十日、平壌で生まれ、朝鮮戦争休戦協定調印の五カ月後（一九五三年十二月二十二日）、クリスマス休暇で東京からホノルルへ向かう旅客機の中で死亡した。死因

は心臓発作。ノーブルの両親は一八九〇年代に李氏朝鮮に渡ったアメリカ長老派教会の宣教師で、息子のハロルドは平壌のミッションスクールに通い、卒業と同時にアメリカに戻り、オハイオ・ウェスリアン大学卒業後、梨花《イファ》女子専門學校で教鞭を取った。その後、ノーブルはカリフォルニア大学で東洋史の博士号を取得。さらにその後、オレゴン大学と京都第三高等学校の教授をつとめた。大戦中はアメリカ海兵隊に所属し、南太平洋を転戦。戦後はサタデーイブニングポスト紙の特派員として第二の人生をスタートし、主に日本で活動した。ノーブルが大韓民国のアメリカ大使館一等書記官に招請されたのはムチオ大使、ダレス国連大使、マッカーサー元帥の推薦があったからだが、それ以外に李承晩の最初の英語教師がノーブルの父親ウィリアム・アーサー・ノーブル博士だった縁も無視できない。なお、《Embassy at War／戦争に巻き込まれた大使館》という一冊はノーブルが書き残したメモおよび各種ノートをもとに、ノーブルの死後、回想録として編集された書物である。

*3 李承晩統治下の韓国にはあまりにもひどい政情不安定があり、例えば《麗水・順天事件》は韓国創設からわずか二カ月後に起きている。これは全羅南道麗水の韓国警備隊第十四連隊にいた共産党シンパが反乱を扇動し、これに隊員が呼応し、部隊ぐるみの反乱となった。李承晩は直ちに鎮圧部隊を投入し、一週間後の十月二十七日に反乱は鎮圧されたことになっているけれども、完全に終結したのは朝鮮戦争後の一九五七年だった。

*4 北朝鮮が侵攻した場合のアメリカ市民の避難計画名は《クルーラー作戦（ねじりドーナツ作戦＝Operation Cruller)》で秘匿コードは《fireside＝炉端》だった。

*5 ボンド白書の中で懸念されていた《ソ連の拒否権》は意外なことになった。それは中華人民共和国の成立後に締結された中ソ友好相互援助条約を受け、ソ連が、「台湾に逃げて行った中華民国（ＲＯＣ）は安保理常任理事国の座を中華人民共和国（ＰＲＣ）に明け渡すべきだ」と主張した時に起きた。この時の安保理理事国はアメリカ、ソ連、イギリス、フランス、中華民国、ノルウェー、キューバ、エクアドル、インド、エジプト、ユーゴスラビアの十一カ国であり、採決に付されたソ連の主張は《賛成3＝ソ連、インド、ユーゴスラビア》《反対8＝アメリカ、イギリス、フランス、中華民国、ノルウェー、キューバ、エクアドル、エジプト》で否決された。ソ連は発議国だったから投票結果に拒否権行使はできない。そこでソ連の国連大使マリクはこの結果を不服として途中退席。以後、

ソ連はすべての国連審議をボイコットするという挙に出た。賢明にもマリクは〝脱退〟とせず〝ボイコット〟に留めていたので、一九五〇年八月にソ連は国連へ戻ったけれども、朝鮮戦争はソ連ボイコット中に勃発したから、アメリカはまんまと国連軍なる旗印を掲げて北朝鮮という〝匪賊〟の討伐に乗り出している。

②朝鮮戦争の直接原因は何か

アメリカは、自国の占領軍が撤収すると、朝鮮半島放棄を加速させた。

それが目に見える形となって現れる最初の出来事は一九四九年七月十一日、李承晩の特使趙炳玉《チョ・ビョンオク》がワシントンでアチソン長官と面談した時に起きている。すなわち特使が「もしも大韓民国が北朝鮮から攻撃された場合には、アメリカが大韓民国を守るという一札をぜひ申し受けたい」と要求した時のことで、対するアチソンは「答える気にもならない」と冷笑で応じた。ちなみに、アチソンは一九四九年一月二十一日、国務長官に昇格している。

極めつきは翌一九五〇年一月十二日に行われたアチソン長官の記者会見で、このとき長官は「朝鮮半島をアメリカ防衛網の外側に置く」というスピーチをした。スピーチ原稿はタイプ用紙四枚程度だが、およそ十五分というこのスピーチの肝に当たる部分を抜粋すると次のようになる。

「皆さん、太平洋エリヤの軍事的安全保障はどうなっていると思いますか？　また、そのエリヤに対するアメリカの政策はどうなっていると思いますか？

第一にアメリカは、日本が敗北し、武装解除したことによって、日本が今まで実行して来た軍事防衛を引き受ける必要性が生じました。つまり、アメリカが日本から引き継いだ軍事防衛は、アメリカ自身の安全保障のためにも、太平洋エリヤの安全保障のためにも、そして日本自身の安全保障のためにも、それが望まれている限り実行して行く必要があります。

私たちは日本国内にアメリカ軍を駐留させています。もちろん、日本にはオーストラリア軍も駐留しています。私は日本に駐留しているオーストラリア軍の方針について語る立場にはありませんが、私はあなたがた記者の皆さんに次のことを明言することができます。それは、アメリカは日本の防衛を放棄したり、その防衛力を脆弱なものにする意図は無いということです。どのような手段を講じても、恒久的な和解を成し遂げるために、今、私が述べた防衛は維持され続けなければなりません。

太平洋エリヤの軍事的安全保障について述べると、防衛のための境界線はアリューシャン列島から日本そして沖縄諸島に至ります。アメリカは沖縄諸島において重要な防衛上の地位を保有しており、今後も引き続き保有します。沖縄諸島で生活する住民の重要性に鑑み、アメリカは適切な時期に、沖縄諸島を国連の信託統治下に置くことを申し出るつもりです。しかし、沖縄諸島は太平洋エリヤの防衛線を維持する上で不可欠な存在であり、仮に沖縄諸島が国連の信託統治下に置かれようとも、その防衛中枢としての位置づけはアメリカによって引き続き保全されなければなりません。

アリューシャン列島からはじまった防衛のための境界線は沖縄諸島からフィリピン諸島に伸びていきます。私たちアメリカとフィリピンとの防衛関係は二国間の合意に含まれています。これらの合意は忠実に実行されており、また忠実に実行され続けます。アメリカとフィリピンの人々は、厳しい経験によって相互防衛についての連携の重要性を学びました。それについて疑いを差しはさむ余地は無く、アメリカはどこかの国によるフィリピンへの攻撃を断じて許すつもりはありません。しかし私は、そのような第三国からの攻撃が目の前に迫っているとは考えておりません」

ワシントンのナショナルプレスクラブで行ったこの演説は《アリューシャン・スピーチ》[*1]という名が付いている通り、アメリカはアリューシャン列島、日本、沖縄諸島、フィリピンを結ぶラインをもって防衛線とする発言をしており、これは誰が見てもアメリカは朝鮮半島から手を引くというメッセージに見える。確かに米韓防衛協定はこのスピーチの八日後にサインされたけれども、これは韓国軍を育成するための軍事顧問団に関することが主であり、肝心の武器供与については、李承晩が北朝鮮へ攻め込む野心を抱かぬよう、重火器や高性能戦闘機はいっさい提供していない。

さらに朝鮮戦争勃発のほぼ一カ月前にあたる五月五日、アリューシャン・スピーチの駄目押しをするように、アメリカ外交委員会の議長トマス・コナリー上院議員の質疑応答がＵＳニューズ＆ワールドレポート誌に載った。

質問①／アメリカが南朝鮮を放棄するという政策は今後とも変化無しですか？

回答①／私たちは南朝鮮を助けようと努力しており、今も南朝鮮を助けるために各種の支援を行っています。ご承知の通り、南朝鮮は三十八度線で分断され、孤立しています。いっぽう北朝鮮は大陸と直接往来できる共産圏であり、大陸にはソ連と共産中国が控えています。これら共産圏は準備が出来たなら朝鮮半島全体を制圧したいと考えており、可能なら海を越えて台湾をも制圧したいと考えています。もちろん、私はそう望んではいませんが。

質問②／そういうことであれば、朝鮮半島は防衛戦略上、非常に重要かつ不可欠であり、放棄政策と矛盾するのではありませんか？

回答②／それは違います。もちろん朝鮮半島の地政学上の立ち位置は無視できません。しかし私は防衛戦略という面で朝鮮半島が非常に重要だとは思わない。アリューシャン列島から始まって日本、沖縄、フィリピンに至る防衛の連鎖については、アチソン長官がすでに発表しました。アリューシャン・ラインという防衛線は絶対に必要です。しかし、その防衛線の外側にある朝鮮半島はさして重要ではありません。上院外交委員会は、もしも南朝鮮が誰かに攻撃されたとしても、傍観するでしょう」

李承晩は、アチソン長官の発言にはピンと来なかったかも知れないが、さすがにコナリー上院議員の「韓国が誰かに攻撃されてもほったらかしにしておく」という発言には肝を潰し、ムチオ大使を呼びつけたが、この時大使はワシントンに行っており、代わりにドラムライト参事官が対応した。以下は参事官が五月九日に国務省へ送付した《コナリー発言に伴う李承晩面談録》である。

「今朝、私は李承晩大統領と会い、大統領は時候の挨拶もすっとばして、コナリー上院議員の朝鮮に関する発言に言及しました。この時、大統領は途方もなくお怒りで、次の通り精いっぱいの皮肉を私にぶつけました。

『ソウルから一万キロ以上はなれたワシントンで、韓国はアメリカにとって無意味だから捨ててしまおうと放言するとは、大層お気楽で結構なことだ。開いた口が塞がらない。コナリー閣下は三十八度線を越えて韓国に攻め込もうと手ぐすね引いている共産主義者に対し、ご丁寧にも公式招待状を送ったということに気づいているのかね？』

大統領は話している内に両頬が痙攣し、コナリー上院議員があのように非常識な発言をするとは正気の沙汰ではないとまで言いました。大統領は、『コナリー氏の発言以上にショックだったのはアメリカの基本政策だ。上院外交委員会と国務省との密接な関係に思いを致せば、コナリー発言は単なる思い付きの段階ではなくアメリカの政策として定着しているに違いない』と言いました。私は大統領に、アメリカは引き続き韓国への軍事的、経済的な援助を提供していることに注意を向けさせようとしましたが、焼け石に水でした。そして大統領は北朝鮮の脅威がはっきりしているのに、十分な空軍力がアメリカから得られていないことについて、荒々しい言葉で私を詰問しました」

共産主義者に招待状を送ったという李承晩の指摘はもっともで、アメリカの朝鮮放棄政策は朝鮮戦争を

アチソン国務長官

引き起こした原因の筆頭に置かれる。

それではなぜアチソン長官とコナリー上院議員は、言わなくてもいい《朝鮮放棄》を公言したのか？　特にアチソンは、アリューシャン・ラインに関わる講演用のメモが公文書として残っており、口を滑らせたのでないことは、はっきりしている。それから国務省のウェッブ次官、ラスク次官補、シーボルト顧問、そしてムチオ大使のような絶対に〝なぜ〟の理由を知っている人間が申し合わせたように、何も語っていない。おそらく今後とも〝なぜ〟の理由は闇の中に溶け込んだままだろう。

ともあれ、アチソン長官とコナリー上院議員の発言が朝鮮戦争勃発にかなりの役割を果たしたことは次のエピソードからうかがい知ることができる。それは朝鮮戦争が膠着状態になったころ、モスクワ駐在アメリカ大使だったジョゼフ・デーヴィスがソ連外相ヴィシンスキーと会食した時のことだ。

「どうして君たちは北朝鮮の好きにさせたのかね？」とデーヴィス。

するとヴィシンスキーは、北朝鮮を制止しなかった理由を述べる代わりに、己の身にこびりついたドイツ人への激しい偏見をまじえ、取り付く島もないと言った調子でデーヴィスに非難の言葉を浴びせている。

「あんたがアメリカ人なのを承知で失礼なことを言うけれど、アメリカ人はドイツ人だ。手におえない。君たちアメリカ人は、あれほどしつこく朝鮮には興味がない、好きにしてくれと言っておきながら、金日成が南に攻め込んだ途端、手のひらを返し、大軍を投入した。まったくアメリカ人は信用できない！」

※　　※　　※

ソ連が原爆実験に成功し、核保有国になったのは一九四九年八月二十九日のことだった。

ところで、その半年前の二月末、金日成はシトウィコフ大使に伴われてモスクワを訪問し、三月五日土曜日には直接スターリンに会って、南朝鮮をめぐる半島事情を説明し、併せて、《南への進攻》という重大事を打診している。

金日成の話した南朝鮮事情とはいかなるものか？

それは第一に、アメリカの支援で立ち上げた南朝鮮の製造工場は電力不足のために稼働を止め、閉鎖となって失業者が増え続けており、いっぽう農業は、多くの土地が休耕地となって荒れ果て、農民は飢えに苦しんでいるという説明だった。そして第二に、政権トップの座に就いた李承晩は、自身のバックボーンである反共陣営を結束させることができず、つい先ごろ右翼政治家の金九《キム・グ》を暗殺し、反社会的な地下組織さながらに流血の抗争を繰り返している。それに李承晩の身内ですらも反目が絶えず、まともな政権運営はおぼつかない。おかげで共産党シンパは南朝鮮で大いに力を伸ばし、ここで北朝鮮が南への侵攻に打って出れば、各地で共産党の細胞が大規模な破壊工作を実施し、李承晩一派を血祭りに上げると言って説明を終えた。

――話がうますぎる。

スターリンは不機嫌な顔をした。

次に金日成の具体的な南朝鮮侵攻計画を聞くと、甕津《オンジン》と開城《ケソン》に駐留する李承晩の傀儡政府軍二個連隊に集中砲火を浴びせ、その地を占領する。そうすれば、南朝鮮の人民は蜂起し、その勢いを巻き込んでソウルを突き、一気に朝鮮半島を制圧すると言うのだ。

――人民蜂起だけが頼りの運試しだ。

スターリンはまったく白けてしまい、紙の余白にいたずら書きを始めている。

だいたい相手の領土に攻め込む場合、三倍の兵力を集中しなければ成功しないというのに、南北の兵力はほぼ互角である。南朝鮮住民の蜂起というあなた任せが通用するほど世の中は甘くない。

スターリンは金日成に駄目を出した。

しかしスターリンは、一九四九年十月、ドイツ民主共和国（東ドイツ）と中華人民共和国の成立を見届けたあたりで気が変わった。朝鮮半島での慎重姿勢を取り止め、金日成を使って南朝鮮に攻め込ませようとしたのだ。

ソ連の独裁者が考えを変えた理由は核保有に成功したからではない。ソ連は原爆実験に成功したけれども、大量生産を可能にする核爆弾製造の工業化は未達成だったし、第一、航空機による爆弾輸送手段についてはアメリカに遠く及ばない。これはベルリン封鎖ではっきりした。

では慎重姿勢を覆したものは何か？　それは一九四九年の声を聞いたあたりから顕在化したスターリンの脳内異変である。ではスターリンの脳内異変に刺激を与え、朝鮮半島についての独裁者の気持ちを慎重な専守防衛から大胆な積極攻勢に変えてしまう直接のきっかけとなったものは何か？　それは金日成がスターリンに語った南侵計画も確かに刺激となったが、それとは別に、以下に示すＫＧＢ工作員がつかんできた李承晩の手紙にスターリンは異常反応したからで、これがアリューシャン・スピーチに次ぐ朝鮮戦争の大きな原因になった。

「一九四九年九月三十日／大韓民国大統領・李承晩より／ペンシルベニア州立大学ロバート・ターベル・オリバー教授[*2]へ

あなたからの手紙を受け取りました。感謝します。ついては、あなたが大学での任期を終えた後、すぐソウルに来て、私の官房で仕事をして欲しい。そのように私は考えており、そこで私の置かれた状況についてあなたに話しておきたいと思います。

金日成ひきいる野蛮な共産軍は頻繁に三十八度線を越え、侵入を繰り返していますが、小規模であり、これはまだ金日成に十分な力がついていない証拠です。

私は韓国軍に総動員令をかけ、金日成一派を根絶やしにしたい。それには今が最適な時期であると私は固く信じています。我々は金日成を山岳地帯に追い詰め、食糧を断って餓死させる。その間、我々は自国の防衛線を豆満江《トゥマンガン》と鴨緑江《アムノガン》に沿って築き、これら両河川の河口に二、三隻の高速艦艇を配し、いっぽう済州島《チェジュ》を含む全海岸線を戦闘機で防衛する。こうすれば、特に我が国の北の国境は河川と白頭山《ペクトゥサン》に沿った自然国境になり、ほぼ人を寄せ付けない難攻不落の要塞線になるのです。我々朝鮮人は、二〇〇〇年間ずっとこのやり方で、巨大な侵入者である隋や唐、あるいはモンゴル、あるいは日本といった侵略者から、みずからの民族を守って来ました。

韓国軍は申し分ない状態にあると思います。現在の周辺状況から見てソ連は朝鮮半島に侵攻を開始するほど愚かではないでしょう。金日成が居すわっている北朝鮮の住民は韓国軍による共産主義者の一掃を一日千秋の思いで待っています。

さて、私があなたにお願いしたいことはこの手紙に書いた内容を誰か影響力のある人に見せることです。より具体的には、我々が必要とする物資提供に賛成するよう米国政府関係者と世論を説得してもらいたいのです。我々の行動が遅れれば遅れるほど、ことは難しくなるし、我々が立ち上がって共産主義者を永遠に葬るなら、今がもっとも適した時期なのです。私には短期間でこの問題を解決する自信があります。どうか影響力のある有力者と接触して支持を獲得して下さい。もしもあなたがこの手紙で述べたことをトルーマン大統領に伝えられるならば、必ず望ましい成果があると思います」

李承晩がこの手紙を出した一九四九年九月三十日と言えば、米軍が南朝鮮から完全撤収したころで、思い通りに動かないアメリカに李承晩は地団太踏んでいる。であればこそ、このような浅はかな手紙をオリバー教授に出したのだ。かくして人の良い教授は、言われた通り誰彼かまわず手紙を見せたから、驚いたトルーマンは攻撃目的に使えるすべての兵器を韓国軍から召し上げてしまった。

だが、皮肉なことにトルーマンとは一八〇度違う反応をしたスターリンは、アメリカが李承晩に説得される前に、金日成を使って李承晩を消してしまおうと考え、かくして、ソ連の独裁者は戦車を含む潤沢な戦時物資を北朝鮮に提供し、これをもって金日成の背中を押した。

※　※　※

金日成は一九五〇年三月三十日から約一カ月モスクワに滞在し、《南への侵攻》という同じテーマを抱えてスターリンと計三回協議した。

この間の事情についてフルシチョフは次のように回想している。

「金日成たちは南朝鮮を銃剣で突きたがっていた。金の言によれば、南の同胞は貴族階級出身（両班《リャンバン》出身）の李承晩によってひどい目にあっている。だから南朝鮮は北からの最初のひと突きで不満ガスの大爆発が起こり、『これによって北朝鮮の力が半島全体に行き渡る』と言うのだ。当然ながらスターリンは、金日成の『南の同胞を助けたい』という熱い思いに反対できなかった。金はいったん帰国し、すべての段取りをつけて、再びモスクワにやって来た。そしてスターリンに会うと、開口一番、『絶対に成功する』と、言った。だがスターリンは、アメリカが介入するのではないかと懸念した。侵攻作戦がスピーディーに決着すれば良し。もしもそうならなかったら悲惨だ。そこでスターリンは金の考えについて、毛沢東[*3]の意見を聞くことに決めた。毛沢東とはつい数週間前にソ中友好同盟相互援助条約を締結したばかりだったからである。

私はここで強調しておかなければならない。それは南への一突きにあたって、スターリンはもちろん金を制止しなかったという点である。真の共産主義者なら誰でも、南朝鮮の地を李承晩と反動的なアメリカの軛《くびき》から解放したいという金のやむにやまれぬ思いに水を差すようなことはしなかったはずである。そんなことをすれば、世界中の共産主義者の考え方と矛盾することになっただろう。私はスターリンが金を励ましたことについて責めはしない。もしも私がスターリンの立場にあったなら、自分も同じ決定をしたと思う。うれしいことに毛沢東の答えも肯定的で、『この進攻作戦は朝鮮人民が自分たちだけで解決しなければならない内戦なのだから、アメリカは介入しないだろう』という意見を寄せ、金日成の考えを承認した。

私はスターリンの別荘で開かれた意気盛んな晩餐を思い出す。金日成は朝鮮の生活風土を語り、南朝鮮にまつわる多くの魅力的な事柄、すなわち米を栽培するのに適した土壌とすばらしい気候、有望な漁業などについて強調した。南北朝鮮が統一されれば、朝鮮は全体として利益を得られる。工業用の原材料は北で確保できるし、人民の食糧需要は南が豊かに産出する魚や米やその他の農産物でまかなえると金はスピーチしたのだ。我々は金の全面的な成功を願い、闘争勝利の日を期待しつつ、北朝鮮のために乾杯した」(フルシチョフ回想録より)

〈註〉

＊1 なぜアメリカはアリューシャン・スピーチをしたのか? その〝なぜ〟に対するいかにも本当っぽく見える〝理由〟がある。それは李承晩の対馬領有宣言で、李承晩は大韓民国創設直後、九州、壱岐、対馬の領有を主張し、さらに一九四九年一月七日、アメリカ当局に《対馬領有》をおねだりし、みごとに無視された。これについては一九四九年一月八日土曜日の朝日新聞の記事がある。

「ソウル特電七日発＝AP特約／対日賠償要求／李大統領言明／李承晩大統領は六日、過去四十年の間に日本が朝鮮から奪い取ったあらゆるものの損害賠償を要求すると共に、対馬にたいする権利の主張を引き続いて行うものであると言明した」

そこでアリューシャン・スピーチだが、この声明は李承晩の身の程知らずの要求に怒ったアメリカが李承晩にお灸をすえるために行ったものだという説である。もちろん公文書による事実追跡はできない。

さて、このお灸説には噂の域を脱しない続きがある。李承晩はアリューシャン・スピーチに怯《ひる》むことなく、対馬の実効支配に向けて韓国軍主力を渡海作戦に持って行った。このため三十八度線はがら空きになったから、そこを金日成に突かれ、朝鮮戦争が勃発したという説である。だが、この説には無理がある。五〇人近い国連朝鮮委員会メンバーも五〇〇〇名近い軍事顧問団メンバーも、誰一人として韓国軍が対馬に向かっている姿を見ていないのは不自然である。さらに以下二つの無理があり、こういう状況証拠が並んでしまっては、李承晩が対馬占領のために三十八度線を空にしたという説には限りなく大きな疑問符がつく。

①アメリカ軍事顧問団司令官ロバーツ准将は統合参謀本部ボルト中将に宛てて、「韓国軍はいかなる軍事的な行動にも耐えることができない。それに韓国軍の食糧事情は非常に貧弱で生きて行くのにやっとというありさまだ。北朝鮮軍の侵攻にあったなら十五日で韓国軍は崩壊し、南朝鮮の住民は北朝鮮軍の支配を何の抵抗も無く受け入れるだろう。韓国は呆れるほど円滑に共産圏へ吸収同化されるに違いない」と警告している。

②一九五〇年六月二十三日、ＣＩＡ情報を提供された国連朝鮮委員会メンバーは三十八度線周辺を視察した。ＣＩＡ情報によれば、三十八度線に沿って集結した北朝鮮軍兵力は九万名。これに一五〇輛の戦車、１２２ミリと７６ミリ自走砲、機甲一個旅団、オートバイ連隊、国境警備隊一個旅団、戦闘機二百機を随伴。これに加え、中国とソ連から移籍した朝鮮族歩兵二個師団が参加しているとあった。

＊2　二〇〇〇年七月二十九日に九十一歳で亡くなった文化人類学者オリバー教授は国連の朝鮮委員会に就任して以来、李承晩の親友であり、大統領顧問だった。ドッド・ミード&カンパニー社から一九五四年に出版されたオリバー教授の著作『李承晩／神話の一歩向こうで（Syngman Rhee:The Man Behind the Myth）』を一読すれば教授の人となりは一目瞭然であり、そこでは李承晩が素晴らしい指導者だったと賞賛するだけで、今日の朝鮮半島に残っている歴史的な問題には触れていない。朝鮮戦争でさえろくに書いておらず、李承晩が腐敗した独裁者だったことは完全に無視されている。

＊3　スターリンは北朝鮮という闇トンネルを使ってソ連製の武器を中国人民解放軍に提供した。この協定破りの結果、中華人民共和国が誕生し、おかげで毛沢東はスターリンと金日成に借りを作り、因果はめぐって朝鮮戦争では

毛沢東が金日成を破滅から救った。ちなみにトルーマンはモスクワ会議での協定に従って蒋介石に武器の供与を断った。

第三章
朝鮮戦争

1　戦争勃発

（1）議政府《ウィジョンブ》の砲声

北朝鮮は激しい風雨をついて甕津《オンジン》、開城《ケソン》、議政府《ウィジョンブ》、春川《チュンチョン》、江陵《カンヌン》という五カ所から南朝鮮に侵攻した。アメリカの公文書と情報開示されたソ連の記録を突き合わせると、侵攻の開始は一九五〇年六月二十五日日曜日午前四時であり、正真正銘の不意打ちだったことがわかる。翌日、国連朝鮮委員会（ＵＮＣＯＫ／the United Nations Commission on Korea）は安保理に次の通り北朝鮮による国際平和への重大な違反を申し立てた。

「ソウル時間六月二十五日午前四時、三十八度線に沿って北朝鮮軍の全面攻撃が開始された。北朝鮮軍はすでにソウルから北西四〇キロの臨津江《イムジンガン》渡河を終え、韓国軍は主要抵抗線を捨てて退却した。二十五日午後一時三十五分、平壌《ピョンヤン》放送は『南朝鮮の傀儡政府軍が夜中に三十八度線を越えて侵入して来たので、断固これを討滅する行動に出た』というニュースを流したけれども真っ赤な嘘で、これは北朝鮮の奇襲攻撃である。同日午後五時十五分、ヤク戦闘機四機が金浦《キンポ》空港に飛来し、テキサン練習機、ガソリンタンク、ジープを破壊。その後、永登浦《ヨンドゥポン》の駅周辺部でも機銃掃射を繰り返した。これに対応する韓国空軍にはたった六機のパイパーカブ軽飛行機しかない。李承晩大統領と一緒に国連朝鮮委員会事務所にやって来たムチオ大使は、『韓国軍は善戦するだろう』と期待を述べた。我々国連朝鮮委員会メンバーは国連事務総長に朝鮮の深刻な状況を訴え、この報告をもって事務総長から安保理への注意喚起を依頼する」

　この申し立てを受け、ワシントン時間の六月二十五日、安保理は「大韓民国に対する北朝鮮からの武力攻撃を深刻に憂慮し、北朝鮮当局に対し即刻三十八度線の北側に撤収することを要請する」という《82号決議（United Nations Security Council-82）》を採択した。ソ連はこの時、中華人民共和国の常任理事国への就任を否決されたので国連ボイコット中だったから、安保理メンバーはアメリカ、イギリス、フランス、中華民国、ノルウェー、キューバ、エクアドル、インド、エジプト、ユーゴスラビアの一〇カ国であり、票決は賛成9、棄権1（ユーゴスラビア）で通過している。さらに翌々日二十七日、安保理は「朝鮮半島の平和と安全を回復するため、大韓民国が北朝鮮を撃退するに際し、国連加盟国による武力提供を勧告する」という《83号決議[*1]》を矢継ぎ早に採択。票決は賛成7、反対1（ユーゴスラビア）、棄権2（インド、エジプト）で通過した。ちなみにインド、エジプトが棄権したのは、国内紛争に諸外国が武力介入することはよろしくないという判断からの措置だった。83号決議採択と同じ日の二十七日午前十一時四十五分、ホワイトハウス報道官チャールズ・ロスは記者団に次のトルーマン声明を配布しており、これは二十六日午前八時のトルーマン初動声明に続く、より重要な声明だった。

「朝鮮の政府軍（in Korea the Government forces）は北朝鮮の侵略軍（invad-ing forces from North Korea）によって攻撃された。国連安保理は侵略軍に対し攻撃を止めて、三十八度線の北に撤退するよう呼びかけたが、侵略軍はこの要請に応じないどころか、逆に強襲を続けている。そこで安保理はすべての加盟国に対し、国連決議を実行に移すため、武力行使を含むあらゆる支援を朝鮮政府に提供するよう呼びかけた。このような状況下にあって、私はアメリカの空軍と海軍に朝鮮政府軍を援護し支援せよと命じた。

今や共産主義は、独立国家を武力征服する場合の国家転覆手段に変わってしまった。朝鮮で起こった武力攻撃はそのことを明白に物語っており、共産主義が危険であることは疑いの余地がない。北朝鮮からの共産主義侵略軍は国際平和と安全保障のための国連安保理勧告を平然と無視した。これは共産主義者による台湾の武力攻撃が目の前に迫っていることを示しており、当然、こういった事件が起きれば太平洋地域の安全保障に直接的な脅威を及ぼすだろうし、アメリカ軍の太平洋地域における役割に対し同じような脅威となるだろう。よって私は第七艦隊に対し、台湾に襲いかかる共産主義者の暴挙に備えるよう命ずると同時に、蒋介石政権に対しても中国本土へのすべての作戦を中断するよう呼びかけている。第七艦隊に護られた台湾が将来どのような地位に落ち着くのかについては、太平洋における安全保障の回復を待たなければならず、そのためには日本との講和の締結、および、日本に対する国連の受け入れを待たねばならない。

台湾に対する措置同様、私はインドシナ諸国を統治しているフランス軍と密接な関係を構築するため、軍事使節の派遣を行い、フランス軍への軍事援助を加速するよう命令した。

私は、すべての国連加盟国がつい先ごろに起きた朝鮮での侵略行為の成り行きを注意深く見つめていることを知っている。であればこそ、アメリカは国連憲章に違反し国際関係に大きな影響を及ぼす暴力の復活を否定し、引き続き法の支配を全面的に支持する」

少し注意してこの声明を一読すれば、ここには大韓民国や朝鮮民主主義人民共和国という言葉は現れず、一貫して《朝鮮の政府軍（in Korea the Government forces)》と《北朝鮮からの侵略軍（invading forces from North Korea)》で終始しており、三十八度線での武力衝突をまったく国際紛争と見ていない。そして、ワシントンに三十八度線での事件第一報が入ってからこの声明が出るまでに三日を要しており、この間、トルーマンは三回も国家安全保障会議（NSC）を招集しているから、この声明文に安易な思い付きが入る余地は無い。つまりトルーマンは朝鮮での武力衝突に対し、アメリカの空軍と海軍に出動を命じているだけで、地上兵力の投入には言及していない。それどころか、台湾やベトナムに話が飛び、朝鮮だけにパワーを割いているわけではなかったから、これを聞かされた李承晩はヒステリーの発作を起こした。

なお、このトルーマン声明を受け、統合参謀本部は以下の文書を東京のマッカーサーに送った。

■ワシントン発／六月二十九日午後六時五十九分／統合参謀本部議長ブラドレーより極東軍総司令官マッカーサー元帥へ

①この指令は、朝鮮と台湾の状況変化に鑑み、従前のマッカーサー元帥の活動領域を拡大統合したものとなっている。

②我が国は六月二十五日に承認された国連安保理決議82号と六月二十六日に承認された国連安保理決議83号を支持する。

(a)アメリカの安保理決議支持方針に基づき、極東軍総司令官マッカーサー元帥は、南朝鮮軍に多くの軍事支援を与えるため、麾下の海軍と空軍に命じ、適切な軍事目標を攻撃し、南朝鮮に侵攻した北朝鮮の脅威を取り払うこと。

(b)南朝鮮軍への軍事支援にあたり、マッカーサー元帥による麾下陸軍の使用は通信部隊と軽装備の偵察部隊のみに限定すること。例外は、釜山《ブサン》ならびに鎮海《チネ》の地域にある港湾と飛行場の防備で、元帥には当該地域の防備を固めるため、一個連隊程度の地上兵力の使用が認められる。

(c)元帥は、海軍と空軍による軍事行動によって台湾を中国共産党からの攻撃ないし侵入から防衛する任務を負う。また同様に、元帥は、蒋介石総統が台湾を足掛かりにして大陸侵攻に出ぬよう、確実にこれを中止させる任務を負う。
③第七艦隊はマッカーサー元帥の指揮下に入る。太平洋軍最高司令官兼太平洋艦隊司令長官は、必要に応じ、元帥を実戦面で支援し、艦隊の強化を行う。
④前記（a）および（b）で記載された事項に対する任務履行において、マッカーサー元帥は、空軍使用にあたり、不必要な犠牲を避けるため、もしも必要ならば、三十八度線の向こう側に位置する北朝鮮の航空基地、備蓄倉庫、戦車集団、軍隊の移動車列といった純粋な軍事目標への空爆について作戦領域拡大の権限が与えられている。この場合、北朝鮮に対する北爆はソ連国境ないし満州国境の内側で実施されることに特別の注意を払わなければならない。
⑤マッカーサー元帥には、必要性に鑑みてその一存でアメリカの資源倉庫から軍需品ならびにその他資材を朝鮮に送る権限が与えられている。また元帥管轄下の物資リストから外れる軍需品については、必要書類を提出すれば、それらは元帥の管轄外から迅速に提供される。
⑥アメリカの海空軍および小規模限定の陸軍を南朝鮮軍の支援と援護のために動員するという決定は、ソ連との戦争を引き起こす意図を持ったものでは断じてない。しかしながら、もしも、ソ連が朝鮮半島に武力介入を仕掛けてくる場合には、ソ連との全面戦争に巻き込まれる危機切迫となる。ソ連軍が朝鮮半島で明らかに敵対行動を取る場合、マッカーサー元帥は麾下軍隊に軽挙妄動を禁じ、状況を悪化させることなく、これらソ連軍の敵対行動を直ちにワシントンに報告のこと。
さて、ここから先は、いったん戦争勃発の瞬間に時計の針を戻し、最前線にいたムチオ大使とドラムライト参事官が本国に送った電文に目を通しつつ、ソウル周辺の混乱をたどる。
■ソウル発／六月二十五日午前十時／ムチオ大使より国務省へ

北朝鮮軍は今朝四時、三十八度線を越えて南侵を開始しました。甕津《オンジン》に突入した北朝鮮歩兵はソウルを目指して猛進中です。同様の侵入があった開城《ケソン》では槍の穂先に見立てた約十輌のT-34型ソ連戦車があらわれた途端、韓国軍は総崩れになり、開城は午前九時に占領されました。春川《チュンチョン》も同様です。東海岸の江陵《カンヌン》南部では上陸用舟艇を使った強襲が行われたと伝えられています。江陵での戦闘詳細は不明ですが、北朝鮮軍は上陸に成功し、幹線道路を遮断したようです。

■ソウル発／六月二十五日午後三時五十五分／ムチオ大使より国務省へ

軍事顧問団（KMAG／Korean Military Adviser Group）は東京の極東最高司令部に対し韓国軍のために十日分の弾薬など軍事物資を空輸するよう緊急電を送りました。弾薬は完全に不足しており、間違いなく十日以内に使い果たしてしまうでしょう。そうなれば韓国軍は壊乱敗走します。それから、以下は平壌放送が本日午前十一時に流した北朝鮮民政事務局（内務省）の公式発表です。

「南朝鮮の傀儡政府軍は六月二十五日の夜明けに、三十八度線全域で我が朝鮮民主主義人民共和国に対し奇襲攻撃をした。宣戦布告無しの攻撃に出た敵は北へ二キロほど侵入したが、我が国境治安部隊は海州《ヘジュ》、金川《クムチョン》など数カ所で押し返し、この間、我が精強なる朝鮮人民軍は襄陽《ヤンヤン》の北方で傀儡政府軍主力を撃破した。南朝鮮の傀儡政府が始めた無謀な軍事的冒険の全責任は南朝鮮の傀儡政府にある。朝鮮民主主義人民共和国は南朝鮮の傀儡政府に次のことを思い出させよう。我々は傀儡政府が直ちに武器を捨て、軍事行動を中止しなければ、情け容赦ない行動を取る。そうなれば南朝鮮にとって悲惨な結果を招くことになるだろう」

恥知らずなこの放送が目論んでいることは、今回の国境紛争が大韓民国による言語道断の侵略行為だと喚き立てることによって、共産主義朝鮮の邪悪な犯罪行為を覆い隠すことです。

■ソウル発／六月二十六日午前零時十五分／ムチオ大使より国務省へ

昨日夕刻、ソウルから北へ約二十キロの議政府《ウィジョンブ》に北朝鮮の戦車が突入したという知らせを受け、私はアメリカ一般市民を日本へ避難させるため、かねての取り決め通り、緊急暗号《fireside ＝炉端》をラジオ放送し、クルーラー作戦を発動しました。避難手順は以下の通りです。

①軍事顧問団以外のすべてのアメリカ人市民六八二名は二十六日午前五時、ソウルの富平《プピョン》に集合。

②避難者六八二名はバスで五キロ先の仁川《インチョン》港に向かう。

③仁川《インチョン》から博多ないし佐世保に向かうチャーター船舶は次の通り。

・マリネ・スナッパー《貨物船／アメリカ船籍》

・ノレルグ《貨物船／パナマ船籍》

・ラインホルト《貨物船／ノルウェー船籍》

空軍の手厚い支援を重ねて強く要請します。

■ソウル発／六月二十六日午前三時／ムチオ大使より国務省へ

昨晩二十五日夜十時、李承晩大統領から来てくれという電話がありました。私が官邸に到着した時、大統領のそばには前首相の李範奭《イ・ボムソク》と現首相の申性模《シン・ソンモ》がおり、大統領は私を見るや否や、ソウル近郊の議政府が完全制圧されたと金切り声を上げました。大統領の顔面はひきつり、発する言葉はブツブツと途切れ、とりとめが無く、かつ、同じ内容を繰り返すのみであり、その醜態は見るも無残で、周囲に向かって盛んにあたり散らしていましたが、何と最初の怒りの発作は私に向けられました。李承晩はT-34型戦車を沈黙させるため、F-51Sムスタング戦闘機の編隊を大邱《テグ》に至急よこして欲しいと要請するつもりで東京に電話したのに、マッカーサー元帥はおろか参謀長のアーモンド少将すら電話に出て来ないと言うのです。

私に向かってありったけの不満をぶちまけた後、大統領は申性模首相に『私・李承晩は、ここで共産主義者に敗れたならば、大韓民国にとって深刻な打撃であるため、今夜、政府ともども大田《テジョン》に移動することにした』という文書を読み上げさせました。ソウルの南一六〇キロの地にある大田へ移ることになったのは東京にいるマッカーサーのせいだという気持ちが織り込まれた退去通知が済むと李承晩は申性模に、ソウルに残り、有能の士を集めて議論し、適切な行動を取るよう指示しました。首相は一等航海士だったころに身につけたマナーで、李承晩に『よくわかりました』と繰り返し答えていましたが、大統領の支離滅裂な指示に辟易しているのは明らかでした。

私は李承晩に、いまソウルを退去すれば、韓国軍は総崩れになる。韓国軍が組織的な戦闘をしている間はソウルにいるべきだと説得に努めました。しかし李承晩は、「私たちが敵に包囲されて一網打尽にされるリスクを犯すわけにはいかない」と言ったので、私は頭に血がのぼり、「あなたが大田に行っても、私はソウルに残りますよ。アメリカの男性は任務遂行のためとあれば残るのです。それからムスタング戦闘機はほどなくやって来ますが、その目的は避難するアメリカの婦女子を守ることですから大邱《テグ》ではなく、ソウルの上空です」と思わず強い口調になりました。

深夜の会談が終わって外に出た時、申性模は私に、李承晩大統領は自分に相談することなく大田への脱出を決めたと恨みごとを言いました。

■ソウル発／六月二十六日午後五時／ムチオ大使より国務省へ

六八二名のアメリカ市民を乗せた貨物船ラインホルトは、すでに仁川を出て博多に向かいました。南朝鮮にはまだ三〇〇人ほどの男性避難待機者がいます。そのうち一七五名が釜山《プサン》におり、加えて、アメリカ人以外の外国人五〇名が釜山に移動中です。

■ソウル発／六月二十七日午前八時／ムチオ大使より国務省へ

ソウル陥落は時間の問題です。アメリカ大使館は危険の中にいます。軍事顧問団女性職員の避難は昨晩十一時に開始され、バスないしトラックで大田に行き、そこから列車で釜山に出て空路日本へ向かいます。李承晩はすでにソウルを脱出しました。脱出時間は午前三時で、[*2]特別列車に乗って大田よりずっと南にある軍港の鎮海《チネ》に退去し、内閣も午前七時に特別列車で大統領の後を追いました。また政府機関のほとんどはソウルの三〇キロ南にある水原《スウォン》に避難しました。申性模と参謀総長の蔡秉徳《チェ・ピョンドク》はまだソウルにいて督戦にあたっています。

それから申性模が私を訪ね、大統領と内閣は亡命政府として日本に移ることができるだろうかと訊いて来ましたが、私はそれについて何も約束をしていません。私は幾人かのアメリカ人志願者と共にソウル陥落という苦々しい瞬間を見届けるため当地に残り、ドラムライト参事官には水原《スウォン》へ行ってもらうことにしました。もう一つ。軍事顧問団男性メンバーは空襲の間隙をついて金浦《キンポ》空港から大型輸送機で日本へ向かいました。

■ソウル発／六月二十七日午後十一時四十五分／ムチオ大使より国務省へ

本日午前十時、ドラムライト参事官は海軍駐在武官シーファアート、陸軍駐在武官エドワーズ、広報官スチュアート、三等書記官プレンダガスト、事務官ファティガッティー、管理統括部輸送担当ブランチを伴って、自動車で水原へ向かいました。

私・ムチオは管理統括部長モーガン、輸送課長スミス、三等書記官マクドナルド、事務官ベリー、秘書官エドワーズ、軍事顧問団員ホランド、陸軍駐在武官リンチと共に成り行きを見届け、状況がさらに悪化した場合には、始興《シフン》に向かう一五〇〇名の軍事顧問団と共に夜陰に紛れて水原に移ります。これ以外に、三十三名のアメリカ人一般市民、二〇人の国連朝鮮委員会メンバー、十四名の中国人、五人のイギリス人がいます。なお、カトリック使徒教会のパトリック・バーン司教[*3]はソウルに残ることを決めました。

■水原発／六月二十八日午前十時／ムチオ大使より国務省へ

私・ムチオはノーブル一等書記官ほか大使館職員と共に水原におります。ドラムライト参事官は、私と入れ違いに李承晩大統領がいる大田に行きました。

ところで昨日二十七日早朝、ジョン・ヒューストン・チャーチ少将ひきいる調査団十三名がマッカーサー元帥の命令で水原のK-13空軍基地に到着すると、GHQ朝鮮支部（ADCOM＝Advance Command and Liaison Group in Korea）を設営し、すぐに参謀総長蔡秉徳、軍事顧問団将校二名（ロバート・ハズレット大佐&ジェームズ・ハウスマン大尉）、そして私を相手に事情聴取を開始しました。チャーチ少将は北朝鮮軍の奇襲、漢江《ハンガン》大橋の爆破、総兵力の五〇パーセントが行方不明になった韓国軍の実情について理解すると、即座に韓国軍の防衛体制改善を指示し、同時に、マッカーサー元帥に対し、「北朝鮮軍を三十八度線の向こう側に押し戻すためにはアメリカ軍地上兵力を投入しなければならない」と打電しました。つまり、韓国軍はあてにならないから、今のような空軍と海軍のみによる韓国軍の間接支援では北朝鮮軍の駆逐は無理だと進言したのです。チャーチ将軍の来着とムスタング戦闘機による敵戦車破壊には大きな士気高揚効果がありましたが、北朝鮮の圧倒的優勢は変わりません。ソウルは絶望的であり、金浦空港は敵に制圧され、今や漢江《ハンガン》防衛線の維持がやっとです。

私はこれから一三〇キロ南にある大田に行って李承晩と面談します。

■水原発／六月二十九日午前二時／ドラムライト参事官より国務省へ

ムチオ大使は昨日二十八日午後三時ごろ大田にやって来て、その地で李承晩と閣僚に以下を語りました。すなわち「ソウルは六月二十八日午前十一時三十分に陥落したこと」「アメリカは朝鮮半島に海軍と空軍の投入を決めたこと」「アメリカの陸軍投入は限定的であること」、以上三つです。朝鮮人はソウル陥落を聞いた瞬間、座っていた椅子を蹴倒し、全身全霊で痛憤痛哭の絶叫をあげ、次に、アメリカの援助が足りないと言って毒を含んだ怨み言を吐き散らしました。おのれに何が足りなかったか見つめ直すことをせず、常にアメリカのせいにするという姿勢こそは彼等の正体です。

■水原発／六月三十日午後一時／ドラムライト参事官より国務省へ

昨日二十九日の早朝、篠突く雨の中、ムチオ大使は李承晩を伴って大田から水原に到着しました。それは初めて南朝鮮にやって来るマッカーサー元帥に李承晩がぜひ会いたいと希望したからです。そして急激に天候が回復した同日午前十時三十分、C-54Bバターン号に乗ったマッカーサー元帥が参謀を率いて羽田からK-13水原空軍基地に到着しました。来着組の中にはヘラルド・トリビューン特派員マーガレット・ヒギンズ女史などの記者団やカメラマンがいます。元帥一行が基地の会議室に入ると、李承晩が千年の知己を迎えたように元帥に抱きつき、その後、粘りつくような情緒たっぷりの挨拶をしました。ムチオ大使に怒声を浴びせてから十八時間しかたっていないというのに、相手によって態度をがらりと変える厚かましさはこの人の特技です。

元帥はチャーチ少将とムチオ大使、そして参謀総長蔡秉徳からあらましを聞いた後、薄日がさすソウル街道を車で北上し、漢江の防衛線を視察しました。アーモンド少将、ウィロビー少将ほかの参謀たちを従えて、永登浦《ヨンドゥンポ》と銅雀《トンジャク》の間にある丘陵地帯を約一時間歩いた元帥は、再びK-13空軍基地の会議室に戻り、パイプをくわえてしばらく壁に吊るした大型の作戦地図を眺めていましたが、やおらチャーチ少将に向き直ると「君の言う通り、アメリカの地上兵力を大量投入する必要がある」と言いました。これは漢江からの帰途、だらしなく横たわり、壊乱敗走というぶざまを演じたというのに、なぜかへらへらと笑顔をみせている韓国兵二五〇〇を見た時の印象から出た言葉でした。一事が万事。考えることをどこかに置き忘れてきたような規律も覇気も無いこれら韓国兵の様子はすべての韓国軍兵士に共通する気質だと元帥は見たのです。

ソウル街道では数千人の難民が南へ流れ続けていますが、そういうことはお構いなしの李承晩は元帥を歓迎する晩餐会を思いつき、せめて一泊してくれるよう申し入れましたが、元帥は午後六時十五分に水原を飛びたち、午後十時十五分、羽田に着きました。文字通り日帰り出張です。

戦況についていえば、金浦地区を制圧した北朝鮮兵千五百が数輌のT-34戦車を押し立てて韓国軍左翼に迫っており、水原は風前の灯火です。なおソウル北西五〇キロの汶山《ムンサン》で包囲されていた第一師団の残存兵力は敵の戦線突破を強行し、友軍に合流するため漢江を渡りました。第六師団は春川《チュンチョン》の南方で戦線を持ちこたえていますが、江陵《カンヌン》など東海岸を守っていた第八師団は崩壊寸前です。韓国軍の兵装は軽火器のみなので破壊力は限られており、アメリカ空軍の支援があっても漢江防衛線の維持は絶望的です。

追伸／以下はソウル陥落についての情報です。

元韓国の国会議員だった男がソウルを二十九日の早朝に脱出し、麻浦《マポ》から川舟で水原にたどりつき、その男がソウル市街で見聞きした情報を私たちに伝えました。それによれば、北朝鮮軍の先頭には常に戦車がおり、戦車を中心に展開する歩兵はみな軽機関銃で武装していたそうです。ソウルでは鍾路《チョンノ》と東大門《トンデムン》のあたりで激しい衝突があったけれど、六月二十八日水曜日の正午までに制圧されてしまいました。そして韓国兵が降伏すると虐殺が始まり、それが最高潮に達したのは北朝鮮兵が西大門《ソデムン》の刑務所から共産主義者も犯罪者もいっしょくたに解放してからでした。服役囚の群れは共産主義者を中心に猛烈な復讐に出、警察官と公務員を人民の敵としてなぶり殺しました。それから北朝鮮軍は大量の捕虜[*4]を平壌に連行しましたが、一部はみせしめのためすぐに公開処刑されたそうです。また、平壌放送局から金日成は「李承晩一派とアメリカ帝国主義者退治のために立ち上がったソウル市民に感謝する。これから我々と共に朝鮮を統一しよう」と共闘を呼びかけました。

■東京発／六月三十日午前零時五十分／マッカーサー元帥より統合参謀本部へ
　私は今日、水原から北上して漢江に行き、左岸の防衛線と川向こうのソウル周辺地域を自分の目で観察した。水原方面に向かう道路は共産主義者を拒否し、アメリカを固く信頼する難民でごった返している。北朝鮮軍は、共産圏拡大を目的としたソ連が大規模に武器を供給したおかげで、機甲部隊と戦闘機部隊を保有している。これを無力化するため、私は釜山港の南岸壁と戦略拠点である水原に空輸基地を増設し、物資供給と制空権維持を強化する。ともあれ北朝鮮の戦闘機は漢江防衛線とその後背地にあたる水原を激しく荒らしまわっており、私はこれら防衛線の再構築に全力で取り組まねばならない。防衛線を突破されてしまえば、朝鮮半島全体は共産主義一色に染まるからだ。

　さて、左岸防衛線を視察するうち、私は道に寝そべって敬礼をしようともしない二五〇〇人の韓国軍敗残兵に遭遇した。私はこのだらけた集団を見て、韓国兵は烏合の衆だということがすぐにわかった。北朝鮮軍に追い散らされて逃げて来たこれら敗残兵はカービン銃を持っておらず、ほとんどが丸腰だったが、その理由は逃げるのに邪魔な重い装備を捨ててしまったからだ。韓国軍は軽歩兵の充実が中心で、機甲部隊と戦闘機の攻撃に立ち向かう重火器はアメリカから提供されていない。だが、このハンディキャップを差し引いても、韓国兵には組織行動の基礎が身についておらず、率先垂範の精神も無ければ命令遵守の精神も無いので、必然的に韓国軍は戦場を支配できず、今回のように戦車を見ただけで、ひたすら恐れおののいて壊乱敗走する。韓国軍は、北朝鮮の奇襲を受けて損害を出したため、残存兵力は三万名以下になってしまったと推定されているけれども、じきにこれも逃亡し、韓国軍は反撃する前に自然崩壊するだろう。少し調べてみたところ、韓国軍は防衛のための緻密な準備を一切しておらず、特に物資供給のためのシステムは何も手がついていないことが分かった。作成されなければならない計画は未検討のまま放置されているか、あるいは作成されていても実行に移されていないのだ。驚くべきことだが、韓国軍には最前線との連携を保つ電気通信システムが無い。伝令が駆け足で電気の役目を果たすのだ。アメリカが供給した物資と軍事顧問団がほどこした教育はまったく活かされていない。これには驚いた。

視察の結果を申し述べると、アメリカから空軍と海軍を差し向け、地上掃討は韓国軍に任せるという方式は夢物語である。失地を回復し、北朝鮮軍を三十八度線の向こうに押し戻す能力は韓国軍には無く、アメリカの地上戦闘部隊を派遣するしか手は無い。

もしも私のこの見解が承認されるなら、私の意思で、直ちに一個連隊ほどの戦闘チームを漢江防衛線強化のために急派し、併せて、日本に駐留している二個師団ほどの地上兵力を追加投入して、速やかな反撃を行いたい。アメリカの陸海空軍からなる機動戦が実施出来ないなら、北朝鮮軍の快進撃は続き、李承晩政権は消滅し、南朝鮮は共産圏に組み込まれる。

〈註〉

＊1　安保理は83号決議に続き、次の通り84号決議と85決議を採択した。
①七月七日／84号決議／「安保理はアメリカ合衆国に国連軍統一司令部の設置を勧告する」／票決は賛成7、棄権3（ユーゴスラビア、エジプト、インド）で通過。
②七月三十一日／85号決議／「安保理はマッカーサー元帥を国連軍総司令官に推戴する」／票決は賛成9、棄権1（ユーゴスラビア）で通過。

＊2　ムチオ大使は、二十八日午前二時三十分に韓国軍が漢江大橋を爆破し、民間人八〇〇人あまりが死亡した事件については本国に対し何も語っていない。余談ながら、李承晩は漢江大橋爆破事件の二十四時間前（二十七日午前三時）に特別列車に乗って鎮海に退去しているから、この爆破が李承晩による我が身可愛さで起こされたものだという風評はまとはずれである。

＊3 パトリック・ジェームズ・バーン司教は朝鮮戦争勃発直後の七月二日、北朝鮮の共産主義者によって逮捕された。司教はソウルで裁判にかけられた後、平壌で再び裁判となり、かつて自身の教区があった鴨緑江沿いの道を歩かされて、捕虜収容所送りとなった。移送中、食糧はほとんど与えられず、かつ、悪天候が重なり、司教は逮捕されてから五カ月後の十一月二十六日、肺炎で横死した。享年六十二。司教の遺体は遺言により日本の京都市衣笠カトリック墓苑に埋葬された。

＊4 北朝鮮軍は捕虜のほかに南朝鮮の一般住民を大量拉致し、そのうえで捕虜と一般住民を懲罰部隊に押し込み、督戦隊の銃口の前でかつての同胞である韓国軍に突撃させた。

（2）トルーマンの運命的決断

マッカーサーの現地視察にともなう勧告を受け、トルーマンはワシントン時間で六月三十日金曜日正午に次のホワイトハウス声明を出した。地上兵力投入を承認するこの声明は、朝鮮で起こった武力衝突の様相を一変させてしまったため、運命的な決断と言われており、この意思決定を受け、統合参謀本部は三通の電文をマッカーサーに送っている。

■ホワイトハウス声明

今朝、ホワイトハウスにおける議会指導者との会合の場で、大統領は、国防長官、国務長官、統合参謀本部議長と共に、ごく最近の朝鮮状況について語った。その時、議会指導者たちは大統領から朝鮮政策に対する包み隠すことのない反省の弁を聞かされた。次いで大統領は国連安保理から、大韓民国を支援して北朝鮮の侵略者を撃退し、朝鮮半島の平和を回復するよう要請があったことについて触れた後、次のように告知した。すなわち大統領は、アメリカ空軍による北朝鮮領域の特定軍事目標に対する空爆ほかの任務遂行について承認し、同時に、アメリカ海軍による朝鮮半島全域の海岸封鎖任務遂行について承認した。また大統領はマッカーサー元帥に対し、特定地域を支援するための地上兵力使用権限を承認した。

■ワシントン発／六月三十日午後一時二十二分／統合参謀本部議長ブラドレーより極東軍総司令官マッカーサー元帥へ

統合参謀本部が六月二十九日午後六時五十九分に発信した文書において極東軍総司令官マッカーサー元帥に課した朝鮮への地上兵力投入制限は、日本の安全保障を左右する問題を含んでいることに鑑み、ここに撤回された。よって統合参謀本部はマッカーサー元帥に対し、麾下陸軍部隊のしかるべき兵力投入を認める。

■ワシントン発／六月三十日午後三時五十六分／統合参謀本部議長ブラドレーより極東軍総司令官マッカーサー元帥へ

統合参謀本部は国務長官から、例えば蒋介石政府からの軍事協力の受け入れについては、現地判断ではなくワシントンで諾否判定が行われねばならないという注意勧告を受けた。アメリカ政府は蒋介石総統の軍事協力を受け入れない。それに関する話し合いが元帥と蒋介石総統の間でなされるなら、国務省に事前通知すること。

■ワシントン発／七月一日午前十一時二十八分／統合参謀本部議長ブラドレーより極東軍総司令官マッカーサー元帥へ

①国連安保理から加盟国に対し、大韓民国を支援して北朝鮮の侵略者を撃退し、朝鮮半島の平和を回復するよう要請があったことを踏まえ、大統領は六月三十日金曜日、空軍による北朝鮮領域の特定軍事目標に対する空爆ほかの任務遂行について承認し、同時に、海軍による朝鮮半島全

域の海岸封鎖任務遂行について承認する声明を出した。

②この大統領声明を踏まえマッカーサー元帥は、朝鮮半島全海岸への出入りを差し止めるため、利用可能な武力行使権限が認められる。この差し止め目的は、北朝鮮の海上交通を封鎖し、海上での軍事物資供給を防止することである。また、満州国境とソ連の沿岸水域においては、越境問題を起こさぬよう万全の注意を要する。

③関連する政府通知と海兵隊への出動通知はこれから発信される。

ここで話は飛び、トルーマン大統領のマッカーサー観に注目してみよう。

大統領補佐官イーブン・A・エアーズは一九五〇年六月三十日金曜日と翌七月一日土曜日に起こった出来事を日記に残しており、そこにはマッカーサーの傲慢独善を暗示する不気味な記述がある。

「一九五〇年六月三十日金曜日。

今日は大統領にとっても我々にとっても忙しい一日だった。

午前九時十五分、大事件が起きたらしく、大統領は私の知らぬ間にアチソン国務長官、ジョンソン国防長官、アーリー国防次官、ハリマン前ソ連大使、ブラドレー統合参謀本部議長、コリンズ陸軍参謀総長、バンデンバーグ空軍参謀総長、シャーマン海軍作戦部長に招集をかけ、緊急会議を開いた。

午前十一時、大統領は閣議室に閣僚およびコナリー上院議員を含む議会指導者たち計三〇名を呼び、朝一番の会議で決定したことを知らせた。この会議が進行している間に、陸海空軍を朝鮮半島に投入する声明文が完成し、全員に配られたが、それは大統領声明ではなく、単なるホワイトハウス声明であり、これに関するプレス・リリースは正午だった」

「一九五〇年七月一日土曜日

大統領専用ヨット・ウィリアムズバーグがデラウェア・チェサピーク運河を通過する途中、私は大統領から朝鮮情勢と、マッカーサー元帥について詳しく聞かせてもらった。大統領は、マッカーサーに親しみや敬意といった感情をほとんど抱いていない。大統領はマッカーサーが己を神のように見なしているナルシストで、かつそれ以上に猛烈なエゴイストだと見ていた。今でこそ日本の独裁者となった英雄マッカーサーだが、大統領は大戦初期に日本がフィリピンを包囲した時、マッカーサーがコレヒドール島から脱出し、オーストラリアに逃れ、ウェインライト大将を置き去りにして捕虜とさせたことについて手厳しく批判した。

大統領はダレス報告の中にあった辛辣なマッカーサー評に注意すべきだと言った。ジョン・フォスター・ダレスは国務省顧問としてマッカーサーを訪ね、東京から戻ったあと、一連の出来事について大統領に報告する任務を負っていた。ダレスが大統領に語ったところでは、朝鮮での武力衝突第一報が東京に入った時、マッカーサーはこれをまったく知らずにいたそうだ。ダレスはこれに驚いたが、もっと驚いたのは参謀長以下側近たちの態度だった。側近連中は就寝中のマッカーサーを起こしてその機嫌を損ねたくないと思っており、朝鮮での第一報をマッカーサーが知らずにいたのはそのためだった。この話を終えると、大統領は肩をすくめてどうしようもないなと言ったが、それは大統領がマッカーサーに電話しても繋がるのは半日後だったからで、これはマッカーサーが執務室に電話機を置かせないからだそうだ」

危険なマイペース人間マッカーサーは、大統領が朝鮮に対する新しい決定を下す前に、到底看過できないコンプライアンス違反を犯している。それはトルーマン承認よりも十九時間前、統合参謀本部命令から見れば四十三時間以上も前に、三十八度線越えの北爆を許可したことだったが、それよりも重大な違反は地上兵力を朝鮮半島に上陸させたという事実で、その結果、熊本駐留二十四師団・歩兵二十一連隊チャールズ・ブラッドフォード・スミス中佐以下四四〇名の先遣隊が水原《スウォン》に出動している。

この時、マッカーサーは七十歳。[*1] 健康面はパーキンソン病の兆候があらわれ、集中力が乏しく、ひどい健忘症であり、かつ、自分が難聴であることを隠すため大勢が出席する会議を極端に嫌った。

スコットランド貴族の血筋を引き、[*2] ルーズベルト大統領やチャーチル首相とは遠戚関係だというマッカーサーの表の顔は、ウェストポイント開校以来の好成績で卒業、アメリカ陸軍史上最年少の四十四歳で少将になり、かれこれ三十年近く将軍であり続け、最年少の参謀総長になり、最年少の元帥（五つ星）になったというスーパー・エリートである。なるほど三十年も軍のトップであり続ければ、たいていの人間は阿諛追従に毒され、尊大不遜が服を着ているような具合になろうというものだが、この点では超エリートのマッカーサーも並の人間と変わりはない。

さて、マッカーサーには裏の顔がある。「奴はペテン師だ！」という指摘で、これについては、一時期マッカーサーの参謀だったアイゼンハワーも「その通り！」と認めている。では、ペテン師という穏やかでない指摘はどこからきているのか？　これを検証してみると、なるほどマッカーサーには胡散臭いところがあり、これほど芝居がかった男はそうざらにいるものではないということが分かる。演説にあたってもドラマチックな振り付けを好み、等身大の鏡の前で、信じられないほどリハーサルに時間をかけた。コーン・パイプにレイバンのサングラス、特注の軍帽に皮ジャンパーという元帥の姿はニュース映像に撮られて全世界の映画館で放映されたが、自分の見せ方についてのこだわりはハリウッドのスター女優以上であり、事実、マッカーサーは自分が映るシーンは可能な限り何度も撮り直させ、例えば厚木飛行場に降り立ったマッカーサーはこの瞬間の映像を六回も撮り直し、自分が最も気に入った映像をニュース映画として配信する許可を出した。やっかみが入っているのかも知れないが、「マッカーサーがこともあろうに元帥にまで昇りつめたのは二十世紀に起こった不思議の一つだ」と言う者も多い。手厳しい言い方をすれば、

マッカーサー元帥

マッカーサーに付いてまわる元帥という肩書も、アメリカ陸軍を退職してフィリピンの軍事顧問になった時にフィリピン大統領マニュエル・ルイス・ケソンによって用意されたものだ。そして太平洋戦争が始まると、マッカーサーは軍事的な英雄という宣伝効果を重視したルーズベルト大統領によってアメリカ陸軍元帥に引き上げられたが、本流から弾き飛ばされたまま大戦は終わり、あまり事情を呑み込んでいないトルーマン大統領によって極東軍司令官に任命された。なお、こうなって以降、マッカーサーの毎日は自分の私邸に使っていた赤坂のアメリカ大使公邸と日比谷第一生命ビルにあったGHQを往復するだけで、前線視察などほとんどしておらず、水原視察にしても日帰りだったから的確な意思決定は出来ていない。

■水原発／七月一日午後十一時／ムチオ大使より国務省へ

敵はソウルの麻浦《マポ》で渡河用の仮橋を建設中であり、夜の闇と濃密な川霧を利用して、戦車を渡河させるかも知れません。情報によれば、二〇〇〇を超える北朝鮮兵が九十台のトラックで運ばれ、水原の東方約十五キロにある龍仁《ヨンイン》に侵入した模様です。民衆は韓国軍にかなり失望したけれども、韓国政府を支持し続けており、北朝鮮軍の侵入が始まってもサボタージュや武装蜂起はありません。しかし韓国軍憲兵の制服を着て変装した共産党オルグがジープに乗って水原の幹線道路で『戦車が来るぞ！』と叫び、住民のパニックを引き起こしました」

大使が本国へ右の電文を送っている最中、このパニックはすぐに韓国軍全体に波及し、漢江防衛線と水原飛行場を放棄してしまったから、ムチオは大田に脱出した。

水原飛行場が使えないと知らされて驚いたのはマッカーサーの参謀長アーモンド少将である。バズーカ砲六門、迫撃砲八門、無反動砲四門で武装したスミス中佐率いる先遣隊四四〇名は十数機のC-54Sスカイマスター輸送機に分乗し、福岡の板付基地から水原に向けて飛び立つばかりだったし、先遣隊に随伴する第五十二野砲大隊一三四名もじきに板付へ参着する。最大の想定外は水原のガソリン備蓄タンクと弾薬庫が敵の手に渡ることだった。韓国軍のだらしなさは先ごろ自分の目で見てきたが、わずか一日持ちこたえられない不甲斐なさにアーモンド参謀長は呆れ、ケチが付いたと嫌な感じを覚えたが、すぐに何ほどのこともないと思い切り、集合地を水原から釜山に変更し、そこから大邱、大田、平沢《ピョンテク》を抜け、水原へ向かう方法をとった。

■東京発／七月九日午後一時三十七分／マッカーサー元帥より統合参謀本部へ

「朝鮮の状況は非常に厳しい。我々は最大の努力を払っているが敵の装甲を打ち砕くまでには至っていない。我々の高度に機械化された武力攻撃は効果を現さなかった。北朝鮮軍の保有するソ連製T-34戦車は、我が方のベテラン観測員の報告で明らかなように、先の大戦で威力を発揮した最高水準の装甲だった。観測員はまた、北朝鮮軍の歩兵は、タンクデサント戦術を徹底的に仕込まれた非常に良質のベテラン揃いだったと報告している。

北朝鮮軍の真の姿は二つの事実から成り立っている。第一はソ連が供給した武器と軍事訓練であり、第二はソ連と中国共産党が金日成に提供した数万人の朝鮮系兵士で、これが中核となって土着の朝鮮人を引っ張っている。これが北朝鮮軍の本質である。

我々の兵士は期待に答えており、十対一の圧倒的な劣勢に対し、勇気をもって戦っている。だが、このような状況下で劣勢を挽回するには思い切った手を打つほかはなく、さもなければ、朝鮮半島最南端の釜山周辺を保持することすら危うい。

私は統合参謀本部が認可した一個師団の地上兵力投入だけでなく、これに加え、装備の面で何一つ欠けることが無い四個師団の兵力投入を要求する。私は利用可能なあらゆる輸送手段によって朝鮮にアメリカ第八軍四万五〇〇〇を派遣することを要求する。状況は大きく変化したのだ」

このマッカーサー電文はスミス先遣隊が北朝鮮軍に敗退した事実を伝えるもので、戦闘は七月五日午前八時十六分、北朝鮮一〇七戦車連隊三十六輌に向けて撃った一〇五ミリ榴弾砲の初弾をもって開始となったが、同日午後二時半、先遣隊四四〇名と随伴砲兵大隊一三四名は、無反動砲、迫撃砲、榴弾砲、バズーカ砲をすべて遺棄の上、退却した。ところで、《烏山《オサン》の戦い》という約六時間の戦闘の敗因は、マッカーサーの言うようなものではなく、情報軽視の一言に尽きる。つまりソ連製T-34戦車の装甲がいかなるものかは職業軍人ならば知っていて当たり前の知識だというのに、携行した砲弾一二〇〇発の内、肝心の対戦車榴弾はわずか六発。六発撃って戦車二輌を仕留めたが、残三十四輌は無傷というていたらくだったのだ。そしてこの日も雲は低く、雨が降りしきっていたからムスタング戦闘機の支援は無く、おまけにバズーカ砲は炸薬が劣化していたから、二十二発を撃ち込んでも効果なし。T-34まで五メートルという超近距離でバズーカを三発浴びせ、ようやく始末したという記録が残っている。

それまでマッカーサーは「ワシントンが私の行動を制限しなければ、私は片手を背中に縛ったままで北朝鮮を料理できる」と自信満々だった。そして、マッカーサーは自分の目で漢江周辺の戦場視察を行い、ホワイトハウスの指令を待たずに、先遣隊を朝鮮に投入し、それを追認させるという常套手段を使った。しかし、このうぬぼれ元帥が開き直りとも思えるひどく幼稚な電文を送って来たのは、それからわずか十日だったから、トルーマンは激怒した。

――状況は大きく変化しただと！　マッカーサーとその参謀は揃いも揃って大馬鹿だ！

対戦車砲弾についての呆れかえった顚末を知り、大統領はNSCメンバーに思わず大声を上げそうになった。北朝鮮がT-34中戦車を大量に保有している事実は一年前に提出されたボンド白書に記述されており、その後、CIAが裏付情報を頻繁にもたらしているから、トルーマンが「何をやっているか」と、カツとなるのも無理はない。

――戦争に介入したばかりの今、マッカーサー解任はできない。

間の悪い時期に、間の悪い場所で起こった、間の悪い戦争。

このときアメリカは、七月七日、国連安保理において84号決議を採択に導き、翌八日、トルーマン大統領は大いに躊躇《ためら》いながらマッカーサーを国連軍最高司令官に任命した。ちなみに、この同じ日、日本は警察予備隊七万五〇〇〇名の新設と一九四八年に設立された海上保安庁に対し八〇〇〇名の増員をGHQから認可された。

だが、朝鮮半島の戦況は、次のデータを見れば、急速に悪化していることは一目瞭然だった。

■烏山《オサン》の戦い／敗北

戦闘期間＝七月五日（六時間）

彼我の戦力　アメリカ　五七四名

北朝鮮　五〇〇〇名プラス戦車三十六輌

彼我の損害　アメリカ　戦死・行方不明六十名、負傷二十一名、捕虜八十二名

北朝鮮　戦死・行方不明四十二名、負傷八十五名、戦車四輌喪失

■大田《テジョン》の戦い／敗北

戦闘期間＝七月十四日～七月二十一日（一週間）

彼我の戦力　アメリカ　第二十四歩兵師団一万一四〇〇名

北朝鮮　一万七六〇〇名プラス戦車五十輌

彼我の損害　アメリカ　戦死九二二名、負傷二二八名、捕虜を含む行方不明二四〇〇名

北朝鮮　戦車十二輌喪失、それ以外は不明

北朝鮮軍など鎧袖一触だとなめてかかったマッカーサーと参謀長アーモンド少将はとんだ見込み違いをしており、ウォルトン・ウォーカ中将麾下第八軍を朝鮮半島に投入しても、押されに押された。当然である。北朝鮮軍は土着の匪賊《ひぞく》でもないし、アメリカ軍を見れば逃げてしまう共産ゲリラでもなかった。北朝鮮軍の兵は、赤軍としてヨーロッパ戦線を戦った朝鮮系ソ連兵と、毛沢東の八路軍として日本軍や蒋介石の国府軍と戦った朝鮮系中国兵を中核にしており、そういう歴戦のプロが牽引する勇猛果敢な集団が北朝鮮軍だった。こういう強兵がソ連製の武器を持ち、ソ連式の戦略戦術と中国人民解放軍式の奇策妙計を駆使して三十八度線を越えて来たことを、マッカーサーは分かろうとしていなかったのだ。なお烏山での勝利後、金日成は再びマイクの前に立ち、戦果についての華々しい大宣伝した上で、「アメリカ帝国主義者と李承晩傀儡政府軍から祖国朝鮮を解放するための聖戦に一致団結せよ！」と檄を飛ばした。

　大田の戦いでは師団長ディーン少将が捕虜になるほどの大敗を喫し、その後、ウォーカ中将は、八月から九月までの北朝鮮軍の大攻勢で浦項《ポハン》、氷川《ヨンチョン》、大邱《テグ》、昌寧《チャンニョン》、馬山《マサン》、釜山《プサン》の線を結ぶ滋賀県ぐらいの三角地帯に追い込まれている。《釜山橋頭堡の戦い》と命名されたこの攻防戦は、朝鮮戦争を通じ、北朝鮮軍が最も強力だった時のもので、この戦いに勝利出来なかった北朝鮮軍は、これ以後、空気が抜けた風船のようにしぼみ、二度と戦場を支配することは無かった。

　歴史に〝もしも〟は無いけれども、南朝鮮の社会不安があろうと無かろうと、共産党ゲリラの破壊工作や南朝鮮での人民蜂起があろうと無かろうと、アメリカさえ居なければ、金日成は朝鮮半島をやすやすと征服できた。成功を目の前にしながら、金日成がおのれの野心を達成できなかった最大の理由は物資補給が行き詰ったことに尽きる。この時、金日成には、ソ連軍パイロット付きのヤコヴレフ、イリューシン、アントノフ製の攻撃機があったけれど、制空権はアメリカが上。制海権に至っては完全に負けているから、平壌から釜山に至る兵站ルートは陸上しか残されていない。そういう状態だったから、空爆で鉄道を切断された北朝鮮軍は南朝鮮の住民を強制動員し、空襲の危険が比較的少ない夜間、人力運搬で釜山周辺に取りついた九万八〇〇〇の北朝鮮兵に物資を供給した。この時、小火器用の弾薬は到着したが、重火器あるいは戦車のガソリンにいたっては要求量の三分の一も満たせていない。医薬品の供給はゼロ。肝心の食糧は端境期と重なったため現地調達も無理だったので、兵隊は日に一食がやっと。二食目にありつけたのは、敵の陣地を攻め取り、アメリカ謹製携帯食料を手に入れた時だけだった。

ソ連当局と金日成が見誤ったものはアメリカの出現だけではない。誤算は日本の生産能力で、アメリカは絶対的な制海権のもと、無尽蔵の補給物資を日本から受け取った。日本と北朝鮮の生産競争の結果、金日成は「補給を断たれた軍隊は必ず敗北する」という兵理を地で演じてしまったのだ。

戦いの詰めの段階で北朝鮮軍はソ連軍や中国人民解放軍をまねて、南朝鮮から強制連行した一般住民に肉弾突撃をさせたが、これは背後で督戦隊が銃口を突きつけるという懲罰突撃であり、結局は失敗した。九月十一日以降、北朝鮮軍は全戦線で後退が始まり、九月十四日になってウォーカー中将は全軍に反転追撃を命じている。

ここで余談を一つ。

大田の戦いがたけなわとなっていた七月十九日、李承晩は大邱からトルーマン大統領に向け、例によって無用に長い親書を出している。内容はアメリカ軍奮闘への感謝と、当時の流行語《Comminazis（赤色ナチス）》を交えての共産主義者に対する憎悪表明だが、この親書には肝心なことが書かれていない。それは七月十四日付で韓国軍の作戦統制権を国連軍総司令官マッカーサーに委譲したという事実である。李承晩はこれを別電文でトルーマンに書き送ったのか、それとも大した問題ではないと軽く考えていたかどうか、それは、はっきりしない。これとは別の、もう一つのユニークな事実は、韓国軍は国連軍として朝鮮戦争を闘い、一九五三年七月二十七日に休戦日を迎えるのだが、韓国が国連に加盟したのは休戦から三十八年後の一九九一年九月十七日。日本の国連加盟から三十五年後のことである。ともあれ、二十一世紀の現在も続いている韓国軍のアメリカ軍に対する作戦統制権移譲は一九五〇年七月十四日にマッカーサーと李承晩の間で取り交わされた了解が出発点になっている。

〈註〉

＊1 朝鮮戦争勃発時の各国キーパーソンの年齢は、李承晩七十五歳、スターリン七十二歳、マッカーサー七十歳、トルーマン六十六歳、毛沢東五十七歳、蒋介石六十二歳、金日成三十八歳である。

＊2 おのれの影響力をもてあそび、しかもそれを無上の楽しみとしたマッカーサーの病的なうぬぼれの強さは、南部バージニア育ちの母親メアリー・ピンクニーから吹き込まれた過剰なエリート意識の産物であり、加えて、ウィスコンシン州知事だった祖父と陸軍中将だった父親アーサーからも人種差別を含む同様の精神を叩き込まれて育ったから、これでは謙虚篤実な人格が育つはずも無い。

（3）仁川上陸作戦／マッカーサーの大博打

統合参謀本部議長ブラドレーに対しマッカーサーがクロマイト作戦（Operation Chromite 100B）という仁川《インチョン》上陸計画を通知したのは七月二十三日で、作戦の主旨は「南下している北朝鮮軍主力の背後に上陸し、これをアメリカ第八軍と連携して挟み撃ちにする」とあり、上陸決行日は九月十五日だった。

なぜ、かくも慌ただしく九月十五日としたのか？

マッカーサーの命令でこの作戦を実施レベルに落としたジェームス・ヘンリー・ドイル海軍少将とエドウィン・ケネディ・ライト陸軍准将は決行日の確定根拠について次のように説明しており、少し長くなるがそれを記載する。

★仁川を含む朝鮮半島西側水域には無数の島々が点在し、これら島々の間に沈殿した大陸の黄土は、長い歳月をかけて独特の〝干潟〟を作った。特に平均干満差六メートル九〇センチ、大潮の時には一〇メートルを超える仁川沿岸は世界有数の干潟であって、干潮時には仁川岸壁から三キロ以上も泥砂が張り出し、これが天然の防御施設になる。

★干潟は胸までつかる黄土であり、このような所に海兵隊員が飛び込めば、動きを止められ、銃弾の乱射を浴びて全滅する。よって上陸作戦を決行する場合、大潮・満潮時に舟艇を仁川岸壁に到達させ、その上で高さ五メートルの岸壁を海兵隊員に越えさせねばならない。そうしないと干潟に捕まって大惨事になる。

★上陸用舟艇を仁川岸壁に接岸させるためには、舟艇を運ぶ大型艦船は《飛魚水道》[*1]という唯一の水路を使わねばならない。飛魚水道を進む艦船は仁川岸壁から一・五キロの水域にある月尾島《ウォルミド》付近に到達した後、海面に舟艇を下ろし、兵員を舟艇に移乗させる。この曲がりくねった飛魚水道は幅一八〇〇メートル、水深十五メートル、長さ約九〇キロで、流速は五ノット（時速九・五キロ）に達する。

★飛魚水道は絶好の機雷敷設水域であり、ここで一隻でも触雷すれば飛魚水道は完全に塞がれ、上陸作戦はそこで終わってしまう。触雷の危険を回避するためには、大型艦船は必ず昼間に航行しなければならない。加えて〝満潮時〟という条件が重なるため、上陸決行は夕方でなければならない。朝方の満潮時に上陸を決行する場合、大型艦船の飛魚水道通過は夜間になってしまい、触雷の危険に遭遇するからだ。

★仁川上陸には〝大潮〟および〝夕方の満潮〟というタイミングをねらって実施しなければならない

ため、九月十五日とした。十月十一日、十一月二日も大潮になるけれど、十月以降の玄界灘と黄海は激しい季節風が吹き荒れ、兵員および武器弾薬の揚陸作業が困難になる。

ブラドレーはすぐにこの計画を太古の昔から使い古されている包囲殲滅作戦だと理解した。なおマッカーサーは統合参謀本部への通知にあたって、B案（仁川上陸）の他に、CとD、二つの案を提起しており、Cは仁川の南方一六五キロにある群山《クンサン》へ上陸し、大田攻略後、北朝鮮軍の右翼背後を突くという案。Dは仁川の東方二一〇キロの注文津《チュムンジン》（朝鮮半島東岸）へ上陸し、江陵と原州《ウォンジュ》の線を抑え、北朝鮮軍の後方を遮断するという案だったが、もとよりマッカーサーはCもDも眼中に無い。Dは敵の防備が手薄になっている場所を突くという利点があるだけで、こんなところに上陸すれば、一〇〇〇メートル級の太白《テベク》山脈を越えて進軍しなければならず、重火器と機甲部隊ほか物量に物を言わせる作戦ができないので最初から捨てている。またCの群山は、無難かも知れないが、首都ソウルは諦めねばならない。だが仁川なら、ソウルまで四十キロと指呼の間にあり、電撃的にソウルを奪還すれば、心理的、政治的においても影響力は大きい。だから仁川だとしている。

――目立ちたがり屋のマッカーサーが考えそうなことだ！

ブラドレーは自分より十三歳も年上の厄介な大先輩にうんざりした。それにこの計画が知らされた七月二十三日といえば、アメリカ第二十四歩兵師団が大田で大敗した頃だったから、仁川奇襲どころではない。マッカーサーに待ったをかけねばならないと思ったブラドレーは即座に陸軍参謀総長コリンズ大将、海軍作戦部長シャーマン大将、空軍参謀総長バンデンバーグ大将を招集し、クロマイト作戦の検証を命じた。

検証結果は、マッカーサーに対する否定的偏向《ネガティブ・バイアス》が根底にあるから、否定的な意見で埋め尽くされてしまったが、中でも次の五項目によって検証者は、仁川上陸というアイデア自体、危険極まりない博打だと決めつけている。

①釜山と仁川は直線距離でも三五〇キロは離れている。仁川上陸のために東京の国連軍総司令部は第十軍団を新編成する。これはアメリカ第一海兵隊師団、同第七歩兵師団、韓国第十七歩兵連隊から成っているけれども、問題がある。国連軍総司令部は、釜山橋頭堡を守るアメリカ第八軍から最も頼りになる第五海兵連隊を引き抜き、これを第一海兵隊師団の中核に据えて仁川に持って行こうとしている。この兵力分割は各個撃破の危険を招く。また国連軍総司令部は第七歩兵師団という在日アメリカ軍のすべてを仁川に振り向けようとしており、これをやれば日本の治安維持に問題が生ずる。

②仁川上陸を支援する艦船が不十分なため、釜山橋頭堡の第八軍に対する補給船を転用しなければならない。上陸に失敗し、それら艦船が消滅したならば、第八軍への補給がダメージを受け、朝鮮半島からの撤収も出来ず、全員捕虜というアメリカ史上前代未聞の恥を晒すことになる。

③飛魚水道には標高一〇五メートルの月尾島《ウォルミド》があり、その砲台は港内へ向かうあらゆる航路を射程に置いているから、上陸作戦前にこの島を制圧しなければならない。そのためには最低でも上陸一日前から艦砲射撃ならびに艦載機による爆撃を必要とする。こういう事前砲爆撃を実行すれば、前提としている奇襲はまったく望めないし、干潟という自然条件があるため、作戦実行日だけでなく実行時間まで特定され、待ち伏せに遭う。

④仁川上陸は〝大潮〟および〝夕方の満潮〟という制約があるおかげで、資材を含む揚陸のための時間は二時間半しかない。決行となれば今までにないアイデアを考え出す必要がある。

⑤上陸は五メートル以上の仁川港岸壁を乗り越えねばならず、これは橋頭堡設営のための大きな障害になる。また上陸部隊は人口過密地の仁川市街に向かって攻撃しなければならず、ここに存在する建造物はすべて敵による抵抗拠点として利用され、大きな障害になる。

再度会議を招集したブラドレーは、「検証結果は惨憺たるものだ。唯一楽観視できるものは敵の兵力配備で、ソウル五〇〇〇名、仁川一〇〇〇名、金浦五〇〇名、月尾島《ウォルミド》一〇〇名と見積もっている」と、言ってコリンズ参謀総長ほかの会議参加者を見まわした。

「全部で約七千名です。しかし東京では、おそらくこれより低い見積もりをしているでしょうな」と、コリンズ。

「大戦中に実行した上陸作戦方式は今や時代遅れになっている。うれしいことに、北朝鮮に軍事教育をほどこしたソ連は海上からの上陸作戦をやったことが無い。だから北朝鮮軍は進歩から取り残された軍隊に育っているかも知れない。しかし、我々にとって有利な敵の経験不足を加味しても、マッカーサーの仁川作戦は賭博性が極めて高い」と、ブラドレー。

「仁川上陸作戦が問題なのは《第八軍と連携した挟撃》と《ソウル奪還》という明らかな二重目的が存在する点です。仁川ではなくＣ案の群山《クンサン》上陸なら、我々の懸念も緩和されるのですが」と、シャーマン。

「マッカーサーの信念と霊感の産物だよ、仁川は。こういう計画にＧＯサインは出せない。中止して欲しいとは思うが、それではマッカーサーが承知すまい。落としどころは群山だ。それなら私も腹落ちする」

ブラドレーはそう言うと、陸海空の重鎮に向かって東京へ行ってくれと付け加え、会議を終わりにした。

コリンズ大将（陸軍）、シャーマン大将（海軍）、エドワーズ中将（空軍）、および多数の随行員がワシントンを飛び立ったのは八月十九日午後零時二十四分で、一行は二十一日に羽田へ到着。帝国ホテルに投宿し、八月二十三日水曜日午後五時三十分、マッカーサーとの会談に入った。この時の様子は八月二十二日の朝日新聞朝刊に「羽田飛行場でマッカーサー元帥の出迎えを受ける米軍三首脳」とキャプションの付いた写真と共に次の記事が報道されているけれども、記者たちは第一生命ビルのＧＨＱで何が始まろうとしているのかについては書いていない。

■朝日新聞／八月二十二日火曜日朝刊

「直ちに会談開始／きのう入京の米軍首脳／コリンズ米陸軍参謀総長、シャーマン米海軍作戦部長はエドワーズ米空軍参謀次長と共に二十一日午前八時八分、特別仕立ての米空軍機で羽田飛行場に到着した。朝鮮動乱突発以来、コリンズ参謀総長は二度目、シャーマン作戦部長は最初の訪日である。飛行場にはマッカーサー元帥はじめストラトマイヤー米極東空軍司令官、ジョイ米極東海軍司令官ら在京米軍高官および一足先に入京していたラドフォード米太平洋艦隊司令長官が出迎えた」

※　※　※

八月二十三日午後五時、将官五名、随行員十五名というワシントンからの一行は、第一生命ビルの車寄せで白ヘルメットのＭＰが捧げ銃《つつ》で迎える中、列柱のあいだを通り、巨大な稲田花崗岩をくりぬいた正面入り口を抜けてビルの中に吸い込まれていった。この日は摂氏三十五度。しかしビル内は戦後すぐに東洋キャリヤ工業が据えつけた全館空調設備のおかげでひんやりしている。一行はエレベータで六階に昇り、大会議室に通された。観音開きの扉から中に入ると窓際に装飾的な太い柱が二本ある。窓から見おろせば、そこには帝劇の屋根があるはずだが、今日は機密漏洩を危うんでピリピリしていたから、窓はカーテンで閉じられている。会場設営者は柱のあいだをプレゼンテーション用スペースにしており、ここに五万分一縮尺の仁川周辺地図と朝鮮半島全体地図、そしてボードスタンドを置いた。そのすぐそばにサイドテーブルを置き、自分の執務室にあった精工舎の大理石置き時計[*2]を乗せたのは会議の進行役を務めるアーモンド少将で、厭味ったらしくこういうモノを持って来たのは、「説明は八分以内」を徹底させようとするための措置だった。新日本国憲法の草案作成舞台となった大会議室は奥行き十一・五メートル、幅十六・二メートル、天井までの高さ五・九メートルとかなりの大きさだが、今日は演台に向き合う形で会議机をコの字型に配置し、ここに元帥、大将クラスのお偉方が多数座ったから、何人かの随行員は壁の花もどきに立ち見となった。

午後五時三十分、マッカーサー元帥、アーモンド陸軍参謀長、ヒッキー陸軍副参謀長、ライト陸軍准将、ウィロビー情報部長（少将）、ドイル海軍少将、ジョイ極東海軍司令官、ストラトマイヤー極東空軍司令官、ストラブル第七艦隊司令官、および十五名の佐官級スタッフが現れたが、このうち何人かのスタッフは会議室から溢れ、隣の参謀部屋で待機となっている。

身長一八三センチのマッカーサーがこのとき何か縮んでしまったような感じだったのは、元帥のトレードマークとなっている特別あつらえの軍帽をかぶっていないためであり、かつ、今は、ニュースカメラを意識した威圧的なコーンパイプではなく、使い慣れた手の中に納まるほど小さいブライヤーパイプをくわえていたからだ。しかもこの時はお馴染みのレイバン・サングラスもかけていないから、マッカーサーは化粧を施していない女優と同じで、生の元帥を見たことが無いワシントンから来た若手随行員は、聞いていた話と現実の落差にびっくりしている。

マッカーサー信奉者として自他共に認める戦闘的な緑色の目をしたアーモンド少将と、それとは逆に、仁川上陸作戦には否定的なドイル海軍少将は別とし、元帥配下の他の将官たちは、ひたすら表情を消して成り行きを見守っており、この人たちからは、元帥とワシントンから来た三人の将官に意思決定を委ねてしまった者に特有の、肩の荷を下ろして高みの見物を決め込んでいる気分が漂っていた。

会議は元帥の簡単な挨拶でスタートし、それを引き取ってアーモンド少将が議事進行役を務めた。まず作戦部長のライト准将が仁川計画を説明。次にドイル海軍少将は九名の佐官級スタッフを会議場に呼び入れて一人当たり八分の説明をさせ、最後に「私が申し上げられる精一杯の限度は、《仁川は不可能ではない》というこの一言です」と言った。ドイルが言わんとしたものは、この作戦が冒険以上の冒険だという意味である。

東京側の仁川作戦説明は午後七時に終わり、この間、マッカーサーは一回だけ質問したが、元帥はこれまでに十四回もドイル説明を聞いていたから、質問自体、大したものではなかったようで、その内容は記録に残っていない。

ついで、ワシントン側が意見を述べた。この時、ワシントン側は元帥に対し、すでに検証した項目を中心に容赦なく意見陳述を行っている。そして陳述の最後にシャーマン作戦部長とコリンズ参謀総長は次のように述べた。

シャーマン「仁川は上陸作戦に不向きなすべての条件を備えています」

コリンズ「仁川は釜山から余りにも離れており、ウォーカーの第八軍と連携できるかどうか疑問です。それどころか北朝鮮は必ずソウル周辺に大軍を集中するだろうから、仁川上陸部隊は逆襲され、釜山の第八軍ともども各個撃破されるかも知れません。そこで私たちは代替案を提起したいと思います。仁川を止めて群山にしてはいかがでしょうか？」

シャーマン「海軍も同意見です。危険な仁川は取りやめて、手堅く群山に変更すべきと考えます」

ワシントン側の発言は終わった。マッカーサーの左手にある西側壁面の掛け時計は午後七時四十五分を指している。

重苦しい沈黙の中、マッカーサーはアーモンドにさりげなく合図を送り、自分が語り出す前にわずかな〝間〟を作って張り詰めた室内の空気をさらに緊迫させ、静かな低音で次のように語りだした。

「金日成はアメリカが弱いと見くびり、体内ではドーパミンが止めどなく分泌され、平静など保っていられないはずだ。舞い上がった金日成は、今ここで決着をつけようと決心し、すべての力を釜山橋頭堡に集中させるだろう。それは仕手戦の大一番で全財産をつぎ込む人の振る舞いと何ら変わらない。間違いなく金日成は仁川の守備兵力を最後の一兵まで引きはがし、釜山攻撃に向かわせている。……先ほど諸君が実行不可能として上げた問題は、視点を変え、己の偏向《バイアス》を外し、とらわれの無いニュートラルな気持ちで見れば、それだけ奇襲の効果は高いという証《あかし》になる」

そう言うと元帥は、七年戦争のケベックをめぐる攻防戦において、イギリス軍が険しい断崖をよじ登って決行した奇襲作戦によりフランス軍に大勝利をおさめ、戦争を終結に導いたという故事を引き、ケベックと同じような自然環境の仁川に金日成が大軍を置いて守っているはずが無いと言った。ここで元帥はやや高い、力強い声で、群山に上陸して敵を包囲しようとしても、実際には包囲にならない。また敵の補給線を切断することもできないから上陸には意味が無い。群山は不完全な包囲で、これくらい無益な作戦はない、と言った。

「北朝鮮の主要補給線はすべて一度ソウルに集まり、そこから戦線のあちこちに伸びている。だからソウルを抑えれば敵の物資供給は完全にストップする。海から仁川に上陸し、ソウルを占領した後、第八軍と連携して北朝鮮軍主力を包囲殲滅すれば、金日成は白旗を揚げ、戦争は終わる。だが、釜山から攻め上ってソウルを陥落させようとするなら、そのために一〇万人のアメリカ兵が犠牲になるだろう。……我々は兵力こそ北朝鮮よりも劣っているが、補給については日本という医薬品から砲弾まで何でもござれの大補給センターを持っている。しかし制空権も制海権も失った北朝鮮では補給など無いに等しい。そういう敵に対しては、仁川からソウルを攻撃し、この地を抑え、釜山から北上する第八軍と挟撃作戦を展開すれば、簡単に相手を干乾しにできる。……今、我々は自由主義社会の威信が保てるかどうかというギリギリのところにいる。全世界が朝鮮半島の戦局を見守っている。共産主義陣営が世界支配への第一歩を踏み出すため、アジアを選んだということは明白な現実なのだ。対決の場はベルリンでもウィーンでもなく、ロンドン、パリ、ワシントンでもない。それは南朝鮮の洛東江《ナクトンガン》なのだ。我々は、今、現にこの戦場で共産主義陣営の敵とまみえている」

マッカーサーはここで立ち上がり、大型作戦地図の前に進み出ると、パイプの柄で釜山橋頭堡の線をなぞりながら言った。

「ヨーロッパでの対決はまだ口喧嘩程度だが、我々はここですでに武器をとって戦っている。もしも我々がアジアで共産主義者との戦いに敗れたら、次にはヨーロッパに重大な危機がやって来るだろう。もしも我々が朝鮮半島で勝てば、ヨーロッパで戦争はおそらく起こらないだろう。しかし、もしも我々がここで躊躇《ためら》いという致命的な失策を犯し、間違った決断を下したら、もはや打つ手は無い。こう言っている間も運命の秒針は時を刻んでおり、カチカチという音が聞こえるような気がする。我々は今こそ果敢に行動すべきで、そうしなければ自由世界の死が待っているだけとなってしまう。仁川上陸は必ず成功する。間違った決断で戦場に倒れるはずの一〇万人を殺さずに済ませられるのだ」

マッカーサーの話が終わった時、時刻はちょうど午後八時三十分だった。

拍手喝采は無かったが、かなりの数の若手随行員はこの一瞬でマッカーサー教の信徒になった。これを傍証するものとしてジョイ提督の感想が次の通り、日記に書かれている。

「我々はきっかり四十五分間、元帥の考えを聞いた。私自身はといえば、仁川上陸に関する不安は消えてしまった。完全に説き伏せられたのだ。ワシントン組のシャーマン提督だけは納得していなかったかも知れないが、多分、列席したほぼ全員が私と同じ心境になっていたものと思う」

ジョイ提督

ジョイの推察は半分あたっていたが、少なくともワシントンからやって来た将官たちは釈然としていなかったし、中でもシャーマン作戦部長はまったく不同意だった。元帥は作戦成功の決め手を「仁川は無人だ」という一点に置いているが、その科学的根拠はどこにもない。

そこでシャーマンは翌二十四日、余人を交えず一対一で元帥と渡り合った。

このときシャーマンは水掛け論を避けるため、論点を〝秘匿〟に絞っている。つまり仁川成功のためには奇襲が大前提だったから、そのためには上陸作戦の存在自体を最後の最後まで隠し通さねばならない。しかし、上陸の準備作業が日本の横浜と神戸という港湾都市で行われるため、秘匿など不可能だということが見えている。すなわち横浜と神戸は共産党シンパの諜報員がうようよしている有名なスパイ天国であり、こういう場所で大船団が集結し、膨大な量の補給品が積み込まれるならば秘匿は無理で、すぐに敵前上陸の気配を金日成が察知するだろうと指摘した。

もう一つ別のシャーマン指摘も〝秘匿〟に関連することで、仁川作戦実施となれば、その前面に障害物として立ち塞がっている月尾島《ウォルミド》を制圧しなければならず、もしもこの島の制圧に時間を喰ってしまえば〝大潮＋満潮〟というタイミングを逸する。逸してしまえば干潟の妨害に遭い、これでは奇襲にならない。いくら何でも金日成はそこまで馬鹿ではないから、我々が月尾島を制圧しようとしている間に、敵は仁川とソウルに大軍を投入し、迎撃態勢を整えてしまうだろうと指摘した。

しかしシャーマンはマッカーサー説得に失敗して帰国した。かくして八月二十九日、マッカーサーにはワシントンから次の電文が届いた。

「統合参謀本部はマッカーサー元帥が朝鮮半島西海岸へ地上兵力を投入することに同意する。上陸地点は仁川か、仁川南方の上陸適地のどれでも可とするが、仁川上陸は、仁川付近の敵の防備が軽微である場合に限る。なおマッカーサー元帥が群山《クンサン》に上陸して敵の右翼を包囲したい希望を持っていれば、これについても同意する」

意味深長なブラドレー電文を受け取ったマッカーサーは、八月三十日、《クロマイト１００-Ｂ計画》、すなわち仁川上陸作戦計画の発動を下令した。上陸は当初予定の通り九月十五日である。なおブラドレーからは九月九日に「統合参謀本部はマッカーサー元帥の仁川上陸作戦を承認し、その旨、大統領に報告した」という最終的な作戦承認の電文が届いている。

――金日成《キム・イルソン》は……

すべての力を釜山橋頭堡に集中させ、仁川をもぬけの殻にしているだろう！

信念の人、マッカーサーはこのように想像したが、実際その通りになった。

以下はそれを裏付ける傍証である。

【証言①＝北京駐在ソ連大使ニコライ・ワシリエヴィッチ・ロシチンに関する件】

「朝鮮戦争勃発の一週間後、すなわち七月二日、周恩来《チョウ・エンライ》は中南海《チョンナンハイ》に私・ロシチン大使を招き、『アメリカ軍は三十八度線に近いどこかの海岸に上陸して北朝鮮軍を窮地に陥れる可能性がある。特に、仁川周辺部が危ないから、ここに強力な防衛線を敷き、ソウルの守りを固めておくべきではないか』と切り出し、次いで『随分前から毛沢東《マオ・ツォートン》が金日成にアメリカの軍事介入を警告していたにも関わらず、金はこれを無視した』と不満をあらわにしながらも、『アメリカ軍が三十八度線を越えれば、中国は北朝鮮軍の軍服を着た志願軍を送り込んでアメリカ軍を痛打する用意があり、我々はすでに満州で三個軍団十二万人の兵力を集結させている。ついては、志願軍派遣の際にはソ連空軍の援護を大いに期待する』と要請した」

ロシチン大使の報告を受けたスターリンは「アメリカ軍が三十八度線を越える場合に備えて、中国が義勇軍十二万人を中朝国境に集結させた決定は正しい。ソ連は最大限の努力をもって志願軍を空から支援しよう。なお中国は、本国で病気療養中の倪志亮《ニィー・チリャン》大使に代わる代表を速やかに平壌へ送り、中朝双方の連携を強化してもらいたい」と応えた。これを受け、中国は柴成文《チャイ・チャンウェン》を平壌に特使派遣した。

【証言②＝中国政務次官・特使柴成文に関する件】

「私・柴成文が特使として金日成と九月四日に面談した時、金日成はスターリン重視の姿勢を貫き、スターリンの心証を良くする思惑から、中国大使館および私・柴成文特使に対し情報遮断の挙に出、かつ、観戦武官を北朝鮮軍部隊に派遣したいという中国側の要望も無視しました。私は金日成に『戦争は釜山橋頭堡で膠着状態に入ったのではないか』と指摘しましたが、金日成は自信満々といった様子で、『我が勇敢なる突撃部隊の攻撃は今始まったばかりだ。すぐに橋頭堡へ大穴を開け、戦局は激変する』と応じました。そこで私は『アメリカ軍は北朝鮮軍の背後で上陸作戦を実施するのではないか』と水を向けたところ、金日成は『アメリカ軍にはそんなことをやる余裕はない。我々の背後に上陸する力はない』と断定的にこたえ、この瞬間、金日成は冒険的な姿勢を一層あらわにしました。

金日成は、最初はアメリカ軍の介入を予想せずにいましたから攻撃開始後一カ月で李承晩の傀儡政権を地上から一掃できると考えていたのです。次にアメリカ軍が本格介入すると、《八月十五日までに共産主義の敵を海に追い落とし、八月を勝利の月にしよう》というスローガンを掲げ、大量の一般人民や学生を未教育訓練のまま戦場に投入しました。こういう無我夢中の振る舞いを見れば、金日成は常軌を逸し、大博打にすべてを注ぎ込む熱に浮かされた人間になっていることがよく分かります」

柴成文は一時帰国し、九月十日、平壌に戻った日、周恩来の指示で金日成と緊急面会し、「北朝鮮軍は戦略的退却を検討すべきだ」と申し入れた。しかし金日成の答えは「私は一度たりとも後退を考えたことは無い！」だった。

【証言③＝金日成の特使李相朝《リ・サンジョ》に関する件】

朝鮮戦争の戦局が釜山橋頭堡をめぐって退くも進むもならぬ消耗戦となった八月、毛沢東は北京駐在北朝鮮大使の李周淵《リ・ジュギョン》と一度、そして金日成が毛沢東のもとに送った特使の李相朝と一度面談した。以下は李相朝が明らかにしたそれら二回の面談記録と毛沢東発言に対する金日成の反応である。なお、李相朝は金日成の有力な側近であり、朝鮮戦争の休戦会議では交渉官だった。戦後李相朝は金日成に反抗してソ連に亡命。終焉の地は韓国で、脱北者として一九九八年に病死した。これはそういう男の証言である。

「毛沢東は、『北朝鮮軍は二つの過ちを犯した』と非常に辛辣な評価を我々に語りました。第一の過ちは充分な決戦兵力としての予備軍を持たず、全戦線に均等に兵力分散をしたことであり、第二の誤ちは敵の殲滅ではなく、単に敵を撃退して領土奪取で満足していることだ、と指摘したのです。これに加えて毛沢東は、『〝仁川とソウル〟そして〝南浦《ナムポ》と平壌〟という二つの要衝は敵の奇襲を受ける可能性が高く、早急に手を打っておかねばならない。さもないと北朝鮮軍は補給線を敵に切断されてしまうだろう。この二つに対し防備を固める余裕がないなら、金日成は釜山橋頭堡からの戦略的撤退を検討すべきだ』と忠告しました。そして同席していた毛沢東に次ぐ序列第二位の劉少奇《リウ・シャオチー》も、敵からの後背地奇襲については毛沢東よりも強い口調で警鐘を鳴らしました」

　これらを李相朝から報告された金日成は、八月二十六日、シトウィコフ大使に「アメリカ軍が仁川と水原で上陸作戦を実施するという話を聞いた。これを跳ね返すため中国人民志願軍を受け入れたい」と持ちかけた。シトウィコフは即座にこれをクレムリンに伝えた所、八月二十八日、さっそくスターリンから金日成に次の電報がよせられた。

「ソ連は金日成主席の戦争努力によってアメリカ軍がじきに朝鮮半島から追い出されるものと確信している。最終的な勝利のための部分的な挫折や局所的な敗北という些事を気に病んではならない。ソ連は、必要とあれば、さらに攻撃機と戦闘機を北朝鮮軍に提供する用意がある」

この電報を金日成が読み終わるや否や、シトウィコフ大使は「中国人民志願軍を北朝鮮に呼び込むのは時期尚早だというのがスターリン同志の強い意向だ」と述べたから、金日成は以後、中国を遠ざけ、すべての希望をスターリンに託すと決めた。

李相朝はこの件について次のように付け加えている。

「金日成は仁川とソウルから兵を引き抜き、すべてを釜山陥落という一か八かの大勝負に賭けました。金日成は北朝鮮軍を釜山橋頭堡一本に絞り、中国の志願軍も断ってしまったから、かくして仁川とソウルは防備手薄となり、そこをアメリカ軍に攻撃されたのです。毛沢東の忠告と提案を無視すると決めた金日成は、私に『このことは他に漏らすな!』と厳命しました」

※　　※　　※

信念と霊感によって決定したマッカーサーの仁川上陸を成功に導いたものは、脳内異変のスターリンに惑わされた金日成の判断ミスだったが、それ以外には九月一日から九月十五日まで上陸地点の偵察に当たった海軍情報部所属ユージン・クラーク大尉の存在がある。

偵察チームはクラーク大尉を含め全部で五名。《The Secrets of Inchon》という大尉が著した回想記によれば、このチームの中には延禎《ヨンヤン》と桂仁洙《ケ・インジュ》という韓国軍の将校が入っている。

飛魚《ウォルミド》水道の入口に位置する亀の甲のような直径五キロの霊興島《ヨンフンド》を根城にした大尉は、この日以降、仁川港と月尾島の防備状況ならびに底なし沼のような干潟の実態を逐一東京のGHQに暗号無線で通報した。その中には北朝鮮軍がまだ機雷敷設[*3]を行っていないことや、水道唯一の標識となっている八尾島《パルミド》の灯台は修理すれば使い物になるということが含まれていた。こういう次第で、大尉はキジア台風が影響した強風雨の中、GHQ命令の通り、九月十四日二十四時ちょうど、八尾島灯台に点灯し、マッカーサーが乗り込んだ揚陸指揮艦マウント・マッキンリーを含む二三〇隻の船団と兵員四万九八八五名を無事に予定戦場へ送りこんだ。

■朝日新聞／九月十五日金曜日朝刊
★仁川を猛砲爆撃／攻勢転移の下準備か／ＡＰ特約
　米英連合艦隊の巡洋艦、駆逐艦ならびに七十七機動部隊所属の艦載機は十三日未明から十四日にかけて韓国西海岸の仁川港に猛砲爆撃を集中した。国連海軍部隊による北鮮軍後方への新作戦はウォーカー第八軍司令官が言明した国連軍総反撃作戦に対する下準備とも見られている。仁川沖合の諸島には八月中に韓国海兵隊が上陸し、敵の海上補給路を切断。いっぽう全長三三八キロメートルにおよぶ韓国西海岸一帯は十二日から十四日までの三日間にわたって艦載機による猛爆撃をうけた。
■朝日新聞／九月十六日土曜日朝刊／国連軍、大反攻を開始
★仁川、群山へ上陸／マ元帥、最前線乗込み
【仁川付近にて、ホワイトヘッド、ビル・ロス両記者十五日発＝ＡＰ特約】米海兵隊ならびに歩兵部隊は十五日、韓国西海岸の仁川に大挙上陸し、北鮮軍を攻撃中である。マッカーサー国連軍総司令官は戦闘開始のその瞬間からこの作戦の陣頭指揮をとった。

【仁川前線特電十五日発＝ＡＰ特約】十五日早暁、米海兵隊が月尾島に最初に上陸してから三時間半後、マッカーサー元帥は小型のランチに移乗し、仁川の上陸海岸を視察した。なおマ元帥は台風の通過に先立って一昨日十二日、空路東京を発し、佐世保で揚陸指揮艦マウント・マッキンリーに座乗。
★上陸三十分で仁川に進撃
【第七艦隊旗艦上にて十五日発＝中央社＝共同】足掛りは月尾島／米海兵隊は十五日午前六時半、海空軍の猛烈な砲爆撃の下に、仁川から数キロを隔てた月尾島に上陸。北鮮軍の軽微な抵抗を排し、わずか二十八分で同島を占領。北鮮軍八〇名が投降した。主力部隊の上陸は午後五時ごろから行われ、

島の北方、南方、中央部の三方から突堤を渡って仁川に進撃した。

【仁川海岸にて十五日発＝ＡＰ特約】米海兵隊と歩兵部隊の精鋭は十五日仁川に上陸し、上陸後三十分にして仁川市内に進撃した。米上陸軍は建物の陰に隠れた北鮮軍砲兵陣地から激しい砲火を受けたが、米、英軍艦の巨砲は即座にそれら陣地を建物ごと吹き飛ばし、また待機していた空軍攻撃機もいっせいに北鮮軍陣地に急降下爆撃を行い、ロケット弾を雨のように投下した。

【第七艦隊旗艦上にて十五日発＝中央社＝共同】二六〇隻が参加／米海兵隊は十五日朝、仁川へ果敢な上陸を行ったが、この作戦には七カ国の軍隊から成る二六〇隻の艦船が参加した。

【釜山前線にて十五日発＝ＡＰ特約】李鎮洙《イ・チジュ》韓国国会議員は十五日ＡＰ記者に対し韓国軍は米空軍支援のもとに群山《クンサン》に上陸したと言明した。

★東海岸（浦項《ポハン》、盈徳《ヨンドク》）にも上陸

【韓国基地にてジョーダン記者十五日発＝ＡＰ特約】第八軍スポークスマンは十五日、韓国軍一個大隊が東海岸の浦項東北三キロの地点に敵前上陸したと発表した。同大隊は上陸後空軍の支援を要請したが、この上陸作戦は同地区における北鮮軍の退路を断つ目的を持つものとみられる。同じく、第八軍スポークスマンの発表によれば米海兵隊は十五日盈徳にも上陸した（ＵＰ共同）

★ミズーリ号参加、三陟《サムチョク》砲撃／総司令部十五日午後五時十五分発表

国連軍海軍ジョイ中将の発表によれば、日本降伏の調印式で使われた戦艦ミズーリ（四万九〇〇〇トン）が十五日初めて朝鮮の戦列に参加し東海岸三陟の北鮮軍軍事目標に十六インチの巨砲を発射した。

これら新聞報道とは別に一等書記官ハロルド・ジョイス・ノーブルは《Embassy at War／朝鮮戦争中の在韓米大使館》という回想録の中で仁川の出来事を次のように綴っている。

「私は日本の新聞を即日入手していたので、仁川計画そのものが日本では公然の秘密となっているこ

とを知っていましたが、釜山では様子が違っていました。ムチオ大使と私は、毎日午後四時に開かれる第五空軍の連絡会議に出席しましたが、この上陸作戦については空軍から正確な情報は何一つ知らされませんでした。それでも私は、第五海兵連隊が揚陸艦に乗船したのを目撃したので、仁川上陸作戦が間近に迫っていると察しはつきました。

ところで国連軍が沙坪里《サピョンリ》から漢江《ハンガン》を渡って西氷庫《ソビンゴ》に取りつく前の九月二十五日、マッカーサー元帥からムチオ大使に電報があり、「九月二十九日金曜日にソウルで首都返還式典をやるから、大韓民国政府、国連朝鮮委員会、ならびにすべての外交団をソウルに招待したい。調整を大使に一任する」と言ってよこし、ここからセレモニーの準備が始まりました。この式典は民政責任を韓国政府に移譲するためのセレモニーですが、電報があった時、ソウル周辺では市街戦の真っ最中で、本当にそんなことが可能かどうか疑問でしたが、大使はいつもの通り気のいいイエスマンぶりを発揮し、せわしなく活動を始めました。

式典当日は晴天でしたが、強風が吹いており、そういう中、マッカーサー元帥は午前十時に新しい専用機スキャップ号で金浦に到着し、ウォーカー中将はじめ国連軍諸部隊司令官の出迎えを受け、式典会場に向かいました。私たちは李承晩大統領夫妻と政府閣僚、そして国連朝鮮委員会ほか外交団を乗せたバターン号で午前八時に釜山の水営《スヨン》飛行場から飛び立ち、マッカーサー元帥に遅れること三十分、真夏の暑さがぶり返したような金浦へ着陸すると、砂塵が舞い飛ぶ埃っぽい道を、ジープを連ね、大急ぎで元帥一行を追いかけることになりました。私は運良く一台だけ残っていた埃だらけのフォードアセダンに李承晩夫妻を乗せ、漢江に架けられた急ごしらえの仮橋を渡り、麻浦《マポ》から西大門《ソデムン》を抜け、三カ月ぶりにソウルへ帰りました。その途中、破壊されて残骸と化した瓦礫の街では、すべての電柱から焼け焦げた電線が垂れ下がってのたうつ中、黒焦げの戦車や大砲の脇で北朝鮮兵と一般市民の死体が道の両側に果てしなくならび、野ざらしのまま打ち捨てられている光景を目撃しました。ソウルの大きな建物には銃弾が壁をえぐった生々しい傷がつき、砲爆撃でねじれ、黒焦げになっており、これは私が見た終戦直後の東京や横浜よりも遥かにひどい惨状で、これが市街戦の恐ろしさだと痛感しました。

式典会場は韓国政府が国会議事堂として使用している日本統治時代の朝鮮総督府でしたから、私たちは世宗路《セジョンノ》を通って会場に向かいました。しかしここでも戦禍の跡は物凄く、激しい市街戦で光化門《クァンファムン》は焼け落ちていました。光化門の向こう側にあるネオゴシックの式典会場両翼は損傷を受けており、正面ファサードは運よく無傷でしたが、高く幅広の扉を抜けた時、私は焦げくさい臭いを感じました。それはこの内部で凄惨な白兵戦があった後の残り香だったのです。大理石パネルを敷き詰めた床はガラスの破片で覆われ、手榴弾の炸裂と火炎放射器の炎の痕がいまだに燻《くす》ぶっており、天井を見上げると青銅で葺いたドーム天蓋がめくれ上がって、そこに開いた大穴から陽光が降り注いでいました。今、この瞬間、東大門《トンデムン》の方角から激しい機銃音が響き、式典のはじまるほんの二、三時間前、北朝鮮軍が据えつけた数個のダイナマイトとその導火線が式典会場内のバルコニーで発見されており、もしもゲリラが忍び込んで起爆したならば、その威力は会場ホールを吹き飛ばすほどのものでした。

式典会場に入ると、ホールには招待客の座る椅子が並び、その背もたれには手書きの名札が貼り付けてありました。中央ひな壇には李承晩大統領、大統領夫人、申性模《シンソンモ》国務総理の三人が座る椅子が並び、左側大階段前に用意された演台の左側には、マッカーサー元帥、ムチオ大使、国連朝鮮委員会首席代表ベルナベ・アフリカ氏が座る椅子が三つ用意されています。

式典はジャスト正午に開始されました。最初にマッカーサー元帥が演台に向かい、李承晩大統領に向かって、『私はこの歴史的な首都ソウルを大韓民国代表の李承晩大統領に返還する。軍事的任務を遂行した国連軍将校および私は、大統領と大統領の政府に民政の責任を移譲する』と述べました。これに応えて李承晩大統領は『勝利にあたって我々は寛容を示さねばならないし、また示すであろう』と約束し、元帥に太極武功勲章という最高勲章を贈りました。もっともこういう状況下、勲章そのものは用意出来なかったので目録贈呈となりました。次いでフィリピン人の国連朝鮮委員会首席代表ベルナベ・アフリカ氏が演台に立ち、『南朝鮮、北朝鮮を問わず朝鮮の民衆が自由主義と民主主義の二つの原則に基づいて新しい国家の建設に協力できるような条件を作り出すことは、長い間、国連の目標となっていた。この目標を達成するためにはいかなる妨害も許してはならない。我々は民衆の正当な抱負を満たし、国際平和と安全を守るために前進しなければならない』と挨拶しました。そしてマッカーサー元帥は再び演台に立ち、『我々に決定的な勝利をもたらした全能の神に我々の敬虔で慎み深い感謝の祈りを捧げたいと思う』と述べ、厳かに〝天にましますわれらの神よ〟で始まる《主の祈り》をとなえて式典のピリオドを打ちました。時間にして三十五分。これが式典に使った時間です。元帥は、午後一時三十五分、金浦から専用機に乗り、午後四時、東京に帰還しました」

〈註〉

＊１　この水路に《飛魚水道（Flying Fish Channel)》という名前をつけたのはアメリカ軍だった。

＊２　この置き時計は昭和三年五月に東京帝国大学経済学部保険演習学友会が天野貞祐に贈呈した記念品である。

＊３　クラーク大尉は知らなかったが機雷はすでに十二個敷設されていた。しかし飛魚水道の航行が干潮と重なったため、機雷は干潟にへばりつき、即座に四個が機銃で爆破された。

2　人の津波・中国人民志願軍

(1) マッカーサー解任

同じ場面の出来事を書いた二種類のノンフィクション文献を読む時、詳細部の記述が明らかに違うと、どちらか一方の文献がすべてに渡って限りなく疑わしく見えてくる。例えば一等書記官ノーブルは「九月二十九日、スキャップ号に乗って東京から飛来したマッカーサーは、私たちと共にバターン号に搭乗した李承晩一行より三〇分前に金浦飛行場に降り、一足先に首都返還式典会場に向かった」と書いている。しかし韓国軍参謀総長・丁一権《チョン・イルグオン》は、この同じ場面について、李承晩夫人フランチェスカの回想録を転載する形で、次のように記述している。

「金浦飛行場にはマッカーサー元帥が先に着いていて、大統領を待っていた。元帥のそばにはウォーカー中将、アーモンド少将、ジョイ提督ほか多くの将星が立ち並んでいた。顔なじみの多くの特派員と記者たちもいた。大統領は飛行機のタラップをしっかりした足取りで降り、マッカーサー元帥が近づいて手をさしのべると、大統領は〝サンキュー・マイ・フレンド〟と言いながら両手を広げた。元帥も〝ウェルカム・ミスター・プレジデント〟と言いながら両手を広げ、そして二人はしっかりと抱き合った。大統領に割り当てられた乗用車はカーキ色のセダンで、出発に際し、元帥が大統領の車を先導するようアーモンド少将に指示した。すると大統領は〝今日こそは凱旋将軍が最初に歓迎の声を受けるべきで、私ではなく元帥の車を先導するよう願う。これは韓国民のささやかな志です〟と固く辞して元帥の後に続くことにした」（丁一権著『原爆か、休戦か』より）

ところで丁一権はこの後を次のように続けている。
「首都返還式典の翌日九月三十日、韓国軍猛虎師団は三十八度線の蒼村里《チャンチョンリ》に進出。同じく韓国軍白骨師団は、九月三十日、三十八度線の基士門里《キサムンリ》に進出した。この日、李承晩大統領は参謀総長、情報局長、人事局長、軍需生産局長、憲兵司令官の五名を景武台《キョンムデ》の大統領執務室に呼び出し、『トルーマン政権、アメリカ統合参謀本部、イギリス、フランスなどは国連軍の進撃を三十八度線で停止させようとしている。これはソ連と中国を刺激すれば第三次大戦を引き起こすかも知れないという嘆かわしい怯えからきているのだ。……私は韓国軍に命じ、三十八度線を突破させ、これを既成事実化し、国連とワシントンにこの結果を押し付けてやろうと思う』と述べ、机の上のファイルから一枚のメモを取り出すと、『ここに大統領としての、そして韓国軍の最高統帥者としての私の決意が書かれている。丁一権総長以下、諸君はこの通り実行してもらいたい』と力を込めて言った。
メモには黒々と、『大韓民国国軍は直ちに三十八度線を越え、北進せよ。一九五〇年九月三十日、大統領・李承晩』と書かれていた」（丁一権著『原爆か、休戦か』より）
このやりとりがどこまでが本当なのか用心する必要があるけれども、仮にもしもこれが真実なら、一九五〇年七月十四日にマッカーサーと取り交わした作戦統制権移譲というものは李承晩にとってこの程度のものでしかなく、そもそも協定遵守の心がけなどゼロという精神風土はここにも色濃く露出する。そして丁一権の回想よりは遥に信頼性の高い米国公文書ファイルの中にある《米国務次官ウェッブの九月二十六日午後七時付けムチオ大使宛て電文》と、《ムチオ大使の九月二十八日午後三時付け国務次官宛て返電》を見れば、李承晩が腹を立てた挙句、「三十八度線を越えろ！」と絶叫した可能性は大いにある。
■九月二十六日／国務次官ウェッブよりムチオ大使へ
「韓国政府のソウル帰還にともない、国務省を非常に困惑させている問題が持ち上がっている。仁川上陸が成功すると韓国政府はハイテンションになり、三十八度線以北に対し、一方的な権利主張を宣言しているけれども、ここはムチオ大使から、李承晩とそのとりまき連中に、無益な大言壮語を控えるよう言って聞かせてもらいたい。三十八度線以北での民主的な選挙はまだ実施していないのに、このような韓国政府の馬鹿げた振る舞いはアメリカにとって迷惑であり、同時に、すべての国連加盟国に有害な影響を与え、結果として、国連とアメリカにとっての重大な懸念を生んでいる。今の段階で最も妥当な方法は一方的な宣言を性急にがなり立てることではなく、いろいろな立場の国連代表と個別に討議し、様々な検討プロセスを踏みつつ、じっくりと腰を据えて韓国の意向を伝えて行くことに尽きる。ムチオ大使から李承晩に、国連との協調姿勢は、将来の韓国にとって非常に重要であると、因果を含めていただきたい」

■九月二十八日／ムチオ大使よりウェッブ次官へ

「私は今までもずっと李承晩に対し、性急な行動を思いとどまらせています。私は明日、ソウルで挙行される返還式典での李承晩演説原稿を見ましたが、その原稿にはウェッブ次官が懸念するようなことは書かれていませんでした。そして今朝、私は大統領を訪問し、国連加盟国が困惑するような三十八度線以北に対しての主権拡大について言及しないよう釘をさしました。ところで、この問題に関し、私が一番心配なのは記者連中です。李承晩がエキセントリックな人間であることを承知している外国特派員はおもしろがって『北朝鮮をどうするつもりか？』と李承晩に水を向けるでしょう。李承晩はすぐそれに乗り、困った言動を吹きまくるからです」

この電文が危ぶんだ通り、李承晩は神話に登場する女神エリス[*1]さながらに金切り声を上げて韓国軍を煽ったから、韓国軍は十月一日午前十一時二十五分、東海岸の江原道《カンウォンド》の仁邱里《イングリ》から三十八度線を越え、同月十日に朝鮮半島東海岸の港街元山《ウォンサン》を占領、同月二十六日には中朝国境の鴨緑江《アムノガン》に面する楚山《チョサン》に進出した。

いっぽうマッカーサーは、アーモンド少将麾下第十軍団を三十八度線の北側にある元山に海路迂回上陸させ、同時にウォーカー中将麾下第八軍を北進させて平壌を攻略するというプランをワシントンに提起し、九月二十七日付けでトルーマンの承認を得た。

マッカーサーはこの承認後、九月二十九日に国防総省マーシャル長官から送付された公式通達に従って、十月一日、次の通り金日成に警告をラジオ放送し、その上で北進を始めようとした。

「北朝鮮軍最高司令官に通告する。北朝鮮軍そのものと北朝鮮の潜在的な戦争遂行能力は、速やかな完全崩壊と速やかな全面敗北に至ることが今や決定的になった。国連は、人命損失と資産破壊が最小限のうちに戦争を終わらせたいと希望している。このため、国連軍総司令官である私は、北朝鮮指導者に対しその軍隊が、朝鮮のどこであれ、私が直接監督する軍事指揮下で、直ちに武器を捨て、敵対行動中止を要求する。　ダグラスマッカーサー」

この警告を聞いた金日成の反応については柴成文《チャイ・チャンウェン》特使の、次の証言が残っている。

「十月一日深夜、私・柴成文と倪志亮《ニィー・チリャン》大使は共に金日成に呼ばれ、その席で、『鴨緑江の対岸で待機している中国人民志願軍十二万は渡河の上、江界《カンゲ》に入って欲しい。我が人民軍を支援してくれ』と依頼されました。その時、金主席は『マッカーサーが私に降伏するよう放送してきたが、我々にはそういう習慣は無い』と言って、呵々大笑しました。実のところ、鴨緑江を越えて武力介入すると毛主席が決断したのは十月十三日のことで、金日成に呼ばれた時はどう転がるか分からなかったのです」

北進を開始するマッカーサーが、この段階で神経を尖らせなければならないものはソ連と中国であり、このときトルーマンには、モスクワ駐在アメリカ大使アラン・カークから、「ソ連は沈黙しており、北朝鮮への関心が薄くなったように感ずる。北朝鮮駐在大使シトウィコフは解任される可能性が高く、後任はウラジミール・ラズヴァーエフ中将らしい」という情報が入っており、事実、クレムリンは北朝鮮に派遣

パニッカル大使

していた軍事顧問を一斉に引き上げ、その地でのソ連の痕跡をすべて消し去ろうという行動に出ていた。一方、アメリカは北京に大使館を置いていないため情報の質と量は格段に下がったけれども、マッカーサーが金日成に警告放送した十月一日には天安門広場で国慶節の祝典があり、この時、周恩来はマイクの前で「北朝鮮軍の勝利を確信する」と述べ、続けて「気の狂った極悪非道のアメリカ帝国主義者は我が中国人民の最も警戒すべき敵である」と断じ、「中国人民は、かかる言語道断の侵略者に鉄槌を下すための戦いを躊躇しない！」と獅子吼した。

さらに翌々日の三日、ニューデリー駐在アメリカ大使ロイ・ヘンダーソンは以下に示す通り、ワシントンにショッキング情報を送った。この情報は北京駐在インド大使パニッカルからインド外相バジパイを経てニューデリー駐在イギリス高等弁務官アーチボルド・ナイ卿に入り、それをヘンダーソン大使が聞かされてワシントンに通報したというプロセスをたどっている。

■十月三日午後七時ニューデリー発／ヘンダーソン大使より国務省へ

「ニューデリー駐在イギリス高等弁務官ナイ卿は、本日午後遅くパニッカル大使がバジパイ外相に伝えてきたことを私に語ってくれました。要点は以下三項目です。

①周恩来は『もしも国連軍が三十八度線を越えて北朝鮮に進攻するならば、中華人民共和国は朝鮮問題に介入する』と言った。

②パニッカル大使は『国連軍の三十八度線越えは朝鮮半島紛争の途方もない泥沼化に直結する。周恩来の発言は妥協の余地のない最終決定である』と強調した。

③ナイ卿は『周恩来は、国連軍に三十八度線を越えるな、と強い調子で通告しているのではなく、少なくとも当分の間は三十八度線を越えずに現状維持でいて欲しい。話し合いをしよう、というニュ

アンスだろう』と言った」

ヘンダーソン大使は正確を期するため翌四日早朝、バジパイ外相を訪問し、パニッカル大使が送ってきた電文の原本を閲覧させてもらった。その結果、周恩来の意図は〝話し合いをしよう〟という生やさしいレベルにはなく、もっと深刻だと判明し、それを本国に通報している。次いで十月七日。この日に開催された国連総会第五セッションで《朝鮮の独立問題》が討議され、３７６号決議[*2]が《賛成47》《反対5》《棄権8》で成立した。決議は六項目から成っているけれども、要点は《紛争終結後の朝鮮半島での民主的な選挙による統一政権樹立支援》と《紛争終結に伴う復興支援》を規定したものであり、それを具体的に推進するため、朝鮮統一復興委員会が設立され、国連加盟国の中からオーストラリア、チリ、オランダ、パキスタン、フィリピン、タイ、トルコの七カ国が委員会構成国に指名された。

ところでマッカーサー率いる国連軍について３７６号決議は、その前文で、次のように触れている。

「国連総会決議の本質的な目的が朝鮮半島での統一された民主主義政府の設立だったことをもう一度思い返し、その上で国連総会は大韓民国に対し、《武力攻撃を撃退する援助》《国際平和を回復する援助》《朝鮮半島内の安全を保障する援助》を必要に応じて提供する」

前文でこのように記載されている以上、これは「民主的な選挙で朝鮮半島に統一政府が誕生するまでは、国連軍は朝鮮半島のどこにでも作戦行動を取る自由がある」と読み取れ、事実、アメリカ本国とマッカーサーはそう読み取った。

※　※　※

十月九日に国連軍は三十八度線を越え、十月十九日には平壌を占領した。

いっぽう金日成は十月十日時点で息子金正日《キム・ジョンイル》など家族を満州の長春《チャンチュン》に避難させ、自身は十月十六日、土砂降りの中、狄踰嶺《チョギョリョン》山系を越えて中朝国境近くの江界《カンゲ》へ逃げ込み、そして国連軍の平壌占領と同じ十月十九日、中国人民志願軍三十四万[*3]を率いた彭徳懐《ポン・ドーファイ》司令員は、安東《アントン》の鴨緑江橋梁と集安《ジーアン》の鉄道大橋という二つの橋から鴨緑江を渡河。北朝鮮へ入った。

ここからはウェーク島会談にがらりと話題を変える。

中国人民志願軍鴨緑江渡河の四日前、すなわち十月十五日日曜日、トルーマンは最初にして最後となるマッカーサーとの直接会話に臨むため、ワシントンから七五〇〇キロ、東京から三〇〇〇キロの地、ウェーク島に飛んだ。

以下は会談開催動機について語ったトルーマンの回想である。

「私は今までマッカーサーと会ったことが無い。これがマッカーサーに会おうと私が考えた最も簡単な動機である。マッカーサーは、当然、私という最高司令官を知るべきであり、私も、マッカーサーという極東の第一線指揮官を知るべきである。……マッカーサーは一度も本国に帰ることなく、十五年間東洋にいたから、この男の考え方はすべて東洋の影響を受けていた。私はハリマン特使やその他を通じて、この男が世界全般の情勢を、我々がワシントンで見るように、見させようとあらゆる努力をした。しかし効果が無かったようだ。そこで私がマッカーサーに直接語りかければ、効果が出ると考え、ウェーク島会談に踏み切ったのだ」

回想録は無意識の内に己を美化するため、トルーマンはこのように穏やかな調子で書いているけれども、本音は「この俺が一発どやしつけてやればいい子になる」と思っていたに相違ない。しかし結果は第一生命ビルでの仁川作戦会議と同じことになった。

ところでホワイトハウス当局が作成した《ウェーク島旅程記録》を見れば、トルーマン大統領が専用機インデペンデンスでワシントン国際空港を十月十一日水曜日午後三時二十五分に飛び立ち、セントルイス（ミズーリ州）、フェアフィールド基地（カリフォルニア州）、ヒッカム基地（オアフ島）を経由し、ウェーク島には十月十五日早朝六時三十分に到着したことが分かる。またワシントンからはブラドレー元帥など十九名のＶＩＰ、そして特別補佐官バーノン・ウォルターズ、大統領主治医ウォーレス・グラハム、ジェサップ大使の秘書ミス・ヴァーニス・アンダーソン、大統領の召使《ヴァレ》アーサー・プレッティーマンなどスタッフ十名を乗せたロッキード・コンステレーションが飛び立っており、また、シークレット・サービスおよびマスコミ関係者合わせて三十八名にはボーイング・ストラトクルーザーが用意された。なお、万一の不時着に備え、オアフ島からウェーク島までの三四〇〇キロの飛行ルート上には、駆逐艦カーペンターほか六隻の軍艦と動員可能なすべての航空機が配備されている。

いっぽうマッカーサーは十月十四日午前七時六分に羽田を離陸。午後三時十分（現地時間午後六時十分）、南鳥島《みなみとりしま》の南東一二〇〇キロにあるウェーク島へ到着。この島で一泊し、早朝六時三十分に到着する予定の大統領の出迎えにそなえた。元帥の同行者はコートニー・ホイットニー准将（ＧＨＱ民政局長）、ジョン・ムチオ大使、元帥の主治医チャールズ・Ｃ・カナダ博士、速記が達者なローレンス・Ｅ・バンカー大佐の四人であり、東京からの記者団同行は許されていない。

予定ぴったりに到着した大統領は、前泊したマッカーサーが遅れて飛行場に現れたので待たされるというハプニングに遭った。それでも一通りの挨拶がすむと、大統領はすぐにマッカーサーと二人で黒塗りの一九四七年型ツードア・シボレーに乗り、ウェーク島先端にあるかまぼこ兵舎に向かい、そこでしばし話し合った。その後二人は会議場に場所を移したが、それは珊瑚色をした民間航空管理局の粗末な平屋建物で、大国アメリカのトップが会同するような舞台ではない。

会議は午前七時四十五分に始まった。大統領側の出席者はブラドレー統合参謀本部議長、ペイス陸軍長官、ハリマン特別顧問、ジェサップ無任所大使、ラスク国務次官、マーフィー特別顧問、ラドフォード太平洋艦隊司令長官、ハンブレン大佐、ロス報道官、合計一〇名。マッカーサー側は、ホイットニー准将、ムチオ大使、バンカー大佐、合計四名だった。会議冒頭、バンカー大佐が備忘録用のノートを机の上に広げると、ロス報道官が、「この会議では誰一人メモを取らないことで進めます。お含み置きを」と言って、ノートを引っ込めさせている。

先に結果を言ってしまえば、会議は午前九時十二分に終了し、約一時間半後、すなわち午前十時四十五分、以下に示す大統領と元帥の署名があるタイプ用紙二枚の声明文が報道陣へ配布された。

「私、トルーマンはマッカーサー将軍と直接会い、生の言葉で将軍から極東アジア情勢に関する考えを聞きたいと思っていました。また、私は、将軍が朝鮮半島という紛争地帯を留守にすることは本意ではなかったので、ウェーク島にやって来ました。

会議において、私たちの見解は完全に一致しました。おかげで議論は速やかに終わり、私たちは、将軍ができるだけ早く東京に戻りたいという要望に応えることが出来、非常に満足のいくものとなりました。私たちは主に朝鮮問題について話しました。軍事的側面に関して言うと、将軍の説明で、私たちは国連軍の英雄的な活動と高い能力についての明確なイメージを掴みました。

私たちは、国連総会決議の目的を再確認しました。そして、朝鮮半島に平和と安全を保障をする国連軍の任務が完了し、その上で速やかに国連軍を撤収させるための必要な措置について協議しました。

私たちは、国連加盟国が直面している朝鮮半島での平和再建の大きな課題と、アメリカがこの課題に対し最大の貢献をしようとする解決策について多くの時間を費やしました。これは国連が標榜する平和目標を達成するため、アメリカが果敢に取り組まねばならない挑戦的な解決策です。

軍事的な努力が達成する成功には破壊という負の側面があり、これに対しては精神的かつ物質的な復興貢献によって埋め合わせをする必要があります。埋め合わせの本質は、朝鮮人が自分自身のために行う復興活動を手伝うことです。私たちを含む国連加盟国は、物資提供や技術的アドバイス、教育制度の再建という重要なテーマについて支援を行うことができます。朝鮮では今、安定した秩序と平和な生活を取り戻す活動が始まっています。朝鮮における支援については、マッカーサー将軍が敬意を表したムチオ大使のエピソードに私は大変感銘を受けました。この支援の甲斐あって、例えば、仁川から水原までの鉄道は、上陸作戦後、十日で輸送が可能となりました。橋と道路の再建は急速に進み、釜山からソウルまでの鉄道は十月八日に開通し、ソウルの電力と給水は同じく十月八日に復旧しました。将軍からは日本の将来を、そして太平洋地域の国際平和と安全保障に関する見解を聞かせてもらいました。私たちは、将軍と語り合う機会があったことをとてもうれしく思っています。私たちはこれから先の時代に横たわる危険を充分に認識しておりますが、これらの危険は、《第一に、平和への無条件な献身》《第二に、国連の平和を愛する仲間との同盟》《第三に、私たちの決断力と成長力》という私たちが持っている三つの価値ある強みで乗り越えられると確信しています。

署名／ハリー・S・トルーマン&ダグラス・マッカーサー」

午前十時四十五分、トルーマンは滑走路に向かい、軍楽隊の演奏もない中、慌ただしくねぎらいの言葉を述べた後、柏葉功労勲章をマッカーサーに、功労勲章をムチオに授与し、午前十一時三十五分、ウェーク島を去った。大統領のウェーク島滞留時間は何と五時間五分。いっぽう元帥一行は午後零時五分、帰路に就き、東京時間午後四時二分、羽田に到着した。

さて、この声明書を読んだシカゴ・トリビューン紙のフィリップ・ウォーデンは「あきれたもんだ。大統領声明に大統領とは別人のサインが併記されているなんて聞いたことがない。この二人はまるで別々の国の元首のようだ」と皮肉を噛ましている。また、別の目撃談によれば、マッカーサーはウェーク島に降り立った大統領を滑走路上で待たせた挙句、シャツボタンをはずし、ノーネクタイであらわれ、敬礼すらしなかったとある。誰がボスであるか分からせてやるつもりのトルーマンは出だしで足をすくわれたのだ。

毛沢東主席

周恩来首相

ともあれ、玉虫色の声明書だけでは、会議の本当の姿は分からない。しかし公式ドキュメントとしては認知されていないが、この声明とは別に、会議場の隣室でミス・ヴァーニス・アンダーソンが泥棒猫のようにこっそりと書き残した速記録があるため、会議の実態が明らかになっている。それによれば、会議は「我々が掴んだすべての情報は、中国が今まさに軍事介入しようとしていることを示している」というトルーマンの第一声で始まっており、主要テーマは韓国や北朝鮮ではなく、中国人民志願軍だったことが分かる。これに対しマッカーサーは、朝鮮半島で勝利することを請け負い、かつ、「ソ連や中国の直接介入はありえない」と断言した。

「満州に居る中国軍は三〇万。そのうち一〇万から十二万五〇〇〇が鴨緑江に沿って展開している。米軍の偵察機は中国軍が鴨緑江を渡った形跡を見届けていない。だから、仮に中国軍が渡河していたとしても、その兵力は五万から六万だろう。それが隠密行動の限界だ。ともあれ中国には空軍が無い。我々は朝鮮半島に空軍基地を持っているので、中国軍が平壌を攻めれば、それは人類史上最大の空爆による殺戮戦が展開することになる」と、マッカーサー。

「周恩来は十月一日にラジオを通じ、気の狂ったアメリカ人に鉄槌を下すと述べ、十月三日にはインド大使パニッカルを通じて最後通告めいたメッセージを我が国へ伝えて来ましたが、これについてはいかがですか?」と、ラスク国務次官。

元帥はラスク次官に向かって〝お若いの!〟とは言わなかったが、いかにもそういう調子で、「中国がなぜそんな危険に首を突っ込もうとしているのか理解に苦しむ。あの連中は金日成にしがみつかれ、混乱しているに違いない」と、語るに落ちることを言った。なぜなら、〝マイ・フレンド！〟と言ってしがみついて来る李承晩に往生していたのは他ならぬマッカーサーだったからだ。

「では、最近の周恩来の動きはハッタリだとお考えですか？」と、ラスク。

「見せかけの脅しに相違ない。だが、もしも中国が、無謀にも北朝鮮に雪崩れ込んで来るなら、世界史上もっとも惨めな敗北を味あわせてやろう。だが、中国はそれほど無謀ではない。……私は中国がそういう無謀をしてくれないかと祈っている。ひざまずいて祈りたいほどだ」

　次いで元帥は、「平壌は一週間後には陥落しているだろうし、北朝鮮の抵抗は十一月末までには実質的に終わるだろう。クリスマスまでに第八軍は帰国できる」と言った。するとブラドレーが「在韓米軍の任意の歩兵師団の一つをヨーロッパに回すことは可能か？」と言った。

「可能だ。釜山橋頭堡で善戦した第二歩兵師団ではどうか」と、マッカーサー。

　要するに元帥は仁川の時とまったく同じ態度で通した。すなわち〝霊感〟と〝信念〟の二つを拠りどころとして会議に臨んでおり、身も蓋もない言い方をすれば、見たいと思うモノしか見ようとしない極端な態度でトルーマンに向き合っている。

　いっぽうトルーマンもその随行員たちも、元帥の、あまりの高姿勢ぶりに圧倒され、その自信満々の言動に惑わされ、誰もそれ以上のことについて深く突っ込んで質問しようという気を失ってしまった。この奇妙な状況は、アチソン国務長官が言及しており、特にウェーク島へ向かうトルーマンに警告している。

「マッカーサーは自分が神のような存在だと思い込んでいるため、あの男と話し合う人間は知らぬ間に誑《たぶら》かされます。厄介な相手だ。事実、あの男には外国の君主のようなところがあるので、目の前に居る人間は恐れ入ってかしこまり、褒めてもらいたいという感情に陥る。よほど注意していてもこれに引っかかるのです。くれぐれもご注意を」

彭徳懐司令員

結局、トルーマンはマッカーサーという巫女《シビュラ》の口を突いて吐き出された神のお告げに酔い、ネガティブなマイナス思考を封印し、ニヤニヤ笑って、すべてをいい加減にして帰国した。なお、トルーマンが国連軍の進出限界としてマッカーサーに承認したのは鴨緑江の南六〇キロの線である。だが、マッカーサーは十月二十四日火曜日、この進出限界を越え、「中朝国境、鴨緑江の線まで全軍突進せよ」という命令を出したから、トルーマンはびっくりした。しかし深く追及することもせず、全軍突進命令を撤回させることもしなかったのは、ウェーク島での〝神託〟がそれほどまでに心地よいものだったからだ。

歩兵四個軍と三個砲兵師団から成る中国人民志願軍三十四万が鴨緑江を渡河するにあたって司令員の彭徳懐はアメリカ軍偵察機に見つかることを極度に警戒したから、軍隊の移動は完全な夜間行軍だった。すなわち、夜の闇があたりを覆った後に橋を渡り、夜明け前に動きを止める。これを繰り返して兵員と装備を北朝鮮に入れた。中でも徹底させたのは、日中は身一つが完全にもぐり込める穴を掘って隠れ潜むこと。煙が出る炊飯は禁止。夜間行軍中にタバコを一本でも吸ったら即銃殺。これを厳しく全軍に命じた。

中国が北朝鮮に肩入れする理由は共産主義というイデオロギー上の同胞意識ではない。有史以前から培ってきた貪欲な領土拡大本能であり、朝鮮は中国にとってソ連とは比べ物にならないほどの〝核心的利益〟の地だった。そういう視点に立てば朝鮮半島に対する中国の武力介入は至って正常な落ち着き先ということになる。ところで、毛沢東という根性悪《こんじょわる》は、金日成が戦争の総指揮官ではないということを知らせずにいたから、金日成は中国人民志願軍三十四万の指揮を自分が執るものと思っていた。しかし、舐めきった態度で援助を求め、やって来た中国兵を顎で使おうと横柄に構えている金日成を彭徳懐《ポン・ドーファイ》は心底軽蔑しており、中国軍の指揮権を北朝鮮に渡すことなどまったく考えていない。結局、毛沢東とスターリンが主導する形で「中朝連合司令部の設立に関する中朝双方の合意文書」を作り、サインを終え、かくして彭徳懐は中国軍を無償の傭兵として見なしていた勘違い男の金日成を抑え込んだ。余談ながら、次のシトウィコフ報告書は、この時期、ソ連が金日成をどう思っていたかを眺める上で参考になるだろう。

「我々の友人である金日成は九個歩兵師団の編成と訓練のため、一九五〇年十月三十日までに十万名の朝鮮人を満州に移動させる。これをしなければ、朝鮮人は一年かかっても戦闘行動の準備ができる状態にはならないからだ」

※　　※　　※

中国人民志願軍と国連軍、すなわち韓国軍第二歩兵連隊の最初の衝突は十月二十五日午前十一時と記録されている。第二歩兵連隊はマッカーサーの突進命令で、平壌の北北東一〇五キロ、妙香《ミョヒャン》山系と狄踰嶺《チョギョリョン》山系の谷間にある雲山《ウンサン》に到達。そこから温井《オンジョン》という小集落を経て北鎮《プクチン》に至り、狄踰嶺の峠を越え、鴨緑江に進出し、その畔にある碧潼《ピョクトン》の町を制圧しようとしていた。温井から北鎮までは、九竜江《クリュオンガン》の流れに沿う狭隘な一本道で、両側はごつごつしたむき出しの岩が続いている。岩盤の裂け目からは刺すような北風が吹きおろし、何とそこには固い雪の粒が混じっているではないか。見上げればどんよりとした雲が垂れこめ、冬支度が間に合っていない韓国兵は自分の手で身体を抱くようにして歩いている。腹の足しになるものは飯盒に入れた米とメイド・イン・ジャパンのキムチの缶詰だけだ。

――それにしてもこんな所で待ち伏せされたらお終いだな。

そう思った時だった。

銅鑼《どら》の連打が聞こえ、ぶくぶくした綿入れ軍服という冬装備の中国兵が地底から湧き起り、チャルメラを吹き鳴らして殺到し、手榴弾の雨を降らせたから、韓国軍第二歩兵連隊はパニックに陥って潰走した。これが中国軍との最初の交戦である。なおこの戦闘についてアメリカ本国に知らせた第一報は、次に示す非常にあやふやな内容の《十月二十九日付けドラムライト電文》で、実態との乖離がひどいのは、自分の好みに合う現象しか受け付けないマッカーサーの悪影響が及んでいるからだった。

■ソウル発／十月二十九日日曜日午後五時／ドラムライト参事官より国務省へ

「中国の共産軍ゲリラが一枚噛んでいるらしい戦闘について我々大使館が第八軍司令部から受けた説明は以下四項目です。

①平壌の北方一一三キロの地、亀城《クソン》と温井《オンジョン》で、明らかに中国人と見られる捕虜が五名、第八軍に捕らえられ、また同様に中国人と見られる捕虜十八名が咸興《ハムフン》周辺で第十軍団に捕らえられた。

②第八軍の捕虜五名の内、三名は北朝鮮軍の軍服を着ており、それ以外は一名が上着だけ北朝鮮の軍服で、もう一名はまったく民間人の格好。尋問に対し二名の捕虜が口を割ったところによれば、この二名は満州駐屯第四十軍所属の人民解放軍兵士で、十月十九日、鴨緑江を越えて北朝鮮に入ったとある。もう一名の別の捕虜は二〇〇〇人の中国軍部隊の兵士として北朝鮮に渡ったと述べている。

③第十軍団の捕虜十八名を尋問した所、彼等は満州駐屯第四十二軍所属の人民解放軍兵士だった。

④第八軍司令部によれば、最前線部隊が中国軍と交戦したという報告は受けておらず、北朝鮮軍の中に朝鮮系満州人が紛れ込んでいるだけで、中国の正規軍が参戦したとは見ていない」

■ソウル発／十月三十日月曜日午後六時／ドラムライト参事官より国務省へ

「李承晩大統領はフランチェスカ夫人と申性模《シン・ソンモ》首相を伴って本日平壌を訪問。他の閣僚や議員を伴わず、代わりに、秘書と丁一権参謀総長ほか将校団をボディーガードにして平壌市民二万五〇〇〇人集会に出席。集会に大拍手で迎えられた大統領は約三十分演説。テロ事件はありませんでしたが、大統領は元山と咸興《ハムフン》への旅を中止するよう申性模首相に説得されて止めました。

大統領演説の全文は当地の新聞に掲載されており、別電文でこの全文を国務省へ送りますが、要旨は以下七点です。

①国連軍は、マッカーサー元帥の偉大な霊感に導かれた強力なリーダーシップのもとで、共産主義者たちを鴨緑江に突き落とすための素晴らしい戦闘を展開している。

②私たち朝鮮人が民主的な総選挙に基づく政治的統一を果たし、経済復興の速度を上げることは、今、最も差し迫った問題として私たちの目の前に迫っている。これに関し、大韓民国政府は、一九五〇年十月七日の国連総会で決議された376号に従って行動し、また、国連朝鮮統一復興委員会に全面的協力を約束し、朝鮮半島全体への復興に尽力する。

③朝鮮半島に住む朝鮮人は均等同質の民族であり、三十八度線による悲劇的な分裂は、朝鮮人がみずからの意思で選択したものではない。三十八度線の北に唾棄すべき共産主義者が押し寄せ、私たちの仲間に忌まわしい制度を強制したが、ようやくその暗黒は一掃された。

④共産主義の抑圧を嫌い、自身の生活と自尊心を守るために三十八度線の南に移住した愛国的で善良な数百万人の朝鮮人は、今こそ、半島北部の先祖伝来の家に帰るだろう。

⑤共産主義者の暴虐から解き放され、自由の身になった北の住民は、国連朝鮮統一復興委員メンバーに協力し、生活の向上に邁進してもらいたい。何よりも民主的な選挙のもとで統一政府を作り上げるため、国連メンバーと足並みを揃えて前進してもらいたい。

⑥つい一カ月前まで共産主義者の弾圧に苦しみ、日々恐怖の中で生活していた人々が何も恐れること無く己の良心に従って投票することを、私は心から願っている。

⑦しかし、私は次のことを言っておかなければならない。共産主義者、または元共産主義者、共産主義者の認可の下で職を得た公務員や責任ある民間団体の地位にあった者は追放されなければならない。そうでなくては自由な空気は確立できないし、私は断固この考えを貫く所存だ」

■ソウル発／十一月一日水曜日午後五時／ドラムライト参事官より国務省へ
「昨日遅く、第八軍司令部から、雲山《ウンサン》に進出した韓国軍第六師団がまったく別の中国兵を捕虜にしたと伝えてきました。尋問の結果、捕虜の何人かは中国人民解放軍第三十九軍所属で、別の捕虜は第四十軍に所属していたことが判明しました。それ以外に判明したことは次の三点。
①二個連隊程度の中国軍兵力が北朝鮮領に入ったらしい。中国兵は金日成の指揮下で戦っているのではなく、まったく別の戦闘部隊として戦っている。
②所持する武器は北朝鮮軍のようにソ連製で統一されておらず、ほとんどが日本の歩兵銃で、残りがソ連製であったりアメリカ製であったり、バラバラである。
③中国兵は自発的な志願兵ではなく、上官の命令で北朝鮮に来ており、意外な事実は、かなりの兵が元蒋介石の国府軍兵士である」
■ソウル発／十一月六日月曜日午後一時／ドラムライト参事官より国務省へ
「第八軍司令部からの通知／昨日、平壌周辺に飛来するヤク-9戦闘機に混じってミグ-15ジェット戦闘機が飛来した。機数は全部で十八機。中国空軍のマークをつけたこれら戦闘機は満州の航空基地から離陸し、B-29やB-50の作戦行動に空戦をしかけている。また二万七〇〇〇の中国地上部隊が朝鮮半島北西部で展開中」
■ソウル発／十一月八日水曜日午後五時／ドラムライト参事官より国務省へ
「中国の北朝鮮への軍事介入については十一月六日に報告しましたが、これはその続編です。この二日間の顕著な変化は中国軍が隠密行動を取らなくなったことです。米空軍の偵察機は満州側の丹東《タントン》と北朝鮮側の朔州《サクチ》で鴨緑江を横断するトラックの膨大な車列を観察しました。特に朔州《サクチ》〜亀城《クソン》〜定州《チュンジュ》を結ぶ街道では、南へ移動する約七〇〇台のトラックが目撃されました。ヤク戦闘機は、満州の安東《アントン》飛行場から出撃するのを国連軍偵察機に発見されています。これら戦闘機は新義州《シニジュ》の国連軍を攻撃し、あっという間に鴨緑江の北へ戻ったとのことです。それ以外に、国連軍が中国人捕虜十人を捕らえた時、博川《パクチョン》周辺で中国兵の死体多数が観測されました」

強大なアメリカ軍と戦うにあたり毛沢東が彭徳懐《ポン・ドーファイ》に徹底させたのは十六字戦法*4という恥も外聞もない徹底したゲリラ戦だった。鴨緑江の南は一五〇〇メートル前後の日本の丹沢山系を彷彿させる地形だから、機甲師団は行動範囲が狭まり、本来の力が発揮できず、空軍のナパーム弾攻撃も土遁の術を駆使して隠密前進する中国軍相手ではこれを捕捉できない。かくして中国軍は温井の戦い、雲山の戦い、清川江《チョンチョンガン》の戦いで攻勢を取り続け、十一月二十七日から始まった長津湖《チャンジンホ》の戦闘で国連軍を惨敗に追い込んだ。

中国は絶対介入しないと断言するマッカーサーの幻術からトルーマンが覚醒したのは十月三十日のことで、この時国連軍は坂を転げ落ちるように後退。長津湖以降、中国軍の勢いはさらに苛烈の度を加えたから、国連軍は十二月五日に平壌を撤収。年が変わった一九五一年一月四日にはソウルも明け渡し、水原の線にまで後退した。

国連軍は三月七日に再びソウルを奪還し、三十八度線を挟んで膠着状態になったけれども、不都合なものから目をそらし、ひたすら自分の世界に遊ぶマッカーサーは解任された。なお、十二月二十三日、ウォーカー第八軍司令官は戦場で事故死。代わってマシュー・バンカー・リッジウェイ中将がその地位を引き継ぎ、マッカーサー解任後はリッジウェイが国連軍総司令官に就任した。

リッジウェイ中将

※　※　※

ここでマッカーサー解任までの詳細経緯にズームインするため、まずは時計の針を一九五〇年十一月三十日に巻き戻し、その日のエアーズ日記を読んでみよう。

「一九五〇年十一月三十日木曜日。

UP記者メリマン・スミスとAP記者アーネスト・トニー・ヴァッカーロの二人がホワイトハウス記者会見場から飛び出して電話に飛びつき、『大統領は朝鮮で原爆の使用を検討している。大統領は原爆使用権をマッカーサー元帥に委ねると声明したぞ』と会見第一報を本社に知らせた。これは二人の記者の早とちりだ。『核分裂性物質や原爆の使用を許可することが出来るのは大統領のみである』と定めたマクマホン法の条文について、まったく無知だ。案じた通り大騒ぎになった。多くの記者たちが我々に説明を求めてきたのだ。そして国務省からは、国務次官補佐マクウィリアムズが『ホワイトハウスから事情説明の声明を出すべきだ』と電話口で叫んだ。私は記者会見で大統領がどのように発言しているか速記録をチェックするので少し待つよう頼んだ。幸い、この時、私のところには速記録をあっという間に平文に起こせる達人ロマーニヤがいた。……」

前後の脈略なしに、いきなりこのような日記を突きつけられても、ピンとこないと思うので、少し詳しくこの日の出来事を追うことにしよう。十一月三十日はトルーマン大統領にとって二四六回目となる定例記者会見の日であり、《インディアン条約の間／474号室》には、ニューヨークタイムス、ヘラルドトリビューンほか四〇社近くが待ち構えていた。午前十時半、会見場に入って来た大統領は、「諸君、おはよう。まあ、座ってくれ」と切り出し、「私はこれからスローテンポで大統領声明を読み上げる。コピーは後ほどロス報道官から提供するので、今は私の朗読を聞いていただきたい」と言ってタイプ用紙三枚ほどの声明を読み上げた。この声明を圧縮してしまえば次の三つに絞られる。

①最近の朝鮮半島状勢は、共産主義中国の大規模侵略があった結果、国連軍は鴨緑江の線から退くなど、深刻な危機に直面している。しかし、国連軍は朝鮮半島での使命を断念しない。

②中国共産党指導者たちは国連加盟国の平和と正義に対する希望を脅かしているだけでなく、全人類の希望をも脅かしている。国連が共産主義侵略軍に屈してしまえば、安全な国は無い。アメリカ合衆国は、そうならないために朝鮮半島で戦っている。

③朝鮮半島での、この新しい侵略行為は世界的な危機の一部である。よって、アメリカ合衆国は、軍事力の規模と有効性を高めるため、直ちに歳出予算要求を議会に提出しなければならない。そしてこの要求には陸海空三軍のための予算に加え、原子力委員会のための予算が相当量含まれる。

声明の朗読を終えた大統領は「私からは以上だ。さあ何でも聞いてくれ」と言った。

質疑応答の内容は多岐に渡るが、その中でエアーズ補佐官を困惑させることになった大統領の原爆発言関連部分は次の通りとなる。


「大統領《ミスター・プレジデント》、我が方の軍事力強化のため、日本人を対象にする検討をしていますか？」

「日本人だって？　検討している？　何をだね？」

「日本のマンパワー[*5]ですよ。国連軍の一員として日本のマンパワーは使わないのですか？」

「時こそ至れば、我々はその橋を渡ることになるよ」

「大統領、国連軍は中国領の満州を空爆しないのですか？」

「この場でそれに答える事はできない」

「では大統領、満州攻撃は国連決議に左右されますか？」

「もちろん、全面的に」

「言い方を変えましょう。もしも国連決議がマッカーサー元帥の作戦方針と異なる場合、元帥はそれに従わねばなりませんか？」

「いつもそうだったが、アメリカ合衆国は軍事情勢の変化に対応するため、必要な措置を講ずる」

「必要な措置の中には原子爆弾の使用も含まれますか?」

「必要な措置を講ずる場合、使用する兵器は、合衆国が所有しているすべての兵器が含まれる」

「大統領、あなたは『合衆国が所有しているすべての兵器』とおっしゃいました。それは、原子爆弾の使用について〝積極的な考慮(active consideration)〟をしているという意味ですか?」

「合衆国は原爆の使用について、常に〝積極的な考慮〟をしてきた。しかし、私はそれが使用されることを望まない。それはとんでもない兵器だ。それが使われてしまえば、中国や北朝鮮の行った軍事侵略にはいっさい関係無い男女や子供を巻き込んでしまう。そういうモノは使用されるべきではない」

「大統領、私たちは原子爆弾についてじっくり考えてみたでしょうか? 大統領は原子爆弾が〝積極的な考慮〟の下で使用されると言われたが、その言葉はよく理解できません」

「原爆は合衆国の持つ武器の一つであり、それに対しての〝積極的な考慮〟は常に行われている」

「大統領、〝積極的な考慮〟の上でという意味は、一般市民を巻き添えにしても、軍事目標にそれを落とすという意味ですか?」

「それは軍事的な問題だ。私は軍事のエキスパートではないから、その問題は軍人に回される」

「大統領、あなたは、満州への攻勢は国連の決議に左右されるとおっしゃいました。ということは、国連の承認決議が無ければ、原爆は使用できない。そういう意味に取ることはできますか?」

「そういう意味に取ることはまったくできない。共産主義中国に対しどのような方針で進めるのかは国連次第だが、その方針を実現化するにあたり、どのような武器をどのように使用するかは、我々がいつもそうであったように、戦場にいる軍隊指揮者の専管事項だ」

以上が、ジャスト午前十一時に終わった記者会見でのトルーマン発言だった。

そこで十一月三十日のエアーズ日記に戻る。

「アチソン国務長官はこの日の十二時半に大統領との定例ミーティングが入っており、長官はその時、みずからトルーマンの原爆発言についての補足説明案を持参し、ロス報道官にそれを渡した。ロスはジョージ・エルゼーと共同でマチソン文案を部分的に修正し、それを私に読むように言った。それは明らかに誤解を招きそうな部分を上手に取り繕っていた。誤解を招くと私が特に強く感じていたのは大統領の最後の発言、つまり『どのような武器をどのように使用するかは、戦場にいる軍隊指導者の専管事項だ』という部分で、この部分の修正は合格だった。補足説明についての声明文はこう言うプロセスを踏んで配布されたのだ」

かくしてホワイトハウスはその日のうちに次のプレスリリース[*6]を配付した。

「本日の記者会見における原爆使用についての質疑応答をめぐり、誤った解釈が生じないよう、大統領は明瞭で明確な表現をもって補足説明します。

当然のことながら、朝鮮半島で侵略行為が発生した時から、原爆使用については〝積極的な考慮〟がなされてきました。それは米軍が戦闘状態にある時は、いつでも、すべての兵器の使用について検討しており、原爆だけが特別に検討から外されているわけではありません。あらゆる兵器は、常にそれを所有したまさにその時から、常に暗黙のうちに、どのように使用すべきかという検討に入ります。

また、原爆の使用に限っては、法律の定めにより、大統領だけがその使用を許可でき、大統領以外の何人《なんぴと》も使用許可は出せないことを強調しておきます。そして、もしもある時、原爆の使用許可が出されたなら、戦場の軍司令官は原爆投下についての戦術面にのみ責任を持つことになるのです。本日の記者会見で提起された質問への大統領の回答は、従来と変わらない法的前提に立って回答されており、どのような状況変化もそこには存在しません」

トルーマンの原爆発言は中ソという大国に衝撃を与え、停戦に向けた交渉の席に着かせることが目的だった。だから大統領はこの爆弾を満州のどこかに落とす気はさらさらない。しかしこの時、大統領はマッカーサーに原爆使用という大統領権限を委任したかのような発言をした。これが大失敗であり、後追いで出されたプレスリリースは言い訳めいていて、あまり役に立たなかった。だから、例えば読売新聞は十二月一日金曜日の朝刊で『共産主義中国に原爆使用／可能性を積極考慮／トルーマン大統領、声明でマッカーサー元帥を強く支持』という記事を第一面ぶち抜きで掲載したし、朝日新聞も『トルーマン大統領重大声明／原爆の使用も考慮／第三次大戦の阻止を信ず／朝鮮での使命遂行』と、こちらも第一面ぶち抜きだった。

　繰り返すが、トルーマンは原爆使用など微塵も考えていない。

　しかし、マッカーサーはその逆で、中国軍の人海戦術でパニックになった国連軍を正気に戻すためにも、また、敵の補給源を完全に破壊するためにも本気でこれを使おうとしていたから、十二月九日、核兵器を使う裁量権を統合参謀本部に要求し、十二月二十四日には、すでに策定済みのドロップショット作戦をベースにして、三十四発の原爆使用を要求し、トルーマンに拒否された。そして年を越えた二月十八日、中国軍に勝つコツを修得したリッジウェイ中将が敵の南下を砥平里《チピョンニ》と原州《ウォンジュ》でくい止め、三月七日、ソウル奪回に成功すると、その後、マッカーサーは気が狂ったように暴走し、それは三月二十一日、頂点に達している。

　ことの発端は、統合参謀本部（ＪＳＣ）がマッカーサーに送った次の電文だった。

■ワシントン発／三月二十日午後一時三十四分／統合参謀本部よりマッカーサー元帥へ

「数日中に大統領は朝鮮半島に関する声明を出します。その声明は『三十八線以南の地域から侵略者の大兵力を一掃した今、国連は朝鮮半島での和解条件について議論する準備を始めた。すなわち三十八度線の北側に向かって国連軍が前進を始める前に、和解に向けての外交努力がなされるべきだと、国連は強烈に思っており、我々アメリカも国連の和解準備に歩調を合わせるだろう』という内容になります。そこで統合参謀本部は『国連当局者が安全を確保しつつ敵との接触を維持するため、国連当局者に対し、数週間に渡る、充分な行動の自由を許す措置をマッカーサー元帥にお取りいただきたい』と要請します。よろしく善処方お願い申し上げます。なお、数日中にトルーマン大統領が発表する朝鮮半島関連の声明[*7]は次の通りです。

『私・トルーマンはアメリカ合衆国政府の最高責任者として、朝鮮に戦闘部隊を派遣している国連加盟国の政府と十分な協議を行い、その結果、以下の声明を発表するに至りました。朝鮮半島の国連軍は侵略者たちに大損害を与え、おおまかにいえば昨年六月に無法な攻撃の第一発が放たれたあたりまで侵略者たちを押し戻しました。私たちには一九五〇年六月二十七日の安保理決議83号に従ってこの地域の国際的な平和と安全を回復するという問題が残っており、同時に、国連憲章の精神と原則は、敵対行為の拡大を防ぎ、悲惨な状態の即時消滅と人命喪失の回避を促進させるためにあらゆる努力が払われることを求めています。ここには心から平和を願うすべての国が受け入れるべき平和と安全保障を回復するための基礎があるのです。国連憲章に鑑み、国連軍総司令部は朝鮮半島での戦闘を停止し、再開しないための協定締結準備を整えています。このような取り決めは、朝鮮半島からの外国軍の撤収を含む、広い和解の道を開くでしょう。国連は世界共同体政策を宣言しており、その宣言の中には、『朝鮮人は独立した民主的な統一国家を設立することが許される』という一項目が存在します。朝鮮人には平和を主張する権利があり、また、自身の選択と必要に応じて、政治を司るための諸機関を決定する資格があります。朝鮮人は戦争の荒廃を修復するために国連という世界共同体の援助を受ける権利があり、従って国連加盟国はすでに大量の支援を行っています。そこで今必要なものは平和です。平和こそは国連が再建という創造的な仕事に資源を投ずることを可能にする唯一のものです。

国連に反対する人たちが朝鮮に居り、それらの人々は朝鮮における和解のために提供され続けてきた多くのチャンスにほとんど関心を示しませんでした。これは実に残念なことです。朝鮮問題の迅速な解決は、極東における国際的緊張を大幅に軽減し、国連憲章で想定された平和的解決の方策によって、その地域の他の問題にも活路の道を開くでしょう。ただし戦闘停止のための満足な結論が出るまで、国連の軍事行動は継続されなければなりません』

これに対しマッカーサーは翌二十一日に「朝鮮にいる国連軍に（すなわち私に）これ以上の軍事的制限を課すべきではない。すでに存在する禁止条項を拡大する措置は取るべきではない。このような制限からもたらされる軍事的な不利益は計り知れない」という電文を返信し、加えて三月二十四日、東京の第一生命ビル（ＧＨＱ）に新聞記者を呼び、次に示す通り完全にトルーマン政権の方針とは逆の声明を出したから、これがマッカーサー解任の決定打となった。

『作戦は予定通りに進行している。我々は現在、三十八度線の南に押し寄せた共産軍を実質的に一掃した。明らかになったのは、我が方の二十四時間ぶっ通しの大規模な空爆と艦砲射撃により、敵の補給線は重大な損害を受け、前線に残された共産軍部隊は作戦を継続することが困難な状態に陥っているという事実である。補給困難による作戦継続不能と言う敵の弱点は我が方の地上兵力によって巧みに利用されており、敵の人海戦術は、我が方の地上兵力がこの戦闘形態に慣れて行くにつれ、間違いなく失敗した。敵の人海戦術は今や各個撃破の対象となっており、天候、地形、熾烈な戦闘のため、激しいスタミナ切れの状態を示している。

人海戦術に勝つためのテクニックを修得した我が方の戦術的成功よりもさらに重要な意味を持つものがある。それは赤い中国《レッド・チャイナ》の持つ重大な欠陥が明らかになったことだ。新たな共産中国という敵が、大げさに、かつ、自慢げに語っていた軍事力は、その高い自己評価のわりには、現代の戦争遂行に不可欠な多くの資源が無い。つまり産業基盤が致命的に欠落していると言う事実がはっきりしたのだ。レッド・チャイナは並み以下の空軍や海軍ですら、これを建設し、維持し、運営するための製造拠点が無く、原材料も欠いている。それどころか、地上戦に勝つための陸軍基盤、すなわち地上戦に導入する戦車や重砲あるいは他の先端科学兵器を敵は自給できない。鴨緑江を越えて朝鮮に攻め込んで来た当初、レッド・チャイナの軍隊は兵隊の頭数に物を言わせて先端技術ゼロという事態から生ずるギャップを補ったが、大量破壊兵器が発達してしまった現代、兵隊の頭数のみでは産業基盤未発達という欠点が内包する脆弱性は相殺できない。また、制空権と制海権を掌握するということは敵の生産システムと通信システムと輸送システムを支配するということに直結するから、過去の時代はそれほどでもなかったが、現代はそれが決定的要因になる。制空権と制海権を我が方が掌握している時、レッド・チャイナの貧弱な火力と人的損害など無視する狂ったような人海戦術では克服できない格差が結果として生ずる。レッド・チャイナが宣戦布告も無しに朝鮮へ侵入した結果、その軍事面での弱点は明瞭にはっきりと露呈されたのだ。

現在、国連軍はあれは駄目、これは駄目と言った制限だらけの中で作戦行動を進めている。こういう制限はレッド・チャイナにとって有利だが、そういう点を差し引いても、共産軍による朝鮮の武力征服が完全に不可能であることは白日の下にさらされてしまった。従って、国連が戦闘領域を朝鮮半島の内部のみに封じ込めておくという寛大な措置を止めて、中国の沿海部や内陸部の軍事拠点に対し、作戦領域を拡大するという挙に出れば、敵は軍事崩壊の危機に陥り、創設間もない共産中国は破滅するだろう。この事実に敵は今から痛いほど気づかされるはずだ。これらの基本的な事実が確立されてしまえば、朝鮮問題解決への到達には何一つ難しいことは無い。朝鮮紛争とは何の関係もない外的要因、例えば国連加盟国の座をめぐる台湾の蒋介石政府と大陸の毛沢東政府の不協和音によって悩まされることなく、国連独自の価値基準によって問題は解決するだろう。無惨な荒廃の中に居る朝鮮人は、この状態の犠牲になってはならない。その一事が最大の懸念事項である。

軍事分野とは別の問題が戦闘で解決されることもあるけれど、根本的な解を見つけ出すのは政治であり、それは外交の場で答えを見つけなければならない。軍司令官として与えられた権限の範囲内で、私はいつでも戦場で敵の最高司令官と協議する準備ができている。しかし、言うまでもないことだが、朝鮮における国連の政治目標を理解し合うような交渉には意味がない。そのような政治目標は、さらなる流血無しには達成されない。これはいかなる国も例外なしに理解できるだろう』

トルーマンは、一九四七年一月二十一日に国務長官バーンズという大物を解任した過去がある。そして一九五〇年九月十九日には、朝鮮戦争に対する処置不手際の廉《かど》で国防総省長官ルイス・ジョンソンを解任し、その後釜にマッカーサーとは完全にそりが合わない前国務長官のマーシャルを起用した。余談ながら、ジョンソン長官は辞表をトルーマンに提出する時、「大統領が私にこんなことをさせるとは思わなかった」と涙ながらに辞表を手渡したが、トルーマンは、「ルイス、この辞表にはサインがない。サインしたまえ、サインを」と容赦なく畳み掛けている。

そしてトルーマンがやってのけた三番目の大物解任がマッカーサーで、この時はさすがに相手が大物過ぎたので、このためにだけフランク・ペイス陸軍長官を東京に派遣し、作戦遂行中の解任という不名誉を緩和させようとそれなりの気配りはした。しかしここで想定外のことが起きたため、ペイス長官派遣はボツになり、味も素っ気もない電報通知となった。さて想定外とはトルーマン嫌いで鳴るシカゴ・トリビューンの記者フィリップ・ウォーデンが四月十一日の朝刊にマッカーサーとトルーマンの間に漂うきな臭いスクープ記事を載せるという確かな情報を指す。そうなればマッカーサーは解任をおとなしく待つような殊勝な男ではないから、先手を打って辞表を書き、返す刀でトルーマン攻撃に出るだろう。そうなれば支持率は下がり、残りの大統領任期一年と九カ月は針の筵だ。かくしてトルーマンは、「裏切者のインチキ野郎に辞表を叩きつけられてたまるか！　奴をくびにしてやる、この俺が！」と言って、みずから解任命令を書き上げ、統合参謀本部議長ブラドレー元帥が真夜中にこれを東京に送った。

■ワシントン発／四月十一日午前一時／統合参謀本部議長ブラドレー元帥よりマッカーサー元帥へ／親展

「用件＝大統領命令の伝達／以下大統領命令

まことに遺憾ながら、あなたを連合国最高司令官、国連軍最高司令官、アメリカ陸軍極東司令官という三つの職務から解任することが、アメリカ合衆国大統領とアメリカ軍最高司令官である私・トルーマンの義務となりました。あなたは即座に、すべての指揮権をマシュー・バンカー・リッジウェイ中将に委譲するものとします。あなたはご自身で選定した土地へ移動するにあたり、希望する旅行に必要とされる完璧な命令を発する権限があります。私・トルーマンがあなたを解任した理由については、あなたに届けられたこの解任命令と同時発表の大統領声明をご一読ください。（署名＝オマー・ブラドレー）」

ワシントン時間の真夜中に発信されたこのブラドレー電報は東京時間午後三時に赤坂のアメリカ大使公邸で受信され、二人の招待客との昼食会が終わったばかりのマッカーサーに届けられた。

電報の発信時間が真夜中午前一時だったのは単なる成り行きである。それは大統領が、真夜中の午前一時に特別記者会見を行ったからだ。午前二時になればシカゴ・トリビューンの朝刊が梱包されて取次店や新聞売りの手に渡ってしまう。だからその前に解任発表を済ませねばならない。その結果が真夜中の会見となったわけで、マッカーサーへの電報はこれとタイミングを合わせたのに過ぎない。

以下は解任理由が書かれた大統領声明である。

「まことに遺憾ながら、私はダグラス・マッカーサー将軍が軍務遂行上、アメリカ合衆国と国連の諸政策に全面的支持をしないという結論を持つに至りました。私は、アメリカ合衆国憲法によって自身に賦課された特定の責任と、国連によって自身に付託された追加責任に鑑み、ダグラス・マッカーサー将軍を更迭しなければならないと決断しました。したがって、私はマッカーサー将軍を解任し、マシュー・バンカー・リッジウェイ将軍をその後継者に任命しました。

国家政策に関する問題において、完全で精力的な論争が存在することは、自由な民主主義の上に立つ憲法機構にとって、死活にかかわる重要な要素です。しかしながら、軍司令官は、法律と憲法が定める枠組みに基づいて発せられた政策と命令に従わねばならない。これは基本中の基本であり、重大局面においては、文民統制《シビリアン・コントロール》が特に強制されます。

歴史上、マッカーサー将軍が最も偉大な軍司令官の一人であるという評価は確定しています。アメリカ合衆国は、マッカーサー将軍が大きな責任あるポストで国家に捧げた赫々たる抜群の功績に対し恩義を感じています。万人が認める偉大な人物に対し、私が解任という措置を取る必要に迫られたことを、私は重ねて遺憾に存ずる次第です」

日本国内は〝解任〟の二文字で蜂の巣をつついたような騒ぎになったが、マッカーサーは静かにこの事態を受け入れ、四月十五日日曜日、昭和天皇との十一回目となる会見を済ませ、翌十六日午前七時二十三分、家族と共にバターン号で帰国した。この時、マッカーサーは、階級剥奪はされておらず、元帥のままだったから、薄日がさす朝もやの羽田空港で、在日米軍から元帥としての栄誉礼を受けている。

この日、マッカーサーと入れ替えに大統領特使ダレスが羽田に降り立ち、翌々日、吉田茂首相、リッジウェイ将軍、シーボルド対日理事会議長（事実上の駐日大使）との会議に入った。会議の目的はマッカーサー解任が対日講和条約の早急な締結というアメリカの政策に少しも影響を与えるものではないというトルーマンの保証伝達である。
歴史の表舞台から去ったマッカーサーは一九六四年四月五日、肝臓と腎臓の機能不全で永眠した。享年八十四。葬儀は国葬だった。

〈註〉

＊1 不和と争いの女神エリスは、軍神アレスの妹で、戦場では血と埃にまみれた鎧を纏って槍を持ち、アレスの戦車に一緒に乗り、血なまぐさい光景をみて狂喜乱舞し、金切り声と共に火炎を吐き出したとある。エリスの恨みを買えばその怒りは永劫に続くため、他の神々はエリスを近づけないようにしたが、ある時、婚礼があり、全ての神は招かれたけれども、エリスだけは招かれなかった。エリスはこれを恨み、不和の林檎を転がして、大災厄のもとになったパリスの審判をお膳立てした。

＊2 国連総会決議第376号は加盟国六十カ国が投票した。六十カ国の内訳は一九四五年原加盟国五十一カ国、一九四六年加盟四カ国（アフガニスタン、アイスランド、スウェーデン、タイ）、一九四七年加盟二カ国（パキスタン、イエメン）、一九四八年加盟一カ国（ミャンマー）、一九四九年加盟一カ国（イスラエル）、一九五〇年加盟一カ国（インドネシア）である。なお、決議376号の投票結果は《賛成47》《反対5／ソ連、ベラルーシ、ウクライナ、チェコスロバキア、ポーランド》《棄権8／インド、ユーゴスラヴィア、エジプト、シリア、レバノン、イラク、サウジアラビア、イエメン》となっている。

＊3 中国人民志願軍三十四万の内訳は、歩兵十二個師団（＝四個軍）と砲兵三個師団、計二十六万人、予備軍八万人を加えた総数となっている。また、満州には二十数万の総予備軍を待機させていたから、毛沢東が予定した朝鮮半島への投入総兵力は六十数万の規模になる。

＊4 漢字十六文字で現した戦法で、正確には《十六字訣》と言う。漢字十六文字は「敵進我退、敵駐我擾、敵疲我打、敵退我追」で、敵が押し寄せれば退き、止まればこれを攪乱し、疲れたなら攻め、退却したら追撃しろ」と言

うもの。
＊5　アメリカ極東海軍から秘密裡に要請を受けた海上保安庁の日本特別掃海隊は十月二日付で朝鮮海域での機雷除去作業に従事した。従って、日本のマンパワーはすでに投入されている。なお、この掃海作業に従事している間、日本の掃海艇ＭＳ14号が元山港沖の永興湾で触雷し、行方不明一名（中谷坂太郎氏）重軽傷者十八名を出した。
＊6　エアーズは後日、次のように語っている。
「十一月三十日の大統領記者会見は必ずしも格別ニュース価値があったわけではない。ロバート・G・ニクソン記者が後になって書いているように、記者仲間の誰かがニュースをでっち上げようと決めていたのだ。大統領が時々難しい質問に対して早のみこみの返事をする癖があるのを知って、ある記者は朝鮮で中国が攻撃を加えて来た場合、満州で報復することもありうるかと質問した。大統領は、『これは国連次第であり、その後、マッカーサー元帥が、軍事情勢に対応するために必要な措置を取るだろう』と答えたのが真相だ」
＊7　アチソン国務長官が草稿を作ったトルーマン声明はそれが発表される前にマッカーサーが真逆の声明を出してしまったため発行出来ず、お蔵入りした。

(2) 休戦交渉

朝鮮戦争は三十八度線で押したり引いたりする膠着状態に突入し、国連軍総司令官もリッジウェイ大将に代わった。

ところでマッカーサーが表舞台から姿を消すという出来事は、スターリンの妄想性パーソナリティ障害を大きく刺激した。老いたりとは言え、スターリンの冷酷で狡猾な怪人ぶりは相変わらずだったが、間歇的に現れる脳の誤動作によって妄想は猜疑と嫉妬にバイアスがかかることが多く、マッカーサー事件を聞いて、独裁者は大喜びする代わりに、毛沢東の成功を妬み、毛という男はソ連の影響力を危うくする目障りな奴という囁《ささや》きがよぎり、そして毛をのさばらせてはいけないと突き上げる声が導くままに独裁者はヤーコフ・マリク国連大使を使って朝鮮戦争に対する和平提案をさせている。

しかし実態はまったく逆。マッカーサーが指摘した通り、中国軍の欠陥は表面化し、毛沢東も金日成も青息吐息だったから和平提案は渡りに船だったのだ。

一九五一年六月二十三日土曜日、ニューヨーク時間午後九時十五分、マリクは《平和の代価（the Price of Peace）》という国連協賛のラジオ番組の中で「ソ連人民は、朝鮮の事態が平和裏に解決すると信じている。よって戦争当事者は停戦（ceasefire）と休戦（armistice）の交渉に入るべきであり、同様に戦争当事者は三十八度線を越境せぬよう軍を撤収させるべきである。もしも双方が心の底から戦争の終結を願っているならば、ソ連の提案は平和への代価として決して高くは無いと思われる」と言った。いまさら繰り返すまでもないが、ソ連はミグ戦闘機ほか最先端兵器を金日成と毛沢東へ大規模供給している張本人であり、マリク声明は呆れるばかりの白々しいおためごかしだが、アメリカに与えた影響は大きく、トルーマンはすぐに反応した。

ところで放送が終わった直後、マリクは本国へ一時帰国。駐米ソ連大使パニュシキンも休暇で姿をくらましており、ソ連本国にいる外相ヴィシンスキーもインフルエンザとやらで入院している。

新しい動きがあったのは四日後の六月二十七日で、この日、モスクワ駐在アメリカ大使カークはグロムイコ外務次官と面談し、その日の午後五時に次の三カ条を本国に電送した。

①朝鮮半島の和平については今後、グロムイコ次官がソ連の公式窓口となる。よってマリク大使は、今後、何のコメントもしない。パニュシキン大使も同様である。

②ソ連はマリク発言以上のことはしない。例えば講和会議の仲介役を務めるようなことはしない。

③停戦と休戦の交渉には外務省のような政府代表が関与すべきではない。交渉はアメリカ軍代表一名、

韓国軍代表一名。北朝鮮は人民軍代表一名、中国人民志願軍代表一名とすべきだ。

かくしてトルーマンは統合参謀本部を通じてリッジウェイ大将に次の命令を送っている。
■ワシントン発／六月二十八日午後三時四十分／統合参謀本部よりリッジウェイ大将へ
「マリク声明に鑑み、リッジウェイ将軍は中国共産軍と北朝鮮軍に対しラジオ放送すべきと考え、そのための声明原稿とそれに伴う留意事項を緊急発信します。
●リッジウェイ将軍の放送原稿
『国連軍総司令官である私は次のことを語るよう指示されました。それは、北朝鮮軍ならびに中国人民志願軍が、ことによると戦闘を一時的に中止して相互の安全を保証し、その条件下で敵対行為を停止するための話し合いをしたいと思っているかも知れない。であるならば次のようにラジオ放送してはどうかという指示です。私は、国連軍総司令官として軍の適切な代表者を指名することができます。同時に、北朝鮮軍ならびに中国人民志願軍の代表者と面談する時間と場所を互いに決めることができます。そのような会合を望むなら、私は適切な代表者を指名し、会合のための時間と場所を提案する準備をします』
●ラジオ放送にあたっての総括的な留意事項
①停戦協定の条件交渉については、『我々がそのような交渉を要求している訳ではない』という立場を強調しておかなければならない。また、最も実効力の強いものは軍事行動であることを常に念頭に置かなければならない。
②将軍の放送は、それが《より高い権限》からの指示に基づいていることを明確にしつつ、放送しなければならない。
③停戦協議事項を事前に取り決めておくことはやぶさかでないと臭わせる必要がある。

●具体的な留意事項
①共産軍の出方次第だが、交渉官として誰を選ぶかはリッジウェイ将軍に一任される。
②共産軍交渉官との面談場所はソウルないし元山《ウオンサン》港外に投錨しているデンマークの病院船ユトランディアを推奨する。
③リッジウェイ将軍自身が交渉者として面談の場に出ることは賛成しない。また会議冒頭の挨拶にも出るべきではない。
④韓国軍は国連軍の一員である以上、交渉官についてもリッジウェイ将軍の指命に従わねばならないが、彼等はそう思っていない、特に李承晩の動きには要注意である」
翌二十九日、リッジウェイは本国の訓令に従い原稿案通りの放送を行った。

※　　※　　※

■六月三十日土曜日／毛沢東からスターリンへの電文[*1]
「マリクのラジオ放送は、和平交渉の実施において我々に主導権を確保してくれるものだった。一昨日二十八日、私は北京駐在ロシチン大使からグロムイコ外務次官とアメリカ大使カークの間で交わされた対話記録を受け取った。テキストの最終部分で、各々の代表は軍のしかるべき司令官であって、政府の代表であってはならない。また、中国側も志願軍代表が参加しなければならないと指摘している。私は、これはまったく正しいと考えている。

金日成からリッジウェイが交渉を始めようと要求してくる場合、どう答えるべきか問い合わせる電文が届いた。私は金日成と彭徳懐《ポン・ドーファイ》に『敵が状況を有利に利用する機会を与えないように戦闘状況を綿密に観察しなければならない。と同時に、敵が交渉を要求してくる場合に備えて、この問題を審議し、準備を進めておくべきだ。交渉を進めるために、しかるべき代表を派遣する準備を整えておくべきだ』と伝えた。

リッジウェイへの返答に関しては、その返答要求を受けた後の返答内容と形態を論議する必要がある。この問題に関して同志スターリンの見解はどのようなものであるか知りたい。もしも交渉が始まれば、我々が不利な立場に陥らないよう、同志スターリンが直接すべての問題に責任を持つことが極めて重要だ。私は次のように考える。すなわち、金日成が七月二日ないし三日に、休戦交渉の実施に同意を表し、会談の時期、場所、参加人員などを提案すべきだ、と考えている。交渉場所に関し、リッジウェイは元山港を提案している。元山は北朝鮮海軍の要塞基地で、敵がそこに軍隊を上陸させようとしているのを考慮すれば、元山での交渉は適切でないと私には思える。三十八度線上の開城《ケソン》を交渉場所として提案してはどうだろうか。それから、我が方の代表団に、会談への完璧な準備をする時間を確保させるため、会談開始日を七月十五日に定めるべきだと私は考えている。時間が少ないことと、この会談の重要性を考慮して、同志スターリンが直接金日成と面談して、この会談を指導すると同時に、私にも知らせてくれることを望む。金日成から私に発せられた問い合わせ電文を同志スターリンにお知らせするため添付する。毛沢東」

★添付／一九五一年六月二十九日／金日成より毛沢東への電文

「六月二十三日のラジオ放送で行われたマリク演説は休戦へのアメリカ人の関心を喚起した。六月二十八日にUP通信社は次のように報じている。

『アメリカの将軍および上級将校たちの間では、ますます朝鮮での休戦への期待が高まっている。リッジウェイ将軍は軍事行動休止の可能性をめぐって、ブラドレー統合参謀本部議長と継続して連絡を取っている。行き交う情報から明らかなものは、リッジウェイ将軍が本国の国防総省からの指示を受ければすぐ、北朝鮮軍司令官との交渉に入るという点だ。この情報は国連軍将校からのものである』

もしもリッジウェイが交渉を望むなら、我々はどう対応すべきか。この問題に関する同志毛沢東の具体的な見解を緊急に知らせ欲しい。金日成」

■六月三十日土曜日／スターリンから毛沢東への返信電文

「休戦交渉を行うため、敵の代表と会うことへの同意をリッジウェイに早く回答する必要がある。ラジオ放送を通じて行うこの回答は朝鮮人民軍司令官および中国人民志願軍司令員、すなわち同志金日成および同志彭徳懐《ポン・ドーファイ》によって署名されなければならない。もしも中国人民志願軍司令員が署名せず、朝鮮人民軍司令官だけの署名であれば、アメリカはその回答に対していかなる価値も認めないだろう。元山地域にあるデンマークの病院船を会場とすることは断固として拒否し、三十八度線上の開城地区で会議が行われるべきことを主張しなければならない。現在、我々が休戦問題で主導権を取っていることを活かし、会議場所の問題に関して、アメリカが譲歩するように仕向けるべきだ。ついてはリッジウェイに次の回答を送付すること。

『国連軍総司令官リッジウェイ将軍へ

　六月二十九日付けの休戦に関する貴下のラジオ声明を聴取した。我々は軍事行動の停止と休戦確立の交渉のため、貴下の代表団と会談することへの同意を表明する全権限が与えられている。会談場所は三十八度線の開城地区を提案する。貴下が同意する場合、我々の代表団は七月十日から十五日に、貴下の代表団と会う準備をする。

朝鮮人民軍最高司令官　金日成

中国人民志願軍司令員　彭徳懐』

　さて、電報で同志毛沢東は『同志スターリンがモスクワから休戦交渉を指示すべきである』と提案した。これはもちろん考えも及ばないものであり、そればかりか不必要である。交渉すべき人は、まさに同志毛沢東自身であり、私にできることはせいぜい個別の問題に対する助言ぐらいのものだ。私はまた、金日成と直接コンタクトできない。従って、同志毛沢東が直接コンタクトすべきだろう。スターリン」

スターリンはこのように電文を送り、直接指揮をとるつもりがないことを意思表示したが、その実、逐一会談の動静を知らせて来るように仕向けた。かくして中朝側の代表メンバーは南日《ナム・イル》将軍以下五名に決まったけれども、これ以外に《李克農《リ・ケノン》／中国人民解放軍上将》と《喬冠華《チャオ・グアンファ》／中華人民共和国外交部情報局長》の二名を密かに開城へ派遣し、会談の経緯を盗聴させるかたわら、スターリンと毛沢東の指示を会議場にいるメンバー五人に対し忠実に守らせている。

■東京発／七月八日日曜日午後六時四十六分／国連軍総司令官リッジウェイより統合参謀本部へ

「本日午前九時三十三分から午後四時四十分まで双方の連絡将校がソウル西北三十八キロの地点にある汶山《ムンサン》において最初の接触を果たし、以下六項目が確認された。

①第一回本会議の開催日は七月十日火曜日。北朝鮮が占領している開城北部の民間住宅[*2]で開催される。

②代表メンバー[*3]は、中朝側は南日《ナム・イル》北朝鮮軍中将、鄧華《トンファ》中国人民志願軍上将ほか三名。国連側はジョイ海軍中将、白善燁《ペク・ソニョプ》韓国軍少将ほか三名。

③中朝連絡将校団はジョイ提督以下国連代表五名が通訳を含むスタッフを随行することに合意した。

④中朝共産軍は開城地区での国連代表団全員の安全を保証した。

⑤道路整備と警護は、開城と汶山《ムンサン》の中間地点にある板門店《パンムンジョム》を中継地とし、汶山から板門店まではアメリカ第八軍が担当。板門店から開城までについては共産軍が担当することで合意した。

⑥国連軍代表団が開城の会議場へ乗りつける車輌には安全確保のため白旗を掲げ、代表五人を除くすべての随行員は白腕章を付けることで合意した。共産軍連絡将校の態度は協力的」

このように報告したリッジウェイは多数の記者団と共に汶山基地で待機したが、それはどれほど長引こうと会議はせいぜい一〇日で目鼻がつくと踏んだからであり、まさかこれが二年以上も続くとは思ってもみなかったし、首席交渉官に沈着冷静なジェントルマンのジョイ提督を起用したことがミスキャストだということにも気付いていない。心理学と文化人類学の権威ウィリアム・ヘンリー・ヴァッチャー教授は休戦交渉の随行メンバーとして会議を目撃し、後にその体験を『板門店／朝鮮での休戦交渉物語』と題する一冊に纏めたが、教授は会談初日の光景を見てケナンの言葉を思い出したという。駐ソ大使カークの後任大使となったジョージ・フロスト・ケナンはクレムリン当局から好ましからざる人間《ペルソナ・ノングラータ》の宣告を受け、ソ連追放になった男だが、そのケナンをして、「ロシアの共産主義者は、ある程度は責任遵守の姿勢を保つので信頼関係の形成はできる。しかし中国、朝鮮の共産主義者は約束を守るという点で、興奮しやすく無責任な人間であるように思えるので、信頼関係の形成は非常に難しかろう」と言わしめている。

　会談初日、ヴァッチャー教授は汶山基地から臨津江《イムジンガン》経由で二十三キロ先の板門店までジープで行った。そこから九キロ先にある開城までは敵の占領地なので約条に従い白旗を掲げ、腕には白い腕章をつける。その後、ジープは中国兵満載のトラック三台に先導されて開城に向かったが、プロパガンダ用撮影カメラの前に来ると、中国兵は勝ち誇り、嬉しそうな顔でバンザイをした。教授は汶山基地からヘリコプターで来たジョイ提督ら五人の代表と開城で合流し、そこから会議場までジープに乗ったが、この時もトラックに先導され、無駄に迂回ルートを取り、またしても共産軍のプロパガンダ撮影に利用された。そして会場内に通されれば、やけに低い椅子に座らせられ、中朝側五人の代表は偉そうにジョイ提督ら国連軍代表を見下し、そういうぶざまな姿を狙って目がつぶれるかと思うほど大量のフラッシュが焚かれた。

　教授は言う。

「会議場を開城にしたことが最大の失敗でした。勝者と敗者がすり替わり、私たちはいつの間にか敗者に

中朝交渉官（左から）
解方少将、鄧華上将、南日中将、李相朝少将、張平山少将

成り下がっていたのです。明日になれば国連軍が降伏し、和を乞うかのようなニュースが全世界にばらまかれるでしょう。中朝共産軍が行った厚かましくも不誠実な撮影は単純で煽情的なテロップ付きの映像作品になって公開されるため、素朴な中国、朝鮮の民衆には無理なく浸透していくのです。中朝では人民洗脳が重視されているため、このように事実を捻じ曲げる。我々にとっての非常識は彼等にとっての常識であり、つくづくケナンの指摘は正しいと感じました」

ところで、朝鮮には途方もない大声で相手を罵倒する土俗風習があり、シャーマニズムを連想する粗暴で野卑なこの遺風は《聲討《ソント》》という。ヴアッチャー教授は共産側首席交渉官南日中将の口を突いて出る異様な舌鋒に肝をつぶしたけれども、これが聲討《ソント》だった。教授は、話し合いで共産主義者と問題解決を図ろうとすることがいかに困難であるかを自身の著作《板門店》に書き残したが、一つ間違っている点は、話し合う相手が共産主義者である前に朝鮮人であるという点だろう。南日は満州建国大学を卒業した後、モスクワに留学し、開戦直前まで教育副相を務める北朝鮮の超エリートであり、大田《テジョン》で戦死した姜健《カン・ゴン》中将に代わって総参謀長に就任するという三十七歳の若い将軍《ボーイ・ジェネラル》だったが、上品ぶって聲討を封印するつもりはさらさらない。それに、教授は知らなかったが、共産側は別室で李克農《リ・ケノン》と喬冠華《チャオ・グアンファ》という二人の督戦官が南日たちの後方で監視の目を光らせ、武力で得られなかったものを交渉の場で得ようとしていたから、そういう中で論戦に臨む南日の語気挙動は一段と激しいものになり、ジョイ提督の節度ある交渉スタイルは裏目に出た。事実、会談初日に提督が出した「何を討議すべきか」についての九項目はなぜこれに反対なのか、理由をほとんど聞かされることなま一方的な否定をもってあっけなく蹴飛ばされている。

会談初日は、あいだに約三時間の休憩をはさみ、午前十一時に開始され、午後六時十五分に終わった。

汶山《ムンサン》基地に戻った時、提督は「初日だから我慢したが、まったく不健康で非生産的な会議だ。あの連中はどういう料簡でいるのかね。さっぱり分からん」と、早くも愚痴が出た。

「初日だから連中も張り切ったのでしょう。口開けから金日成バンザイ、毛沢東バンザイを散りばめた共産党宣伝の〝お経〟を長々と聞かされて終わったようなものですな」

「それは少し違いますよ。あれはこれからも続きます」と、白善燁《ペク・ソンヨプ》少将。

「まさか！　それでは会議が進まないではないか」

「でもそれが中朝式なのですよ。ところで居丈高な南日の発言ですが、私には通訳が伝えなかった言語道断の悪態が分かるので、黙ってあそこに座り続けることは、私にとって耐えがたい苦痛です。私は言葉が分からないアメリカ人がうらやましい。それから私たちは、会議場以外は国連軍控室とトイレにしか行けません。盗聴器がどこかに隠されているか分からないので、庭に出て散歩しながら打ち合わせをしようとしたら、警備兵に自動小銃で阻止されましたな。まさに監禁状態だ。奴らに公平を望むことは豚に芸を仕込むよりも難しいけれど、幼稚な嫌がらせだけに、むしょうに腹が立つ！」

白《ペク》少将からこれを聞かされたジョイ提督はガックリ肩を落とした。

アメリカと北朝鮮の考え方の相違は予想を大きく上回っている。これが会議開始の段階で明らかになった。日本の敗北についての認識は一つの例となるだろう。南日いわく、「日本の敗北は金日成同志が始めた解放闘争が生み出したもので、これこそが最大要因である。この後、一九三七年から八年間中国人民と日本の戦いがあり、最後にソ連人民がこの戦いに加わって日本をひねり潰したのだ。アメリカは日本と三年戦ったが結局はソ連が日本にとどめを刺すまで日本は降伏しなかった。この歴史的事実を誰が否定できようか？」と、大声で机を叩いた。

この瞬間を観察していたヴァッチャー教授は後日次のように述懐している。

「この発言は交渉が始まったばかりの時でしたが、ジョイ提督はあっけに取られ、二の句が継げないほど驚いていました。提督の気持ちはよく分かります。何を討議すべきかの討議に入った段階でこんな調子では、休戦ラインの議論になった時、南日は、自分たちは被害者だ、李承晩軍が攻めて来たから、北朝鮮軍はこれに応戦したのだ、という主張を歴史的事実としてがなり立てるに決まっていたからです。ともあれ、南日のように興奮して神懸かり状態になってしまえば、まともな科学的理詰めは無理というものです」

休戦会談が始まってすぐ、リッジウェイはジョイに「中朝共産軍は礼儀を譲歩とみなすだけでなく、譲歩を弱さと判断する。このような手合いを相手にする時は、優雅なレトリックは通用しない。狡猾な共産軍には、奴らの非礼に見合った強烈で直截的な言葉使いで応酬しろ」と注意している。

結局、会談初日に提起された「何を討議すべきか」が決着したのは十六日後の七月二十六日で、その内容は何を言っているのか多少意味不明な次なる五項目だった。
①議題の決定。
②朝鮮半島における敵対行為停止のための基本条件として南北双方で非武装地帯を設立するために軍事境界線を確定する。
③朝鮮半島における停戦（cease fire）および休戦（armistice）を実現させる協定の具体化。すなわち、停戦と休戦の履行を遵守するための監督機構（構成、権限、機能など）の具体化。
④戦争捕虜に関する取り決め。
⑤南北朝鮮双方と関係がある各国政府への勧告。

会談開始から十六日を費やして馬鹿々々しいような第一歩を踏み出したリッジウェイとジョイにはもう一人、李承晩という極めて手強い相手がいた。

当時日比谷にあったＮＨＫ東京放送会館内ＦＥＮ東京本部からリッジウェイが休戦声明を流したのは六月二十九日だったが、その翌日、韓国政府と共に釜山へ疎開していたムチオ大使は電文番号１１０３で「李承晩が閣僚全員を召喚し、リッジウェイ声明を怒りに任せて大声で読み上げた後、次なる身の程知らずの五項目要求を掲げた」と本国に報告している。

①中国共産軍は、以後、戦闘行為または大韓民国財産に対する破壊行為を行うこと無く、即時、鴨緑江北岸に撤退すること。

②北朝鮮軍すべての武装を完全に解除すること。

③いかなる第三国も北朝鮮共産主義者に軍事的財産的援助を与えないこと。

④これ以降、朝鮮問題のすべての国際会議に出席できるのは大韓民国政府のみであること。

⑤休戦協定締結に際し大韓民国の国家主権あるいは領土の統一に反する条項はすべて拒絶する。

ムチオ大使は、それから十日後の七月九日午後五時、釜山を訪れた共和党の超大物でニューヨーク州知事のデューイが李承晩と会談したことを伝えた。ところでデューイは釜山訪問の前に東京の第一生命ビル（ＧＨＱ）でリッジウェイと会い、次の話を聞かされている。

「いかなる軍隊でも、最も重要なものは勇敢で熱意と忠誠心に溢れた将校団、下士官団の存在です。現在の韓国軍にそれは見当たらない。ともあれ今、李承晩に対しては腐敗、怠慢、卑劣に毒された将校と官吏を厳重に処分するよう常に圧力を加え続ける必要があるのです」

そこでデューイだが、彼は李承晩との一時間の会談の際、貪官《どんかん》汚吏《おり》だらけの韓国をどうやってまともな軌道に戻すのかといったストレート表現はしなかったが、朝鮮半島全体を俯瞰した時に感ずる不安な点についてそれとなく李承晩にいろいろ尋ねた。しかし李承晩はそれにはまったく答えず、ひたすら自分の言いたいことだけを繰り返している。いわく、三十八度線を撤廃し大韓民国による完全な統一を実現せよ。いわく、休戦会談を即刻中止せよ。いわく、アメリカはより強力な軍事支援を提供せよ等々。当然ながら、李承晩の主張は逆効果で、デューイは共和党の次期大統領候補アイゼンハワーに朝鮮戦争即時停止を公約とするようアドバイスした。しかし、他人（例えばアメリカの有力者）が自分をどう見るかについて一切無頓着を決め込んだ李承晩は、休戦反対を叫び続け、そのための大規模デモを煽り、果ては戦時作戦統制権を取り返し、国連軍の指揮下から離脱して、朝鮮半島の共産主義者を一掃すると触れ歩いたから、これが休戦交渉の緊張状態をさらに刺激し、異様な展開に繋がっていく。そうして起こった具体的な事件は七月三十日に南日が「交渉中も敵対行為は同時進行する。この交渉が弾丸飛び交う中で進めざるを得なくなったのは李承晩をあやつるアメリカのせいだ」と叫ぶ出来事と、八月四日に開城で国連側代表団を完全武装の中国軍が威嚇するという出来事の二つであり、ジョイ提督は威嚇事件があったその日、抗議のため五日間の中断を宣言。そして交渉再開となった八月十日も実に険悪で、何と会議開始後二時間十分、まったく無言の内に中朝側がジョイ提督ら五人をにらみつけるという異常事態が出現した。さらに中朝側は米空軍が開城を爆撃したという奇怪な捏造事件をでっち上げて大糾弾騒動を起こしたから、ジョイ提督は処置なしと判断し、交渉を八月二十五日に中断した。

かくして国連軍は、すでに動き始めていた夏季攻勢と連携し、《Operation Strangle／絞殺作戦》という空軍作戦を追加発動したから、セイバーF-86ジェット戦闘機五十六機に護衛されたB-29六十六機をもって平壌を空襲。さらにB-29三十五機をもってソ朝国境に近い羅津港《ラジンハン》を猛爆し、大量の軍需品ストックを吹き飛ばすという圧力を加えた。この結果、十月四日にリッジウェイは金日成と彭徳懐が連署した休戦交渉再開を希望する文書を受け取り、十月二十五日に会談再開。会議場も開城から板門店に変更され、かくして最大の難関だった軍事境界線問題は一カ月後の十一月二十七日に妥結した。

※　　　※　　　※

金日成は、スターリンに操られた人形だったとは言え、ふらふらと揺れ動き、終始一貫していない。一九五一年六月二十三日のマリク声明を聞き、金日成は「休戦協定は軍事と政治の両面から見て必要だ」と意思表示しており、このあたりは李承晩より聞き分けがいいけれども、その同じ口で「交渉全体を統轄している李克農《リ・ケノン》司令員はアメリカ人に対し過度に寛容であり、南日以下の意見に耳を傾けない」と平壌駐在ソ連大使ラズヴァーエフに陰口を利いた。中でも一九五一年七月二十七日、毛沢東が金日成に対し、「アメリカ人が現在の最前線を三十八度線に代わる境界線だと言って譲らないなら、自分としてはそれに一定の譲歩をしてもいいと思う」と伝えると、金日成は強い不満を示し、「これは朝鮮民主主義人民共和国に対する重大な領土干渉を意味する」と答え、同時に朴憲永《パク・ホニョン》外相に対し「領土を削られるくらいなら、中国人の支援無しで戦争を続ける」と強がった。しかし、港湾、飛行場、鉄道網、鉄橋、そして唯一の電力源水豊《スプン》ダムの空爆で金日成は大いに動揺し、さらに絨毯爆撃で七十三都市が地上から消滅、首都平壌では二棟の建物だけが残ったのを見て震え上がり、そこで自分では直接言わず、朴憲永を使って彭徳懐から毛沢東に「戦争の継続を望まない」と泣きを入れさせた。もともと彭徳懐は人の褌で相撲を取る常習犯の金日成を心底軽蔑している。その金が強がりと怯えのはざまで輾転反側《てんてんはんそく》するのを見て次の通り電文を毛沢東に送ったから行間には侮蔑の色がにじんでおり、小細工を弄する金日成を嗤っている。

■一九五二年一月十六日水曜日／彭徳懐から毛沢東への電文

「本年一月十六日、外相の朴憲永が来訪。外相は朝鮮民主主義人民共和国の全人民が平和を求めており、戦争継続を求めていないと語った。そこで私は、公正と合理性に基づいた平和的解決は中華人民共和国にとっても有利であり、同時に、現在の軍事状況は中国と北朝鮮にとって有利である。ということは、アメリカには困難が増していると説明し、だから休戦の望みは叶うだろうと述べた。そして私は、この状況を踏まえ、軍事行動継続のことも勘案し、積極的に戦力維持の準備をしておこうと言った。別れ際、朴外相は、全般的情勢判断について私の観点に賛同しつつ、この訪問は単なる個人的な面談であって、今述べた意見は朝鮮民主主義人民共和国政府や労働党中央委員会のものではなく、まったく個人的な意見であると言った」

さて、一九五一年十一月二十七日の妥結によって、最も難物だった非武装地帯と軍事境界線が確定された。ここまで来れば、すぐにでも停戦になりそうなものだが、そうは調子よく運んでいない。その理由は、一つはスターリンだった。マリクに休戦放送をやらせたスターリンは、その後、すぐに方針を変え、〝戦争継続〟に軸足を移している。この心変わりは漁夫の利をもくろんだ〝正常〟な意思決定なのか、それとも〝脳内異変〟が昂じての揺らぎであるのか定かではない。ともかく、以後、スターリンは「アメリカが敗北を認めるまで戦争継続」を中朝側に強制し続ける。

休戦交渉が恐ろしく長引いた理由がもう一つある。それは〝捕虜〟だった。この問題を詰めていく過程で、捕虜の帰還とその人数について中朝側と国連側の間に大きな隔たりがあると分かった途端、中朝側が浴びせる「だまされた!」「ペテン師!」「恥知らず!」「卑怯者!」など、口にするのも憚られる言葉の大洪水となってデッドロックに乗り上げ、交渉は一九五二年十月八日から無期休会になった。

以降は捕虜をめぐる交渉の顚末に焦点をあてる。

捕虜問題が取り上げられたのは中国人解方《ティエファン》少将の発議がきっかけだった。軍事境界線問題が妥結しても、これから細部を煮詰めて行くという厳しい問題が残っている。そこで解方は、本会議場とは別の会場を設営し、《戦争捕虜に関する取り決め》を本会議と並行して進めてはどうかと提案した。解方の考えは「捕虜の問題は簡単に片付く」であり、その理由は、中朝側も国連側も、揃ってジュネーブ協定(Geneva

Conventions）を尊重すると宣言しているから合意には簡単に到達できる。厳しい利害対立は無いと見ていたからだ。かくして捕虜問題小委員会が一九五一年十二月十一日火曜日からスタートした。メンバーは国連側、ルーヴェン・リビー海軍少将とジョージ・ヒックマン陸軍大佐。そして中朝側は李相朝《リ・サンジョ》少将（北朝鮮）と蔡清文《ツァイ・チンウェン》大佐（中国）である。

会議用大型テントに入って来たのはリビー少将とヒックマン陸軍大佐で、両方とも資料カバンを持っている。テントの中はオンドルで温かい。さっそく防寒具を脱ぐ。すると針金のように細い軍服姿のリビー少将が現れた。ほぼ同時に李少将と蔡大佐が登場し、さっそく信任状を交換したが、その際、リビーは李相朝の姿に鋭い一瞥を投じている。座布団もどきの四角い顔と幾分垂れ気味の両眼に特徴がある李少将は、狐が憑いたような尖った顔の南日中将と比べれば、発散しているオーラがだいぶ違うけれども、にこりともしない所は同じだ。結局は似たようなものだろう。

ところでリビー少将の人事考課には「艦隊勤務が長い激しい性格のアナポリス海軍兵学校卒業生だが、いかなる相手と論戦になっても目的を達成する能力がある。共産主義者との交渉には格好の男」とあった。会議は李少将の「ジュネーブ協定にのっとり、すべての捕虜を交換するという大前提で進めれば細部の意見相違はすぐに解消できるはずだ」という発言で始まった。

——やはりジュネーブ協定をヒラヒラさせてきたか。

李相朝発言は全捕虜の無条件本国帰還を意味しており、これは想定内だったから、リビーは悠然と構え、次のように切り返している。

「国連軍が望んでいるのは、適正で公平な捕虜の交換である。また双方の捕虜が人権保障の面から見て適切な扱いを受けているかどうか。これを確認するため赤十字など公明正大な監督機関の査察を互いに招請したい。当然のことだが、我々は傷病兵捕虜の移送を大優先としている」

リビーはさらりと応じたが、想定内とは言え、冒頭に李相朝がジュネーブ協定を錦の御旗として全捕虜の無条件本国送還に言及したことはおもしろくない。それはこの条約自体が捕虜個人の人権保障という点で欠陥があるからだ。戦時傷病者保護に焦点を当てて発足したこの協定は第一次大戦後に大改訂され、さらに一九四九年八月十二日に至って《ジュネーブ諸協定》という四カ条が追加された。四カ条追加となったのは第二次大戦直後にソ連が行ったシベリア抑留の再発を防止するためだったけれども、《捕虜個人の人権保障》という点で落ち度があり、これを補完するため、一九七七年六月八日に《ジュネーヴ諸協定の追加議定書》が採択されている。

しかし、リビーと李相朝が円卓に座って向き合っている時点では、追加議定書は誕生していない。だから共産軍、特に中国人民志願軍の意向を受けて李相朝が主張した《全捕虜の無条件本国帰還》は、捕虜個人の意向を無視する一括送還でありながらジュネーブ諸協定には違反していない。そういう法の盲点をつく主張だった。だからリビーが主張する《任意送還＝捕虜個人の意向を聴取した上で送還先を決定する方式》はすこぶる分が悪い。いっぽうアメリカでは、「ジュネーブ諸協定の規定する全捕虜の無条件本国帰還は、このままでは人権蹂躙だ」と、特に蒋介石に親しみを持つ華僑のあいだで問題視された。なぜかと言えば、国連軍の捕虜収容所にいる捕虜一人一人をチェックしていく過程で、「本国帰還は嫌だ」と叫ぶ捕虜が膨大な数に昇り、その理由として次のことが表面化したからだった。

①中国内戦時に共産軍捕虜となった蒋介石軍兵士は中国人民志願軍の最前線部隊（懲罰部隊）に編入された。従って、国連軍の捕虜になった中国軍兵士の大多数は、本国帰還を拒否。台湾行きを希望。

②国連軍が釜山橋頭堡の一角に押し込まれ、北朝鮮軍が南朝鮮のほとんどを占領していた時に強制連行され、その後、国連軍の捕虜になった韓国民間人は、北朝鮮帰還を拒否。南朝鮮残留を希望。

③韓国軍兵士が北朝鮮軍の捕虜になり、北朝鮮軍に編入され、その後、国連軍の捕虜になった元韓国人

兵士は、北朝鮮帰還を拒否。南朝鮮残留を希望。

④軍属徴用され三十八度線を越えて南下し、国連軍の捕虜になった北朝鮮民間人の中には、北朝鮮帰還を拒否し、南朝鮮残留を希望する者がいる。

⑤国連軍の捕虜になった北朝鮮軍兵士の中には、北に帰れば処刑ないし収容所送りになることを恐れ、北朝鮮帰還を拒否し、南朝鮮残留を希望する者がいる。

会議初日（十二月十日）、挨拶がわりの軽いブラフを交わす程度でお開きとしたリビー少将は、翌日、任意送還か無条件帰還かの討議は伏せて置き、その前に、捕虜の名簿を交換し、当面、相手の出かたを観察する、という方針で臨むことにした。名簿とは言っても完全な氏名一覧を完成するには時間がかかるので、付番だけの歯抜け名簿になることはやむを得ない。これを受け入れるかどうかで、数日間、ディベート合戦が続いたけれど、李相朝は頭の回転が速い論戦家だったから、自分の言葉に酔って憑き物状態になり、聲討《ソント》に打って出ることは一度も無い。そして十二月十八日、李相朝は捕虜の名簿交換というリビーの提案を受け入れ、実際にその交換が終わった後、名簿検証のため休会が宣言された。これは次に示す平壌駐在ソ連大使ウラジーミル・ラズヴァーエフが本国に送った電文にある通り、金日成の意向が大きい。

「金日成は南日を相手に交渉が進展しない原因を討論する中で、次の見解を示した。すなわち休戦協定に未解決問題を列記した項目を設けて調印し、すべての未解決問題を国連の協議に委ねてしまうという見解である。金日成は、アメリカ空軍は北朝鮮に重大な損害をもたらし続けており、交渉の遅延は命取りにつながるとし、また、捕虜問題が交渉妥結の邪魔をするようなら、それをめぐって論争を続けても合理性はほとんど無く、論争の間にさらに大きな損害がもたらされるだけだと話した。この時、金日成は、国連軍の捕虜となった中国人民志願軍将兵の大半は旧蒋介石軍に居た連中だから、かなりの数が台湾行きを嘆願するだろうと言った。つまりそうなったら、彭徳懐は面子丸つぶれで、そうなることを恐れて捕虜帰還問題にいろいろと注文を付ける可能性は高いから、このあたりを李克農と調整し、早く調印にもっていけと金日成は南日に命じた」

ちなみに、休戦協定が成立した直後、ラズヴァーエフの後任となったセルゲイ・スーズダリェフ大使が本国に送った電文がある。この電文を読めば、金日成は、戦後の復興事業には大量の労働力が必要だと考え、ソ連による日本兵のシベリヤ抑留を見習って、密かに大量の捕虜を山中の奥深くに拘留していたことが分かる。また同時に、国連軍捕虜が北朝鮮帰還を拒否した事実の存在も理解できる。

「金日成は大量の南朝鮮人捕虜を収容所《グーラク》に拘留している。金日成はこれらの捕虜を様々な重労働に従事させねばならないので、捕虜たちが故郷に帰りたいという哀訴は無視だと言っている。拘留中の捕虜は一万三〇九四人で、その中の六四三〇人は北朝鮮軍の中で服役させ、残り六六六四人は内務省と鉄道省で様々な重労働に従事させている。他に戦争の初期段階で北朝鮮に強制連行した南朝鮮人四万二二六二人を別の収容所に拘留しているけれども、金日成はこの四万二二六二人は捕虜ではなく、自ら希望して北朝鮮にやって来た人々だという立場を取っている。なお、休戦協定締結時に南朝鮮に送還された李承晩軍の兵八三二一人は金日成の工作員である」

話を捕虜名簿の交換が行われた十二月十八日の時点に戻そう。

リビー少将は名簿を引き取った後、捕虜名簿の中に第二十四歩兵師団長ディーンの名前があると知って驚き、カソリック司教バーンの名前が無いことに落胆したが、いずれにしてもかなり曖昧なところがある名簿なので引き続きこれを精査するよう申し入れることにした。それはともあれ捕虜の数はリビー少将も、李相朝少将も、大いに期待を裏切られている。まず最初にリビーだが、彼は平壌放送局が国連軍捕虜は六万五〇〇〇人と報じているのを知っていたから、一万一五五九人という李相朝が出して来た捕虜の数を見て、その差は虐殺したのではないかと大いに疑った。また、一万一五五九人中、韓国軍捕虜は七一四二人だったから、これを聞いた韓国軍劉載興《ユ・ジェフン》少将は、「そんな馬鹿な！　二万人はいる。民間人拉致被害を加えたらその倍ではきかない」と大声を上げて机を叩いた。そこでリビーは国連軍の捕虜になった元韓国軍兵士の人数は、二重登録を含め、非常に不正確であると劉載興少将に話している。ともあれ、元韓国軍兵士の場合、次のようなむごい話があった。それは、北朝鮮軍の捕虜になった韓国軍兵は即座に次の二者択一を迫られるというのだ。すなわち、北朝鮮軍にみずから進んで参加し、アメリカの侵略者を撃退し、朝鮮の統一を実現する聖戦におもむくか、それともこのまま北朝鮮政治警察に引き渡され、朝鮮民族に対する反逆罪で裁かれるか、どちらかを選べという脅迫だった。

いっぽう捕虜の数は二〇万と見ていた中朝側李相朝少将と蔡清文《シァイ・チンウェン》大佐は、リビー少将から十三万二〇〇〇人という数を聞かされ、目をむいた。

李相朝「我々は行方不明者の数を二〇万人と見ている。しかるに国連軍が出して来たものは何だ！　怠慢の極みではないか？」

リビー「行方不明、イコール捕虜ではない。行方不明の多くはあとかたも無く吹っ飛んでいる戦死者であり、我々が出したのは捕虜だ。少なくて当然だ」

蔡清文「理解できない！　理解できない！　それに名簿を一から作ったにしては十三万二〇〇〇人とは端数もなく、馬鹿にきりの良い数におさまっているではないか。真面目に取り組んでない。それに、名簿と言っておきながら、具体的な名前は記載されておらず、あるのは付番だけじゃないか」

ヒックマン「ちゃんと自分の名前を書ける者が少ない。問題はそこだ！」

蔡清文「無礼な！」

そう言った後、蔡大佐は共産主義と偉大なる毛沢東精神について長広舌をふるい始めたが、すぐにリビーはその腰を折った。

リビー「ＯＫ！　大きな声を張り上げなくともこちらは、耳が不自由じゃないから、よく聞こえる。それに我々は中国語も朝鮮語も分からないから、大声を張り上げても意味がない。それに絶叫すれば、通訳が興奮して誤訳する。そのあたりは合理的に願いたい。一つ耳に入れておきたいのは、間違って捕虜として収容された無実の北朝鮮民間人軍属三万七〇〇〇人は十三万二〇〇〇人の中には入っていない。したがってこれを加えれば十五万九〇〇〇人になるが、どっちに転ぼうと行方不明二十万という数字にはつきあいかねる！」

不信の念が先行した会議に実りはない。そこで今度はお互いに付番ではなく、実名表記の正確な名簿を交換するということで、この日は解散した。

リビーと李相朝の交渉は十二月二十七日でいったん休会し、再び元旦から延々と続いた。この間、任意送還か無条件全員帰還かで激論が交わされたけれども不調に終わった。そこで討議の方向を変えるつもりでリビーは《同数交換》に言及したが、李相朝は、「同数交換など聞いたこともない馬鹿げた話だ。捕虜問題は奴隷の売買ではない」と断固拒否している。

ところで、これまでの交渉過程において捕虜の総数は互いに開示したが、中朝側は無条件全員帰還の線で絶対譲ろうとしなかったから、リビーは本国送還を希望する者と拒否する者の人数は開示していない。それはトルーマン政権がジュネーブ諸協定違反に問われかねない任意送還に及び腰だったからだ。しかし二月二十七日、トルーマンが断固《任意送還》に舵を切ったことから、手始めにリビーは中国人と朝鮮人の本国送還希望者と拒否者の数を李相朝に開示し、交渉に弾みをつけようとした。

四月一日、リビー少将の指示によりヒックマン大佐は次のように発言した。

「国連軍総司令官リッジウェイは、捕虜が本国送還を望むか、そうでないかの意識調査をまだ命じていない。だから正確な数字はわからないが、捕虜総数十三万二〇〇〇人の内、本国送還を望んでいる中朝側の捕虜は概算十一万六〇〇〇人程度だろう」

「そうすると本国送還を望まない人数は？」と、李相朝。

「本国送還を望まない人数は一万六〇〇〇人以下だろう」と、ヒックマン。

一万六〇〇〇人以下という数字に中朝側は喜んだ。なぜ喜んだのかリビーには理由は分からなかったが、四月一日の時点でようやく金日成は中国人との〝調整〟に成功したものと思われる。

交渉は大詰めを迎えたかに見えた。しかし、リビーは架けた梯子を外されるような目にあう。四月十九日、国連軍側の落ち度が明らかになったのだ。休戦協議が開始された時、統計数値の総責任者は国連軍総参謀長トーマス・ヒッキー中将だったが、この人はまったくの当て推量で次のように報告していた。

「捕虜の総数は十三万二〇〇〇人。本国送還を拒む者は一万六〇〇〇人ぐらいだろう。中国人捕虜二万人の内、多分半数の一万人は大陸への送還を拒み、蔣介石のいる台湾行きを望むだろう」

これを真に受けてのヒックマン発言だったが、実態は次の通りだった。

●捕虜総数十三万二〇〇〇人は間違い／正解は十万五〇九七人

●本国送還希望者十一万六〇〇〇人は間違い／正解は八万二四九三人

●本国送還拒否者一万六〇〇〇人以下は間違い／正解は二万二六〇四人

かくして中朝側の猛烈な非難、罵声の嵐がはじまった。これ以後、中朝側はいかなる提案にも耳を貸さず、ただひたすら、もっと誠意のある数字、つまり捕虜全員の帰還を大声で繰り返し、言外に捕虜の頭数が合わないなら、足りない頭数を金額換算し、ペナルティとしてこれをドルで払えと臭わせてきた。

これに対し、一九五二年五月七日水曜日、トルーマンは次の大統領声明を出した。

「去年七月、国連軍は朝鮮半島に雪崩れ込んだ共産軍を押し返し、その結果、国連軍は共産軍に対し侵略行為は引き合わない仕事だということを証明して見せ、かつ、自由主義世界の人々には新たなる希望をもたらしました。そしてソ連は、朝鮮半島の紛争は停戦によって抑え込むことができるだろうというマリク声明を提起しました。そこでリッジウェイ将軍は平和的解決のための基礎を見いだそうとする真摯で誠実な願望を持って、朝鮮半島の共産主義者たちと停戦交渉を開始したのです。

交渉に次ぐ交渉の月日が過ぎ、休戦協議では今や三つの問題が争点になっています。この三つの問題は独立しておらず、個々別々に解決することはできません。リッジウェイ将軍の三つの問題に対する回答は次の三点であり、今が休戦問題を包括的に解決するまさにその時なのです。

①国連軍総司令部は捕虜が自分自身の送還先を自由に選定できる《任意送還》を主張する。国連軍総司令部は中朝共産主義国が主張する《無条件全員帰還》には同意しない。

②国連軍司令部は、北朝鮮における航空隊の再建禁止や飛行場の復興禁止を要求しない。

③休戦が確実に維持されているかどうかについては、四カ国の中立的立場にある国が監督委員会メンバーとなるべきであり、ポーランドとチェコスロバキアは共産主義国によって選ばれ、スウェーデンとスイスは国連軍によって選ばれている。これは停戦監視団の創設提案である。

リッジウェイ将軍が申し出ている三点はすべてが全体の一部です。それらは個々バラバラなものではなく、三つが合わさって満足のいくものと考える必要があります。休戦交渉合意は、この三点すべてを受け入れなければ合意到達の条件を満たしません。これが私たちの立場です。これまでのところ、共産主義者は意欲だけを示し、合意形成の寸前で身をかわすと言う態度を続けています。重ねて申し上げると、質問に質問で返して見たり、際限なく付帯条件を追加し、実質的な譲歩は一切しないというかがわしい手法は交渉の遅れを招くだけです。リッジウェイ将軍と国連軍司令部の交渉官が示す理解と忍耐は最高の賞賛に値します。まったく理不尽で高飛車な挑発にもかかわらず、交渉官たちは休戦のための実質的な条件を精査し、合意に達する上で多大な貢献をして来ました。リッジウェイ

クラーク陸軍大将

将軍の三つの提案は、残りの問題を一挙に解決するための賢明な方法です。将軍の提案は心から平和を望んでいる人々にとって福音となるでしょう」

喧嘩っ早い性格のトルーマンらしい声明だったが、結論を先に言えば、この声明は休戦交渉には何ら益することなく、アッという間に人々の記憶から消えてなくなった。その理由は、トルーマンがすでに次期大統領選挙への出馬をとりやめてしまい、レームダック化していたからだが、それよりもこの声明に前後し、巨済島《コジェド》事件という捕虜収容所での親共産捕虜とアンチ共産捕虜の衝突暴動が起き、アメリカ人収容所長が捕らえられ、捕虜が主催する人民裁判にかけられるという醜態を演じたことが大きい。

その後の顛末だが、大統領声明の五日後（五月十二日）にリッジウェイは離任してＮＡＴＯ軍最高司令官に就任。マーク・ウェイン・クラーク大将が国連軍総司令官に着任した。人事異動はこれで終わりではなく、五月二十二日にはジョイ提督が去った。後任となったウィリアム・ケリー・ハリソン陸軍中将は記者たちから共産主義者との交渉方法を尋ねられた時、たった一言「やめてくれ」と猛烈に不愉快そうな顔で吐き捨てたが、この一言で休戦交渉がいかなるものかを雄弁に語っている。だがヴァッチャー教授はハリソン中将と違い、黙っておらず、「会談の相手は、ガラスを爪で引っ掻くような絶叫を上げているか、『我々は健全な常識を持ち、真理と正義だけを愛して仕事をする。正義と真理に基づいてのみ発言し、かつ主張する』とまくし立てるかのどちらかを繰り返す。質問に直球で返してくることは絶対ない。常に理解不能な条件をつけて答え、常に質問を付け加え、それに答えることを強要し、次に、それは不道徳だ！　それは不公平だ！　それは理解できない！　我々は被害者だ！　と叫んで質問をはぐらかす。これが彼等のレトリックだ」と言った。また、忌まわしい板門店を去ってアナポリス海軍兵学校の校長に就任し、一九五四年に海軍を退いたジョイ提督は『共産主義者の交渉術』という本を出版しており、そこに書かれたものは休戦会議中に見聞した北朝鮮人南日将軍の攪乱、恫喝、宣伝、偽装の数々だがその中核は聲討《ソント》という罵詈雑言だった。

※　　※　　※

戦争継続はソ連にとって対中朝武器供与による利益拡大の他に、アメリカと中国を戦わせ、両国を疲弊弱体化させるという謀略の根幹になっていた。かかる次第で休戦交渉が行き詰まった今、以下の対談録からは、首をもたげ悪辣な思惑を隠そうともしなくなったスターリンの姿が透けて見える。

■一九五二年八月二十日水曜日／スターリンと周恩来の会談／モスクワ

スターリン「アメリカ軍は積極的に地上攻撃作戦をとると思うか？」

周恩来「個別の陣地攻略は可能だが、全方位的な攻勢に出ることはしないだろう。戦争は陣地戦になったので米軍は和平先延ばしに出ており、停戦には関心がない」

スターリン「明らかにアメリカ人は中国人捕虜を帰還させることに無関心だ。アメリカ人は中国人捕虜を蒋介石のもとに送るだろう」

周恩来「国連軍の捕虜収容所に蒋介石は工作員を潜り込ませ、中国人民志願軍兵士の反逆をあおり立てていることが確認できた」

スターリン「アメリカ人はジュネーブ協定を破って、自己の裁量で捕虜の扱いを決めようとしている。しかしジュネーブ協定では、戦争当事国は、犯罪で有罪と決定した者を除き、すべての捕虜を本国帰還させねばならないと定めている。毛沢東同志は捕虜問題で譲歩か、それとも自分の立場を守るか、どう進めようとしているのか？」

周恩来「この問題では我々と金日成同志との間に意見の相違がある。アメリカ人は八万三〇〇〇人の捕虜の帰還を提案し、金日成同志はこれに同意しようとしている。しかし金日成同志はアメリカ人が巧妙なゲームを仕掛けていることに気づいていない。というのは八万三〇〇〇人中、六四〇〇人が中国人で、残り七万六六〇〇人が朝鮮人であることだ。実際はさらに一万三六〇〇人の中国人民志願軍兵士を帰還させねばならないのに、アメリカ人は捕虜が帰るのを嫌がっていると称してこれを拒んでいる。こうしてアメリカ人は挑発ゲームをくり出し、中国人と朝鮮人の間に不和の種を撒こうとしている」

スターリン「本当の捕虜の人数は何人なのか？」

周恩来「本当の数は中国人二万人、朝鮮人九万六六〇〇人だ。だから我々はアメリカに対し十一万六六〇〇人の捕虜の帰還を要求している。しかし、もしもアメリカ人がこれより少な目の帰還で応ずるなら、これには反対せず、残りの捕虜については賠償金など別な方法も加味しつつ、交渉を継続することにする」

スターリン「それは正しい。私はそれを支持する。アメリカ人は、ことに朝鮮戦争の後では大戦争ができない。アメリカ人の力は空軍力と原爆である。しかるにアメリカはちっぽけな朝鮮にすら勝てない。だからアメリカ人に対しては毅然としていることだ。そしてここが重要な点だが、アメリカを武力で負かさない限り、中国の同志は台湾を永遠に得られないだろう。だから休戦などもってのほかなのだよ」

周恩来「もしもアメリカがたとえわずかでも何らかの譲歩をすれば、これに応じたいと思う。もしもアメリカ人が全捕虜の解放に同意せず、少ない数の提案をしても、その提案に乗ることだ。そして残りの捕虜はどこにいるのかについて交渉を継続することが重要だ」

スターリン「中朝軍が捕虜にした国連軍兵士は何人いるのか？」

周恩来「全部で一万三八〇三人いる。その内、八六五六人は李承晩軍で、残五一四七人はほとんどがアメリカ軍だ」
スターリン「朝鮮人の士気はどうかね？　喪失感は無いかね？」
周恩来「特に鴨緑江発電所の爆撃以降、朝鮮人の間では気力劣化が著しい。これが金日成同志の士気に影響し、より早い和平の達成に向かわせている。金日成同志に動揺があるのは事実だ。沈着冷静でいるとは言えない。外交部などの指導部にはパニックの様相すら感じられる」
スターリン「毛沢東同志は正しい。朝鮮戦争はアメリカの勢いを著しく傷つけた。金日成同志は戦争の中で被った犠牲以外、負けて失ったものは何も無い。今必要なのは、闘争心と辛抱強さだ。金日成同志に対する戦争継続の説得は我々が引き受けた。アメリカの脅しに屈してはならない」

※　　※　　※

十月八日午前十一時、百二十二回目の会議において首席交渉官ハリソンは傷病兵捕虜の送還問題に関する修正案を提起し、「本提案について中朝側で検討する時間を考慮し、十日間の休会を申し入れる」と言った。すると南日中将は「貴提案はこれまでの不道徳な要求を別の言葉で粉飾しているに過ぎない。しかし国連側に基本的な態度についての反省の機会を与えるために、十日間の休会に同意する」と言った。

これに対しハリソンは、「国連側からは、もはやこれ以上の提案は出てこない。我々はすべてをさらけ出したのだ。従って国連側は耳障りな暴言と不当な宣伝を聞くためにここに来るつもりはない。休会を要求する。会議を再開するか否かのボールは中朝側にある」と言って、南日の返答を待たずに退席した。板門店での会談はかくして十月八日から無期休会となった。おかげで朝鮮半島を横切る二五〇キロメートルの最前線では次にやって来る休戦会議を少しでも有利にするため、激しい陣地争奪戦に入り、毎日一〇〇人規模の犠牲者を出し、国連軍はなお一層の苛烈な空爆作戦を展開した。

スターリンの戦争継続という意思が健在だという具体的な現象はこの年も押し迫った十二月に起きる。

同月三日、国連総会において捕虜送還問題が提起され、これは捕虜を最長一二〇日間（通常九〇日間）、チェコスロバキア、ポーランド、スウェーデン、スイスからなる監視団の下に置き、その間、捕虜と十分な会話を実施し、行きたい場所を自由に選択させるというもので、無論ソ連は反対票を投じたが、賛成多数で採決された。しかし周恩来首相はカナダ首相レスター・ピアソンから十二月十四日に送付された捕虜送還に関する国連決議を拒否し、その三日後、北朝鮮外相朴憲永も決議を拒否した。中朝双方の回答は、中国や北朝鮮の参加なしに採択された決議には応じられないとあり、共産主義国の外相は国連の場で中朝双方の回答を支持したが、これはスターリンの意思を反映したものである。

〈註〉

＊1　スターリンと毛沢東の往復電文はアナトーリ・ワシリエビッチ・トルクノフ著、下斗米伸夫&金成浩訳『朝鮮戦争の謎と真実』（草思社、二〇〇一年）を出典文献としている。出典文献によれば、スターリンは毛沢東との交信において《フィリポフ》という暗号名を使っているが、本書ではまぎらわしさを回避するため《スターリン》で通している。

＊2　開城会議は当地の商人、李賢在所有の来鳳荘という西洋館で開催された。

＊3　一九五一年七月十日第一回目会議でのメンバー

国連側代表／チャールズ・ターナー・ジョイ海軍中将、ヘンリー・アービング・ホッジス陸軍少将、ローレンス・カービー・クレイギー空軍少将、アーレイ・アルバート・ブーク海軍少将、白善燁《ペク・ソニョプ》韓国軍少将

中朝側代表／南日《ナム・イル》＝北朝鮮軍中将、李相朝《リ・サンジョ》＝北朝鮮軍少将、張平山《チャン・ピョンサン》＝北朝鮮軍少将、鄧華《トゥンファ》＝中国人民志願軍上将、解方《ティエクアン》＝中国人民志願軍少将

（3）赤い皇帝《スターリン》の葬儀

一九五三年三月六日木曜日早朝六時、市内のいたるところに設置された拡声器からは重厚なドラムの連打が鳴り渡り、続いてソ連国歌「祖国は我らのために」が流れ、次にモスクワ放送局の看板アナウンサー、ユーリー・ボリソヴィッチ・レヴィタンの荘重な声が響いた。

「お知らせです！《ブニマーニエ！》　モスクワからお伝えしています。《ガバリート・マスクワ》すべての党員諸君、ソヴェト連邦のすべての労働者諸君。レーニンの戦友にしてその事業の天才的な継承者、ソ連共産党と人民の賢明な指導者にして教師、ヨシフ・ヴィッサリオノヴィッチ・スターリン同志は心臓の鼓動を止めました」

あえて感情を殺し、無表情を装ったレヴィタンの朗読はゆっくりと重々しく二十五分続き、それはまるで弔いの鐘のように聴く者の胸を打った。そしてこの放送を合図に、ソ連のどの家の窓にも黒い喪章をつけた赤旗が立てられ、モスクワ放送局からはスターリンの死を悼むベートーヴェンやモーツァルトの曲が流され、中でも頻繁に聞こえて来たのはチャイコフスキーの悲愴交響曲「第四楽章」とグリーグのペール・ギュント「オーゼの死」だった。

モスクワ放送局アナウンサー、ユーリー・レヴィタン

七十四歳を一期として脳卒中で死んだ独裁者の遺体はクンツェヴォの地にある別荘から運び出され、死体解剖の後、六日午後三時、ボルシャヤ・ドミトロフカ街の《組合の家》《ドム・サユーザフ》に安置されている。これは葬儀委員長フルシチョフが取った措置で、二十九年前、レーニンの遺体が告別のために安置された時と寸分たがわぬ式次第だった。ボリショイ劇場西側三〇メートルの場所にあるごく淡い緑色をした正面《ファサード》入口の《組合の家》は、かつては貴族会館と呼ばれたウラジーミル・ドルゴルーコフ公爵ゆかりの建物

で、《列柱の間《カロンヌイ・サール》》という壮麗なホールには玉座があり、独裁者の遺体はロシアの風習に従って、告別に訪れた人々からよく見えるよう柩の蓋を完全に開けたまま、山なす花々に囲まれて安置されている。柩の周りでは将軍、労働英雄、世界中から参列した著名な共産主義者など各界の指導者たちが交代で立哨し、これに加え、後継者と目されたマレンコフ、ベリヤ、フルシチョフ、ブルガーニンらお歴々が頻繁に来て、立哨した。苦悶の内に死んだスターリンが、大元帥の冬の礼装を纏って、生きている時よりも遥かに人間らしい安らかな死顔で横たわっているのは遺体衛生保存《エンバーミング》の大家ヴラジーミル・ヴォロヴィエフ教授の残した技術の賜物であろう。

冬が終わるころに降る柔らかい雪に覆われたモスクワは、いくぶん暖かくなったとは言え、日が落ちる頃には零下数度に達する。だから一般弔問者は分厚いオーバーを着こみ、どれほど短くても十二時間は寒さに耐えねばならない弔問の列に並び、スターリンとの告別を果たそうと組合の家を目指した。午後四時、最初の弔問者の群れが建物の入口を通って二階にある列柱の間に至り、遺体となって横たわるスターリンにまみえた。手を延ばせば届くほどの距離で独裁者に接することができるのは、相手が死んでいればこそのことであり、ちなみに、一風変わったところでは、一般弔問者に混じって、荘厳な出で立ちのモスクワ総主教アレクシイ一世が献花の上、告別の祈祷を捧げている。

この間、以下各国の代表団、[*1]すなわちゲオルゲ・ゲオルギュ[*2]=デジ（ルーマニア大統領）、ボレスワフ・ビエルト（ポーランド大統領）、クレメント・ゴットワルト（チェコスロバキア大統領）、ワルター・ウルブリヒト（東ドイツ第一書記）、オットー・グローテヴォール（東ドイツ首相）、ヴァルコ・チェルベンコフ（ブルガリア首相）、ラーコシ・マーチャーシュ（ハンガリー首相）、スピロ・コルカ（アルバニア副首相）、ユムジャーギイン・ツェデンバル（モンゴル人民共和国首相）、周恩来《チョウ・エンライ》（中華人民共和国総理）、李富春《リー・フーチュン》（中華人民共和国副総理）、郭沫若《グオ・モールオ》（中華人民共和国科学院院長）、ウルホ・ケッコネン（フィンランド首相／西側唯一の政府首班）、パルミーロ・トリアッティ（イタリア共産党書記長）、ピエトロ・ネンニ（イタリア共産党指導者）、ジャック・デュクロ（フランス共産党指導者）、ドローレス・イバルリ・ゴメス（スペイン共産党指導者）、ハリー・ポリット（イギリス共産党指導者）、ヨハン・コプレニク（オーストリア共産党指導者）、サイフディン・キトゥル（全インド平和評議会理事長）が巨大な花輪を携えて告別に訪れた。

なお北朝鮮は代表団を送っておらず、大使館員の一団が列柱の間を訪れて献花と告別を済ませており、このワンシーンが記録映画[*3]に残っている。

告別式は六日午後四時から始まり、三日後の九日午前一時に終了した。この間、休憩のため会場の扉が閉じられたのは、毎日午前一時から午前五時までの四時間だったが、押し寄せる一般弔問者の波は刻一刻と増え、余りの混雑で、トヴェルスカヤ街とプーシュキンスカヤ街の合流点付近、およびネグリンナヤ街とトルーブナヤ街の合流点付近で数百人が壁、あるいは鉄格子、あるいは街燈に押し付けられ、背骨を折り、肋骨を砕かれ、踏み潰されて命を落とし、重軽傷者に至っては数知れずとなった。

九日午前二時、告別式が終わった列柱の間では葬儀の準備が始まった。重要な準備の一つは花輪の選定であり、ここからレーニン廟までは国家指導部、ソ連共産党、外国の指導部、そして親族から献呈された一〇〇本の花輪しか葬列に加わらないことが決められ、残り数千の花輪は廟の両側に置かれた。

午前十時、緋色のサテンと黒喪章で飾られた柩の蓋が閉じられ、それをマレンコフ、ベリヤ、フルシチョフ、ブルガーニン、モロトフ、ヴォロシーロフ、カガノヴィッチ、ミコヤンの八人が、各々屈強な介添え将校に支えられて担ぎ、午前十時十五分、組合の家から外に出た。そこには軍国ロシヤの伝統に従って、六頭の黒馬《フリージャン》が牽く砲車が横付けされており、大元帥の軍帽が置かれた柩はこの砲車に安置された。

午前十時二十三分、葬列が通る道筋に作られた臨時ボックス席にはオーケストラが座っており、指揮者の忍びやかなタクトの一振りでショパンのピアノソナタ第二番「葬送」の演奏が始まると、それを合図に、まるで林のような一〇〇本の花輪の群れがゆっくりと動き、次に砲車を先頭にした葬列がボルシャヤ・ドミトロフカ街からオホトニ・リャト街を通ってマネジュナヤ広場を経、赤の広場に出る約十五分を歩いた。砲車のすぐ後ろには腕に赤と黒の喪章を巻いたスターリンの後継者たちに交じって、来賓者としてはたった一人、最重要人物と目されていた周恩来がマレンコフとベリヤに挟まれて最前列を歩いている。その後ろには、スターリンの実子、スヴェトラーナとワシーリー、さらに何人かの近親者が続き、次に東側世界から集まった政府首班、共産党指導者、および西側の外交官が続いた。

葬列がレーニン廟に着くと、再び八人の後継者はスターリンの柩を担いで霊廟の中に入り、レーニンの横に新しい柩を安置した後、霊廟の上のお立ち台に出、マレンコフ、ベリヤ、モロトフの順で演説をおこなった。この間、フルシチョフは司会に徹している。

三人の演説が終わったのは午前十一時五十四分だった。この時、フルシチョフはマイクに向かい、「葬儀は滞りなく終了した」と宣言し、次いで最後の黙祷をうながした。ちなみにこの時、天安門、中央通路の上方にある楼には黒枠で縁取ったスターリンの大写真が掲げられ、その下の城壁には「斯大林《スターリン》同志永垂不朽」という漢字九文字の墨書が横いっぱいに張り出されており、毛沢東はクレムリンでの黙祷に合わせ、天安門広場に降りて群衆と共に拝礼を行っている。

黙祷が終わり、クレムリン城壁、スパスカヤ塔大時計が正午の時を告げた時、礼砲が轟き、新しいソ連指導者の執務室があるカザコフ館の半旗は元に戻った。

〈註〉

＊1　フランスのドゴール政権は、ソ連と国交を結んでいる他の西側諸国同様、大使ルイ・ジョクスを葬儀に参列させた。そこで止めておけば大した問題にはならなかったけれども、ドゴールが他の西側諸国と異なったのは首班の

名前で弔電を送ったことと、フランス国旗を半旗にしたことだった。特に半旗は在郷軍人が凱旋門で抗議デモを起こす問題に発展し、議会討議は一時収拾がつかなくなった。なぜなら、フランスはインドシナでホーチミン率いるベトミン（ベトナム独立同盟会）と戦っており、ベトミンはスターリンが供与したソ連製の武器でフランス軍を敗北に追い込もうとしていたからだ。ちなみに、ホーチミンはスターリン葬儀の当日、密林の司令部で追悼集会を開いた。

＊2　ゴットワルト大統領は葬儀参列の際、風邪を引き、これをこじらせて五日後の三月十四日に死んでしまった。

＊3　映画の題名は《Великое прощание／偉大なる別れ》で、この映画は《https://www.youtube.com/watch?v=C7SjHnL3huE》というＵＲＬをインターネット動画検索すれば閲覧可能。

（４）休戦成立／李承晩、調印拒否

スターリンが死去するとマレンコフ政権が発足し、モロトフが外相として復権した。新政権発足時の奇妙な西側への傾斜は政権ナンバーツーのベリヤ内相が策動したものだということが分かっているけれども、この時、その一環として取り上げられたものが朝鮮戦争の幕引きで、三月十九日に、モロトフは次の書簡を北京と平壌に送った。

「ソ連政府は、これまでの期間のすべての事象を考慮しつつ、朝鮮戦争を全面的に見直した。その結果、ソ連政府は最近まで続けられて来た方針を今後も継続することは正しくないと結論を出した。それは戦争継続がソビエト社会主義共和国連邦、中華人民共和国、朝鮮民主主義人民共和国の利益に適合していないからである。朝鮮戦争の過程で侵略者が何をしたかについては、ことさら言う必要は無いだろう。全世界の善良な人々の目から見れば、米英ブロック、特にアメリカの朝鮮における侵略的行動が暴露されつつあるからだ。つまりアメリカは、その侵略的、帝国主義的意思を諸国民に押し付けるべく新しい戦争を準備し、戦争拡大策を続けている。その策は諸国民を自己の帝国主義的目的のために従属させ、世界支配の野望を遂げることに他ならない。ソ連政府は国際秩序の重要な要素として、アメリカをこのように考えてきたし、今後も同様に考えていく。朝鮮戦争に関して述べると、ソ連政府はこれまで続けられてきた方針を機械的に継続することも、主導的な役割を発揮することもしない。しかし、中朝人民の根本的利益と、世界の他の平和愛好国民の利益を考えるなら、我々は敵側の主たる意図をも利用して、朝鮮での戦争を終わらせる必要がある。以上のことに関連し、また朝鮮戦争と関係した最近の具体的事実を考慮しつつ、ソ連政府は次の五項目の政策を緊急に実施する必要があると考えるに至った。

①金日成同志と彭徳懐《ポン・ドーファイ》同志とは、クラーク将軍が一九五三年二月二十二日に発信した《傷病兵捕虜の交換》という末尾添付した書簡[*1]に対し、前向きに応える必要がある。

②金日成同志と彭徳懐同志の回答が公表された後、北京では周恩来同志が声明を出し、傷病兵捕虜の交換に肯定的態度を示し、すべての捕虜問題を解決すべく、朝鮮での戦闘停止と休戦協定の締結を保証すると声明すべきである。

③北京での周恩来同志の声明を受け、平壌でも金日成同志がこの声明を完全に支持し、かつ、正当であると表明すべきである。

④北京と平壌でこの表明がなされた後、ソ連外相モロトフによる北京と平壌の声明への完全な支持表明は目的にかなっている。

⑤以上四つの施策に軸足を置き、ニューヨークの国連総会でヴィシンスキー[*2]同志が率いるソ連代表団は、これらへのしかるべき強烈な支持と、前述の新方針を推進するための必要な措置を取る。

★末尾添付書簡

『金日成朝鮮人民軍総司令官&彭徳懐中国人民志願軍司令員へ

赤十字国際委員会は、一九五二年十二月十三日にスイスのジュネーブで採択した決議に基づき、純粋な善意と人道的見地から、速やかに傷病兵捕虜を本国送還に付すべしと、いまだ停戦合意に至っていない両陣営に呼びかけました。国連軍司令部は、板門店での交渉中、繰り返し述べたように、当初からジュネーブ協定の人道的条項を忠実に遵守しており、当然ながら、その協定が規定する各条項を実施する用意がありました。傷病兵捕虜について国連軍司令部は、同協定第一〇九条の規定に従って本国へ送還する準備が整っています。

そこで私は、あなた方から直ちに重病人や死に瀕した負傷者を本国送還に付する準備ができているかどうかについて返信を得たいと思います。国連軍連絡将校は捕虜となった深刻な病人や怪我人の相互交換のために必要な手配を行うべく、迅速な行動を取る準備ができています。

マーク・ウェイン・クラーク/国連軍最高司令官』

モスクワの方針を金日成に伝えた二名のソ連特使ワシリー・クズネツォフとニコライ・フェドレンコは金日成の反応について次のように報告している。

「三月二十九日朝、モロトフ書簡を読み、その後我々の説明を聞いて、金日成は大興奮した。彼は、『良いニュースを聞いてたいへん嬉しい。この書簡をさらに研究した後、再度会う機会を与えてもらいたい』と言った。同日、二回目の会談で金日成は、『ソ連の朝鮮問題に関する提案に完全に同意するし、この提案が速やかに実施されるべきであると思う』と言った。さらに金日成は『朝鮮戦争の終結と和平達成の主導権を取るべき時が来た。これ以上戦争を長引かせることは、中華人民共和国と朝鮮民主主義人民共和国の利益にも、全民主主義陣営の利益にもならない』と強調した。また金日成は

『我が方は前線でも後方でも大きな損失が生じており、本国送還する捕虜の数についてこれ以上アメリカと議論することは何の利益も生まない』と言った」

いっぽう、クラーク将軍はスターリンが死んだので何らかの動きがあると予想し、注意して共産軍を観察していたところ、三月二十八日に金日成と彭徳懐から書簡が舞い込み、将軍は即座に統合参謀本部へその内容を通知した。ちなみに、サンフランシスコ条約発効によって国連軍最高司令部（ＧＨＱ）は一九五二年（昭和二十七年）七月七日に接収していた日比谷のビルを第一生命に返還し、キャンプ座間に移転するまでの期間、自衛隊市ヶ谷駐屯地に入居している。

■東京・市ヶ谷発／三月二十八日土曜日午後三時四十八分／国連軍最高司令官クラークより統合参謀本部へ

「本日午後二時五分、共産軍連絡将校が板門店《パンムンジョム》に次の書簡を持参しました。

『マーク・ウェイン・クラーク国連軍最高司令官へ

我々はクラーク将軍が一九五三年二月二十二日に発信した書簡について次の通り返書致すものです。

交戦状態にある双方は、重篤傷病兵捕虜の優先的送還に関しては、目下協議中の休戦協定草案第三条（捕虜に関する取り決め）における53項において、人道的原則を勘案し、事実上の合意に到達していました。しかし、休戦交渉そのものは一九五二年十月八日以降中断されていたので、この合意に至った部分を実行に移す方法がなかった。それだけのことです。

我々は、国連軍側のジュネーブ協定に沿う傷病兵捕虜交換という提案と同様の趣旨をもって、休戦協定締結前の傷病兵捕虜交換に同意します。傷病兵捕虜交換はジュネーブ協定一〇九条の規定に従って処理されるべきものと想定しており、このステップを踏むことにより、我々は敵対意識を収め、円滑な和解へと進むことを通して、世界中の人々が待ち望んでいる朝鮮での休戦達成を果たしたいと考えます。それゆえ我々は板門店での休戦交渉再開を提案します。このため、我々の連絡将校には国連軍の連絡将校と面談し、交渉再開の日程を協議し、取り決める権限が与えられます。

金日成朝鮮人民軍最高司令官＆彭徳懐中国人民志願軍司令員』

ご覧の通り、確かに休戦交渉は去年の十月八日に百二十二回目をもって中断しており、私はこの機を逃さぬよう、すぐに行動を開始します。書簡中、共産軍は無礼な言い回しで強がってはいますが、私はそこに従来には無い切実なモノの存在を感じており、今度こそ脈ありと考えます。共産側は数日中にこの書簡にある通りのことをラジオ放送するでしょう。交渉の再開に関する私の返書は今すぐにも送付できますが、放送等、相手の様子を見た上で送付するつもりです」

クラーク将軍の読み通り、三月三十日、周恩来はラジオのマイクを通じ、休戦の障害となっていた捕虜の問題に言及し、本国送還を希望する捕虜は全員送還とし、本国送還を拒否する捕虜はインド等中立国への引き渡しを提唱した。そして翌三十一日、今度は金日成がラジオ放送で、周恩来の提唱を完全に支持すると述べている。ところでクラークが受け取った返書には、休戦協定交渉が一九五二年十月八日以降中断されたのはお前のせいだ、と言わんばかりの書き方がしてあり、これを読んで、首席交渉官ハリソン中将はめまいを起こしたが、周恩来と金日成のラジオ放送を聞いて、今度はクラークが椅子から転げ落ちた。呆れたことに、周恩来の提唱は今まで国連軍が説得に努め、それを中朝側が断固拒否したものであって、特に前任の首席交渉官ジョイ提督に至っては拒否される際、朝鮮代表団の吐き出す口汚い罵詈雑言によって神経症に引きずり込まれ、パーキンソン病の症状が顕著になったという気の毒な経緯がある。

中朝側の素っ頓狂な手のひら返しに、国連軍側交渉団がどれほど忌々しい思いをしたかは別として、朝鮮半島での休戦協定締結は秒読みとなった。しかしここに新たな異常事態が出現し、これまで巨済島収容所の暴動事件やら交渉のデッドロックやらでご難続きのクラークは、この思いもよらぬハザードのせいで

ダレス国務長官

危うく戦争に逆戻りという瀬戸際に追い込まれている。

新たに行く手を塞ぐ言語道断の災厄は李承晩であり、以下、李承晩に振り回されたアメリカの対応をプロットする。

クラークを仰天させた李承晩最初の一撃は李承晩が抜き打ちで送りつけたアイゼンハワー大統領への親書だった。なお、この親書は、数日間当局に留め置かれ、四月十四日になって首席大統領補佐官シャーマン・アダムスがジョージア州オーガスタでゴルフ休暇中の大統領に届けており、これに対する返書はダレス国務長官が原稿を書き、四月二十三日にソウルへ発信された。

■ソウル発／四月九日木曜日／李承晩大統領よりアイゼンハワー大統領へ

「アイゼンハワー大統領閣下

私はしばしば大統領に親書を送ろうと思っていましたが、あなたの貴重なお時間のさまたげになることを恐れて控えておりました。しかしながら、今や、私は沈黙を破り、朝鮮人のためにこれからどのような措置を取るべきかと言う私の考えをあなたにお伝えしなければならない時に至りました。私は、大統領が可能な限り速やかに名誉ある朝鮮戦争の終結をはかろうとしていることを承知しています。この疑う余地が無い事実の他に、今ひとつ。私は次のことも承知しています。それは何が何でも平和が一番と叫ぶ強力な団体がどの国にもあり、大統領の周りにもそれら目先の利かない輩がいると承知しています。そして朝鮮人は邪魔で迷惑なそういう馬鹿者のおかげで再び絶望に苦しむのです。もちろん、私を含む朝鮮人は大統領に希望を託し、輝かしい未来を信じていますが、しかし、平和第一と唱える愚か者どものおかげで、私の周囲にはどんよりとした失望感が目に見える形となって、確実に存在しています。

最近、国連総会においてインド案を採択したことや、板門店での休戦交渉の滅茶苦茶ぶりが物語っているように、チェコスロバキアやポーランドのような国連加盟国中の共産主義国が望むことは、共産中国が朝鮮半島に留まることでありますが、これを許してしまえば、大韓民国は独立国家として生き残ることができず、共産中国に呑み込まれ、真っ赤に染め上げられて終わるでしょう。また、もしも大韓民国がソビエト連邦の一共和国に組み込まれるなら、事はさらに深刻で、そうなれば自由主義陣営の国々から、一つ、また一つと次の犠牲者が出ることになる。

大韓民国の不退転の決意は一にかかって北進統一であり、朝鮮半島にいるすべての共産主義者を鴨緑江の向こう側に追い払い、民主主義国として前進することです。そこで私は国連軍に参加して朝鮮半島で戦っているすべての友好国に尋ねなければなりません。皆さんは休戦すれば大韓民国は身の破滅と分かった上で、休戦を良しとするのか？　皆さんは戦争継続の上、共産主義者を朝鮮半島から一掃し、北進統一という悲願を達成するために、我々と行動を共にしたいとは思わないのか？

休戦協定という偽りの平和に踏み出そうとしているアイゼンハワー大統領と異なり、私は別の道を歩みます。私は休戦交渉が始まった時、大韓民国軍を国連軍の作戦統制下から外して私の下に移し、戦争を継続すると声明を出しており、私は今回この主張を繰り返すと共に、休戦協議自体をボイコットするという新たな私の意思をお伝えします。あなたの健康を祈って、敬具、李承晩」

■ワシントン発／四月二十三日木曜日／アイゼンハワー大統領より李承晩大統領へ

「親愛なる李承晩大統領

四月九日付の親書を慎重に検討しました。休戦交渉については、アメリカ人は朝鮮人の苦しみと犠牲を深く悲しんでいます。またアメリカ人は片時も大韓民国の存在を忘れたりしたことはないし、朝鮮人の福祉と安全保障に関心を失うことも決してありません。そして私は、あなたが朝鮮を統一し、三十八度線という人工的で不自然な分裂線を過去のものにしたいと念じていることに感動を覚えております。

しかし私は四月九日のあなたの親書に深く戸惑いました。

真実と同情はまったく別物であり、たとえ不都合な真実であろうと冷静に受け止めねばならないし、口当たりの良い感情論がどれほど有害であることかを身にしみて承知しておかねばなりません。ともあれ次のことだけはあなたの理解が必要であり、そのためには実際に起こったことへの事実認識が重要だと思います。

第一に、戦争は、最初に北朝鮮軍の三十八度線を侵犯する武力攻撃があり、直後に大韓民国に対する国連の措置のもと、それに基づいて北朝鮮軍への撃退支援が続きました。その後、中国共産軍による武力攻撃と三十八度線侵犯があり、それを押し返すための国連軍の撃退支援があったのです。

第二に、武力によって敵を全滅させるという行為は、結局のところ負の連鎖を生むだけに過ぎないということが立証されています。平和的手段で残りの問題を解決するためには協定によって戦闘を停止するしかないのです。

第三に、アメリカ合衆国と国連は、民主的な合意のもとですべてを決するという大韓民国の方針を良しとし、これを一貫して支持してきました。しかしアメリカ合衆国も国連も、この目標を達成するための手段として、武力を行使することは絶対に認めません。武力行使は合衆国と国連の基本理念を完全に否定することになるからです。

第四に、戦闘を止めるための合意は、あらゆるものに優先されます。私は四月十六日、オーガスタでの演説で《敵対行為の即時停止と、朝鮮半島での自由選挙につながる政治討論の迅速な開始》について言及しました。休戦のための栄誉ある合意が成立した場合、アメリカ合衆国は大韓民国が直面しているすべての問題を解決するために、大韓民国政府との完全な協議の上、適切な手段を駆使して、迅速かつ誠実に真の平和の達成を目指します。

以上四項目を大韓民国政府が軽視し、今後も身勝手な行為に出るならば、今までに汗をかいて積み上げてきた努力は、防衛問題であろうと、経済復興問題であろうと、完全に無意味なものとなります。このような結末は朝鮮人に災厄をもたらすだけであり、朝鮮戦争でアメリカ兵が死をもって贖ったすべてのものは烏有《うゆう》に帰すことになります。朝鮮人が成し遂げねばならない高度の業績達成にあたり、朝鮮人が友好国との間でお互いに強固な信頼関係が構築されていれば、それは必ず成功する。そのことについては、私は確たる自信を抱いています。しかしながら、不幸にも、真の平和目的が達成できないと判明した場合、そのような状況下で何をすべきかについては慎重な配慮がなされなければならないと考えます。　敬具、ドワイト・D・アイゼンハワー」

李承晩のビジョンは、金日成の共産勢力を武力制圧し、朝鮮民族の統一政権を樹立することだったが、そのビジョンはアメリカ全面依存、自助努力ゼロで走り出しているから、当然自分の思い通りには進まない。かくして李承晩ビジョンはマッカーサー解任で雲行きがおかしくなり、その後、休戦へ舵を切ったトルーマンのおかげで本当に休戦交渉が始まったから、李承晩は《休戦反対／北進統一》のデモを仕掛けるなど、地団太踏む思いの毎日を送って来た。しかし、あろうことか、朝鮮戦争の即時停止と朝鮮半島からの速やかな撤収を公約にしたアイゼンハワーが次期大統領に決定したから、李承晩は悶絶しそうになっている。

李承晩が四月九日に外交儀礼を無視するような親書をアイゼンハワー大統領に送りつけ、その返書が李承晩に届けられたことはすでに述べた。だが李承晩は、その後も嘆かわしいほどに浅はかな狂態を演じている。これについては、《天才李承晩／小国ならではのしたたか外交》と見る向きもいるけれど、やはりそこにあるものは理性とは程遠い激情である。しかし、なぜまったく実力のない、しかも外敵のみならず内部崩壊の危機にまで晒されている小国のトップがそういう暴挙にでたのか？　それは李承晩の外界認識力に解がある。ヒトラーもびっくりのスーパー独裁者李承晩は自分がアメリカの操り人形だとはまったく思っていなかったから、大韓民国の将来が大統領である自分の意思に関わりなく進んでいることに我慢できなかったのだ。好都合なことに朝鮮半島には興奮気質の付和雷同人間が始末に困るほど多数いたから、気に入らないことがあればこれを銭で釣って、鐘と太鼓で煽れば、投石、暴動、テロ等、何でもＯＫの抗議行動に出ることができた。余談ながら、李承晩が乱用した抗議デモは北朝鮮にはない。金日成も李承晩と大差ないスターリンと毛沢東におんぶ抱っこでやって来た指導者であるけれども、目指した方向が全体主義国家だったから北朝鮮に抗議デモという風習は根付かなかった。

■ソウル発／五月二十五日月曜日午後九時三十分／駐韓大使ブリッグス[*3]より国務省へ

「この電文は私・ブリッグスとクラーク大将が本日午前十時に李承晩大統領と面談した時の模様です。クラーク将軍と私は、李承晩に対し、休戦妥結となった時の李承晩の危機意識を鎮静化させるため、次の四項目を説明し、韓国代表李翰林《イ・ハンリム》准将が今まで通り、交渉の席に着くよう説得しました。

①朝鮮で戦った国連軍十六カ国により、次の共同声明を発する。

『共産軍が休戦協定の諸条項を破るなら、国連軍は結束して戦う。また国連軍が戦う場合、戦闘地域は朝鮮半島内に限定されない』

②アメリカは韓国軍に対し計二十個師団まで育成し、同時に韓国が相応の海空軍力を持つための支援を行う。

③アメリカは議会承認を得た上で、返済義務無しの経済支援一〇億ドルを韓国に投下する

④平和が確立するまで、アメリカ軍は韓国内、およびその周辺エリヤで警戒態勢を維持する。

李承晩は、これらの提案を黙って聞いていましたが、そのうち鼻先で笑い、『大韓民国は、アメリカのような民主主義国家が王道を行くものと信じて間違いを犯した』と言いました。これが李承晩の最初の発言です。そして李承晩は『四項目の説明を聞いたが、そこには中国共産軍の撤収に関する文言が一言半句盛り込まれていない。中国共産軍が放置されている以上、休戦は大韓民国の滅亡に繋がる。こんなことは子供でもわかる。アメリカの要求には応じられない。これについての抗議を繰り返すと共に、我々は休戦会議をボイコットする』と言いました。ソウルでは《休戦反対／北進統一》の大規模デモが連日のように起きています。自分だけで戦争を続ければ負けると分かっているから、アメリカを引きずり込もうと必死になっているのです」

■ソウル発／五月三十日土曜日／李承晩大統領よりアイゼンハワー大統領へ

「親愛なるアイゼンハワー大統領閣下

私は最近、クラーク将軍とブリッグス大使の口を通じて、いくつかのあなたからのメッセージを受け取りました。あなたのメッセージで一貫しているものは、あなたが休戦によって朝鮮半島の戦乱を解決しようとしている点であり、そこで私はクラーク将軍とブリッグス大使に、事態は休戦では片付かないと注意しました。私は中国共産党の軍隊が朝鮮半島に駐留できるというに等しい条項の入った休戦協定を受け入れることはできません。そんなものを受け入れてしまえば、それは大韓民国の死刑宣告を受諾することと同じだからです。私はクラーク将軍とブリッグス大使に休戦会議をボイコットするという私の考えを伝えたので、あなたはそれを十分に知っていると確信しています。ボイコットの話は、そのうち私の当然の権利としてマスコミに公表します。（以下省略）」

李承晩の手紙はこの場合もそうだが、いつも不必要なまでに長いので手紙後半のうらみ節は割愛したけれども、要するにアイゼンハワーに出したこの手紙は、朝鮮半島から中国共産軍を出て行かせろ。アメリカ軍は、金日成というソ連の手先が軍事境界線の向こうにいる以上、それが消滅するまでここにいろという要求だった。そこでアメリカは休戦交渉自体が吹っ飛ぶのではないかと危ぶんだ挙句、スターリン亡き後のソ連に期待し、ヤルタ会談からのソ連通だったボーレン大使をモロトフに接触させ、次に示す明るい材料を得ている。

■モスクワ発／六月三日水曜日午後四時／駐ソ大使ボーレンより国務省へ

「本日午後一時、モロトフ外相から私に電話がありました。以下はモロトフ外相発言の逐語訳です。
『板門店での休戦交渉に関し、あなた（ボーレン）が五月二十八日に私（モロトフ）に提供してくれた情報をソ連政府は非常に注目している。あなたも知っての通り、休戦交渉がどのように決着するのかについては、我々が関知せぬものではあるけれども、あなたが知らせてくれた情報について精査した。その結果、実力も無いのに休戦反対を叫び、会議をボイコットするという李承晩の妨害があろうと無かろうと、我々は休戦交渉が満足すべき成功へ向かう道筋を確立しつつあると見なした。ソ連政府はこの成り行きを歓迎している』

モロトフ外相は細心の注意を払ってこれを電話してきました。「我々は関知しない」という外相の言動から明らかなように、ソ連政府は特別表面だった行動には出ないでしょう。私はソ連の沈黙こそが板門店交渉決着への完全な答えだと見なしています。私はモロトフ外相に電話をくれたことへ感謝の意を表した後、すぐにこのことを本国に報告すると外相に告げ、もしも事態が円滑に進んで休戦に至るなら何と素晴らしいことだろうと述べて電話を切りました。時々刻々の板門店交渉の変化をお知らせいただければ幸いです」

かくしてモロトフが囁いた通り、休戦協定締結に先立つ六月八日月曜日、傷病兵捕虜交換[*5]が実施された。
しかしその十日後（六月十八日）、李承晩は二万五〇〇〇人の反共主義者と認定した北朝鮮軍捕虜を韓国警察の管轄下にある韓国警備兵に命じて釈放し、それを次の通り公表した。

■一九五三年六月十八日木曜日／韓国政府によるプレスリリース

「李承晩大統領は本日、朝鮮人反共捕虜の釈放に関連して以下の声明を出した。

・ジュネーブ協定と人道的見地から、大韓民国の領土で収監されていた反共朝鮮人捕虜はもっと早く釈放されていなければならなかった。私がこれら朝鮮人反共捕虜を釈放したいという希望について語り合ったクラーク大将ほかの国連軍当局者は私と同じ心情を持っていたけれども、各種制約があって、これらの捕虜を不当に長期間拘束してしまった。

・共産軍と国連軍の停戦合意はこれまで以上に複雑なものになっており、かつ、さらに深刻な結果につながってしまったので、敵は満足すれども、大韓民国国民には不満と誤解を与えることになった。

・結果として生じる重大な悲劇を避けるために、私は自分の責任で、一九五三年六月十八日に朝鮮人反共捕虜の釈放を命令した。

・国連軍司令部および関係当局との協議をまったくすること無く、この釈放を行った理由はあまりにも明らかであるため、あえて説明しない。

・すべての知事と警察署長には釈放された朝鮮人反共捕虜の援助を実施せよとの命令を出した。

・私は大韓民国の全国民と国連の友人を信じている。互いに一致協力してことに当たれば、不必要な誤解は生じない」

釈放された捕虜は政府や李承晩支持団体が用意した隠れ家へ逃げ込んだが、その半数は共産側の工作員だったから、「お前たちは韓国軍の軍服を身につけて闊歩するかたわら、破壊工作に精を出し、時こそ至れば再び暴徒と化して南朝鮮を荒らしまわれ」という指令が出ていたのだ。

李承晩の浅はかな背信行為に、七十八歳にもなって無分別な、とクラークは激怒したが、それ以上に怒髪天を衝いて当たり散らしたのはダレス国務長官だった。もちろんアイゼンハワーも寝入りっぱなしに叩き起こされるという大統領就任後、初の衝撃を食らったが、ダレスの場合、ぼやく程度では済まなかった。西側陣営からもやり過ぎじゃないかと首を傾げられるほど国連を使って大韓民国を形づくり、トップに李承晩という年寄りを据えたのはダレスだったから、誰のおかげでそこまで行きつけたと思ってるんだ、偉そうに、という気持ちが強い。

――身のほど知らずにもほどがある！

無分別大統領を闇から闇に葬ろうかとまで考えたダレスだが、すぐにそれは手遅れだと悟った。なぜなら李承晩は、トルーマンが冷戦構造に世界を変えた時の落とし子である。必要悪のような李承晩がいなくなれば韓国も消滅し、共産圏に呑み込まれ、世界はもっと不安定になり、暗黒の日々に逆戻りだ。

――李承晩が始末できないとすれば……

あのクソ爺のおかげで、休戦協定は吹っ飛ぶかも知れない。

――とすれば戦争継続だ。

ダレスは本気で満州に原爆投下を考え、アイゼンハワーから、「そいつは駄目だ、あんたは戦争を知らない」と釘を刺されてしまった。

となれば、忌々しいが、李承晩の要求通り、アメリカ軍みずからが乗り出す片務的な軍事同盟を申し出てあの爺を崇め奉り、その間に休戦協定調印へこぎつける他は無い。最悪、言いなりの条件を呑み、休戦調印に横槍を入れないよう宥めすかそう。

大国エゴを振り回して来たダレスが、吹けば飛ぶような老人にしてやられた瞬間だった。

ダレスはその日珍しく深酒をし、翌日は二日酔いで仕事にならなかった。

※　　※　　※

一九五三年七月二十七日月曜日。

全部で五三八回、すなわち二年と十七日に渡る交渉の末にたどり着いた休戦協定調印日は曇り時々晴れ、風力7強風。板門店周辺では砂ぼこりが舞っている。

休戦協定の署名式は、急ごしらえの、やけに天井が低い木造仮設講堂のような建屋の中で始まった。軍楽隊が祝典曲を奏するわけでもなく、単に各国のMPが整列する中を、首席交渉官ハリソン中将と南日中将は東西別々の入口から式場に入り、互いに北を背にして横並びで長机に着席した。儒教の教えでは、敗者は南を背にして北を向き、勝者を仰ぎ見ると定めていたから、このように両者とも北を背にするという配置にしたのだ。

この時、李承晩は「大韓民国は署名せず！」と宣言したから、板門店に韓国軍は憲兵を含め一兵もいない。唯一、崔徳新《チェ・ドクシン》少将が李承晩の命令で署名を見届けることになったけれども、少将はその儀式が始まるや否や席を荒々しく蹴って、これ見よがしに退席してしまった。

テーブルクロスも何もない裸の机の横では、青色表紙の協定書九部、こげ茶表紙の協定書九部、計十八部を捧げ持った連絡将校が数名、直立不動の姿勢で控えている。

ハリソン中将と南日中将は午前十時きっかりに署名を開始し、午前十時十二分、署名を終え、入って来た時同様、敬礼はおろか、目礼を交わすでもなく、まったく無表情にやることを終え、次の瞬間、互いに背を向けて会場から外に出た。調印式において、これほど最低限の礼節もない幕切れは無い。些細なことだがこういう点も明記しておくべきことだろう。この後、金日成、彭徳懐の署名が済んだ十八部の協定書にクラークは署名し、アメリカにとっては一事が万事、胸糞の悪い朝鮮戦争はかくして《休戦》となった。

汶山《ムンサン》基地で署名を終えたクラーク将軍は「私は今、何かを成し遂げた時に湧き起こるはずの喜びや誇らしさという感情を自分の心の中に見いだすことができない」と述べ、後に著した『ドナウ川から鴨緑江まで（From the Danube to the Yalu）』という回想録でも「勝利なき休戦に署名した史上初のアメリカ軍司令官というしゃくにさわる栄誉を得た」と書いている。最後に李承晩とアイゼンハワーの間で交わされた七月二十七日付けの親書を紹介して、この長い物語の終わりとする。なおアイゼンハワーの親書はスピーチライターのポール・ジョンソンが原稿を書き、ダレス国務長官が手を入れ、本人はノーチェックだった。

■ソウル発／七月二十七日月曜日／李承晩大統領よりアイゼンハワー大統領へ

「親愛なるアイゼンハワー大統領へ

私は多くの喜びを大韓民国にもたらしたあなたへの感謝の気持ちでいっぱいです。

威嚇され絶望的な日々を送る大韓民国はとても良い友人を見つけました。あなたのすべてを包み込む寛大な措置、すなわち一〇億ドルの内、二億ドルの即時拠出による復興の迅速化について私たちは心の底から感謝申し上げます。これら最も困難な日々における私の立場に対し、あなたの配慮は、心温まるものでした。とりわけ、私はあなたに感謝し、祝福したい。大政治家と呼ぶにふさわしいあなたこそが、米韓二国間関係の新しい世紀をもたらしたのです。相互信頼と相互協力に基づく共存共栄。これこそは至上のものであり、それ以上申し上げるべきことは何もありません。かつての植民地時代という唾棄すべきものの復活をこれ以上恐れる必要が無いとなった今から、新しい日が始まるのです。私は希望を抱いて近々ダレス長官と面談する日を心待ちにしています。私たちは未来に渡って多くの試練を乗り越え、そして多くの達成されるべき成果を得、その上で最後の審判の日を迎えるのです。

新しい感謝と心のこもった友情の誓いをもって、李承晩」

■ワシントン発／七月二十七日月曜日／アイゼンハワー大統領より李承晩大統領へ

「親愛なる李承晩大統領親へ

心のこもった親書を頂戴し、かたじけなく思っております。ありがとう。

また、次の発言をお許し下さい。

私は、李承晩大統領が休戦協定に署名こそしなかったものの、さらなる妨害をしなかったことについて深甚なる感謝をいたしつつ、最後の審判の日を迎える所存です。

数日後、ダレス国務長官は、将来の相互協力を促進する何らかのことをなそうと願ってあなたの国に向かいます。あなたもご承知の通り、長官は私の信頼を裏切ったことがない完璧人間であり、同時に、私の気持ちの在りどころを的確に理解できる人間でありますから、私とあなたが望んでいる大韓民国政府と国民に対し即効力のある支援[*4]の方向付けとその要点を述べるには適任の人です。

私の継続的な友情と尊敬をもって、ドワイト・D・アイゼンハワー」


〈註〉

＊1　クラーク将軍が一九五三年二月二十二日に発信した書簡は板門店に詰めている連絡将校に託して共産軍司令部に送付したが、予想違わず何の反応も無いまま放置されていた。なお、この書簡の文面は二月十八日午後五時三十分に統合参謀本部からクラーク将軍に発信された電文の勧告に基づいている。

＊2　スターリンの死と共にヴィシンスキーは外相から退任し、一九五四年十一月二十二日、七十歳で死去。いっぽうモロトフは一九五六年六月一日に外相を退任し、一九八六年十一月八日、九十六歳という長寿をまっとうした。ちなみにモロトフ夫人は一九七〇年四月一日死去。享年七十三。

＊3　エリス・オームズビー・ブリッグス大使は一九五二年十一月二十五日に前任者ムチオ大使と交代した。余談ながらムチオが韓国大使を離任したのは一九五二年九月八日のことで、そこから十一月二十五日までの三カ月弱、韓国にはアメリカ大使不在だった。

＊4　この支援が一九五三年十月一日調印、翌年十一月十七日発効の米韓相互防衛条約となって現在に至っている。

＊5　最終的な捕虜交換に関する統計

①国連軍から解放された中朝軍捕虜（総数十万五〇九七人）
本国への送還を希望した捕虜＝計八万二四九三人（北朝鮮人七万五八二三人、中国人＝六六七〇人）
本国への送還を拒否した捕虜＝計二万二六〇四人（北朝鮮人七九〇〇人、中国人＝一万四七〇四人）
李承晩が一九五三年六月十八日、勝手に釈放した捕虜二万五〇〇〇人はこの統計には含まれていない。また李承晩が釈放した捕虜の数自体が二万七〇〇〇人、三万七〇〇〇人、あるいは四万人と一定しないが、諸説を見ていくと、おおむね二万五〇〇〇人に落ち着く。
②共産軍から解放された国連軍捕虜（総数一万三八〇三人）
本国への送還を希望した捕虜＝計一万三四四四人（アメリカ人三七四八人、韓国人八三二一人、イギリス人九七七人、トルコ人二四三人、フィリピン人四一人、カナダ人三二人、コロンビア人二八人、オーストラリア人二六人、フランス人一二人、南アフリカ人九人、ギリシャ人三人、オランダ人三人、ベルギー人一人、ニュージーランド人一人）
本国への送還を拒否した捕虜＝計三五九人（アメリカ人二三人、韓国人三三五人、イギリス人一人）

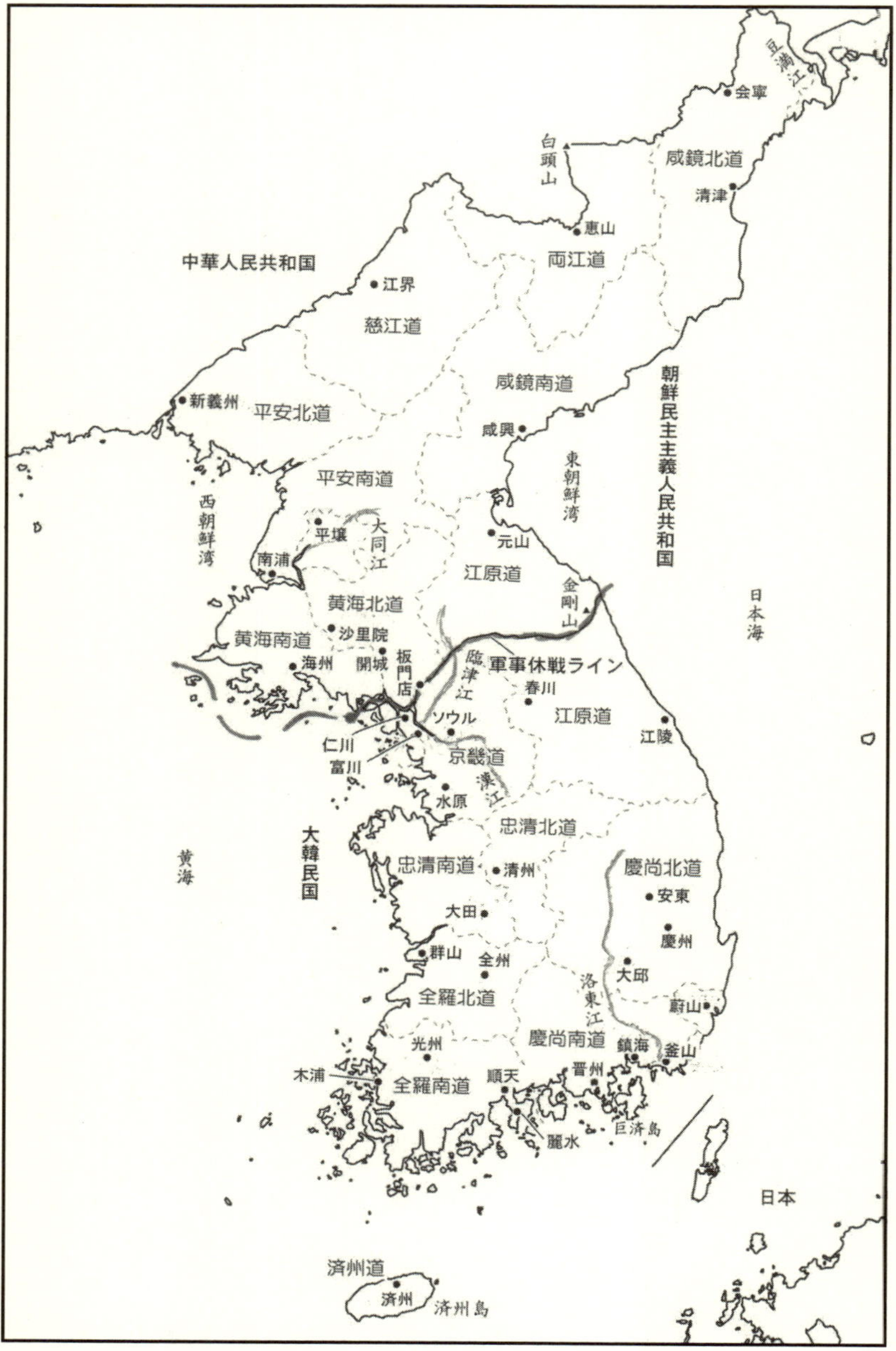
豆満江
会寧
白頭山
咸鏡北道
清津
恵山
中華人民共和国
両江道
江界
慈江道
咸鏡南道
新義州
平安北道
咸興
朝鮮民主主義人民共和国
東朝鮮湾
平安南道
西朝鮮湾
平壌
大同江
元山
南浦
江原道
金剛山
日本海
黄海北道
沙里院
黄海南道
海州
開城
板門店
臨津江
軍事休戦ライン
春川
江原道
ソウル
仁川
富川
京畿道
漢江
江陵
水原
忠清北道
大韓民国
黄海
忠清南道
清州
慶尚北道
安東
大田
慶州
群山
全州
大邱
洛東江
蔚山
全羅北道
慶尚南道
光州
鎮海
釜山
木浦
全羅南道
順天
晋州
巨済島
麗水
日本
済州道
済州
済州島

あとがき

ウイリアム・ヘンリー・ヴァッチャー教授が著した三二二頁の『板門店―朝鮮休戦交渉の物語(Panmunjom: The Story of the Korean Military Armistice Negotiations)』はその冒頭で、国連軍首席交渉官ジョイ提督が次のように推薦の辞を述べています。いわく、「冷酷で一方的にわめき立て、かつ、宣伝戦術に長じた共産主義者を相手に話し合いをしなければならない人は全員、この本を熟読すべきである」。

しかし、この休戦協定でジョイ提督以下のアメリカ人交渉官たちが相手にしたのは南日《ナム・イル》北朝鮮軍中将、李相朝《リ・サンジョ》北朝鮮軍少将、解方《ティエファン》中国人民志願軍少将といった朝鮮人と中国人であり、彼等はつい最近広まった共産主義に染まる前に、有史以前からある彼等が生まれ育った地域の固有文化にどっぷり浸かり、その影響を引きずって生きている人々であって、この事実についてジョイ提督は共産主義者の災いを強調するため、あえてこれを意識的に避けているように思えます。つまり休戦交渉における南日将軍、李相朝少将、解方少将の応酬を見れば、この民族は有史以前から耳をつんざく大声と、聞くに堪えない悪態で相手を威嚇し、圧倒し、武力に訴える前に相手を叩き潰すという手法をもって生存闘争を乗り越えてきたのであって、海に囲まれた温暖な島国で「和をもって尊し」としてきた日本人よりもある分野では数倍頭の回転が速いのだと認識すべきでしょう。

だから何かと言うと自分の主張を引っ込め、笑ってその場を収め、極端に意見の衝突を避け、忖度《そんたく》が当たり前のような日本人は、リッジウェイ将軍がジョイ提督に訓令した言葉を時と場合に応じて思い出す必要があります。それは、「礼儀を譲歩とみなし、譲歩を相手の弱さと判断する狡猾な連中にとって、礼節や紳士的な言動は和を乞う泣き言でしかない。論破しようと思うなら上品な婉曲表現は止め、強烈で直截的な言葉使いで応酬しろ」という訓令です。なるほどリッジウェイの言う通りで、日本人が今までのように忖度と遠慮体質であり続けるならば、二十一世紀の今、私たちの目の前で進行中の《核兵器》《拉致》《慰安婦に徴用工》《竹島／独島《トクト》》《日本海／東海《トンヘ》》《尖閣諸島》《靖国神社》《日本のＥＥＺ内でのレアアース採取》《領海領空侵犯》などなど、これから際限なく出てくるだろう諸問題で日本人はとても彼等に太刀打ちできず、常に身ぐるみ剥がされる存在であり続けるだろう。そう痛感しています。ただしこれをやると相当性格がゆがむそうで、板門店《パンムンジョム》に関与した交渉官たちは、ほとんど根性悪のへそ曲がりになり、なかなか元に戻らなかったと伝えられています。

ところで朝鮮民主主義人民共和国（ＤＰＲＫ）と大韓民国（ＲＯＫ）の建設のために、関係諸国からいったいどれほどの金額が投じられたのか？　戦死者の中に毛沢東の長男毛岸英《マオ・アンイン》が含まれる中国兵の戦後補償を考えれば、中国が参戦に投じたカネも巨大であり、また、武器供与だけで済んだソ連は、しかしそれでも莫大な金額を北朝鮮に投じています。いっぽう、アメリカが大韓民国に投じたカネはアイゼンハワー大統領の一〇億ドル（現在の邦貨換算十数兆円）だけではありません。トルーマン時代から李承晩には経済支援で大量の資金投入をしているし、それ以外に軍事教育訓練のための人材派遣、また、忘れてならないのは朝鮮戦争での戦死・負傷・行方不明約十四万人を含む従軍アメリカ兵への戦後補償。そして陸海空軍の動員費用と武器供与等々。こういうものをすべて含めると、めまいがするほどの額になるでしょう。そしてアメリカと大韓民国以外の国連軍構成国が軍隊派遣にどれほどの金額を投じたかは、外務省ＨＰのＰＫＯ活動費から推測するしかありませんが、少なくとも五億ドル以上を大韓民国援護のために使っています。ちなみに、朝鮮戦争で動員された東西の国別兵員数は次の通り。

■西側すなわち国連軍＝二十八カ国（当時、日本は国連軍ではない）

①兵力投入＝アメリカ合衆国四八万三三〇〇人、大韓民国九八万七〇〇〇人、イギリス一万五七〇〇人、カナダ五四〇〇人、オーストラリア九〇〇人、ニュージーランド八〇〇人、南アフリカ八〇〇人、フランス七四〇〇人、オランダ七二〇〇人、ベルギー五六〇〇人、ルクセンブルク四〇〇人、ギリシャ一〇〇〇人、トルコ四六〇〇人、タイ一一〇〇人、フィリピン一一〇〇人、コロンビア一一〇〇人、エチオピア一二〇〇人
②医療支援＝インド、デンマーク、スウェーデン、ノルウェー、イタリア、イスラエル
③その他支援＝中華民国、キューバ、スペイン、エルサルバドル
④掃海支援＝日本／一二〇〇名。触雷で負傷十八名、戦死一名。

■東側すなわち共産軍＝九カ国
①兵力投入＝朝鮮民主主義人民共和国一三五万人、中華人民共和国一〇〇万人前後
②武器供給支援＝ソ連
③医療支援＝チェコスロバキア、ハンガリー、ブルガリア、ポーランド、ルーマニア
④その他支援＝モンゴル

こういう具合ですから、日本が一九六五年、日韓基本条約締結時に計上した八億ドル＋αなどは、アメリカが投じた天文学的な額と比べれば大韓民国にとってささやかな寸志にしかならず、支援されることが当たり前と思っている者から見れば、こんなものは取るに足りない金額だと思う方が自然かも知れません。

今ひとつ、朝鮮戦争には《拉致》の問題が付いてまわります。

戦時中、北朝鮮軍が釜山《プサン》の一角を残して大韓民国のほぼ全域を占領していた時、北朝鮮に強制移住、すなわち拉致された離散家族の数は約一〇〇〇万人にのぼり、また国連軍が平壌《ピョンヤン》ほかを占領した時、北朝鮮から大韓民国に逃れて来た難民は三〇〇〇万人と推定されています。今さら正確な統計数値の確定は不可能

とは言え、二重カウントなどの曖昧要素を削り取った場合、推定五〇〇万人以上の男性と婦女子が北朝鮮へ連れ去られ、大多数はスターリン直伝の収容所《グーラク》送りになり、最悪の場合、劣悪環境下でのプルトニウム取り出し作業に従事させられたことは充分に考えられます。

しかし、《拉致》は、聲討《ソント》同様、紀元半万年という誇らしい彼等の民族史の裏側に蠢《うごめ》く負の文化的な尻尾であり、彼等は生き残るため、半万年の間、間歇的《かんけつ》にこういう拉致騒動を繰り返し、その民族的宿痾《しゅくあ》を治癒できぬまま今に至ったと見ることができるかも知れません。とは言え、現代は通信技術の飛躍的進歩のおかげで、地球の裏側で起きた事件であっても、同じ町内で発生したボヤ騒ぎと同じ程度克明に知ることができる。こういう社会環境の時代になってしまえば、この手の拉致文化は消滅するでしょう。

最後になりましたけれども、本書が世に出るまでになったことにあたり、次のかたがたに感謝の言葉を述べたいと存じます。

何よりも、原稿の段階で本作品にご理解を示していただいた芙蓉書房出版の平澤公裕社長には、出版にいたるまでの間、様々な編集上の御尽力を賜り、ここに厚く御礼申し上げます。

スターリンの脳内異変とそれにともなう医学上の知見、特にスターリンが死去した一九五三年当時の脳ならびに循環器についての、例えば瀕死のスターリンにヒルを使うという治療上の検証については医療法人生登会の原田輝一先生に懇切丁寧なご指導を賜りました。博士による臨終のスターリンについてのアドバイスがあればこそ、間違いのない正確な表現が可能となりました。改めて厚く御礼申し上げます。

また私ごとになりますが、肺腺癌に罹った私に対し、化学療法を施し、通常通りの生活を取り戻していただいた昭和大学病院・腫瘍内科医療チーム各位に深く感謝いたします。おかげさまで私は何ら気力衰えることなく、めでたく本作品にピリオドが打てました。同様に、私の肺腺癌を心配し、親身に激励していただいた佐藤幸夫さん、清水郁夫さん、井上猛さん、黒木為政さん、中川精二さん、相上節さん、村田謙二さん、桑原利行さん、藤原寛之さん、小林久俊さん、澤田重光さん、松原信さんに感謝の辞を呈します。

ありがとうございました。

関連年表

1945年	8.15日本、敗北宣言（玉音放送）／8.20ソ連、原爆開発スタート／12.16外相理事会・モスクワ会議（一回目）
1946年	7.1アメリカ戦後初の核実験
1947年	3.10外相理事会・モスクワ会議（二回目）／3.12トルーマン・ドクトリン、年頭教書／5.3日本国憲法の施行／11.14南朝鮮の独立を促す国連決議（ダレス案）
1948年	3.20ベルリン封鎖予告／4.3マーシャル・プラン実施／6.21統一通貨発行（ドイツマルク）／6.24東ドイツマルク発行、ベルリン封鎖開始／8.15大韓民国の成立／9.9朝鮮民主主義人民共和国の成立
1949年	1.20トルーマン二期目開始（国務長官マーシャル退任、アチソン就任）／5.12ベルリン封鎖解除／5.23西ドイツ発足、ボン基本法制定／8.29ソ連最初の核実験成功（プルトニウム型）／10.1中華人民共和国成立／10.7東ドイツ発足
1950年	2.14中ソ友好同盟相互援助条約／毛沢東の訪ソ／6.25朝鮮戦争勃発／10.19朝鮮戦争、中国参戦
1951年	4.11マッカーサー元帥解任、リッジウェイ中将就任／7.10朝鮮戦争休戦交渉開始
1952年	4.28サンフランシスコ講和条約発効／5.12リッジウェイ大将離任、クラーク大将就任
1953年	1.20トルーマン退任、アイゼンハワー就任／3.5スターリン死去／7.27朝鮮戦争休戦協定調印／10.31クラーク大将離任（陸軍引退）
1955年	12.14イタリアの国連加盟
1956年	12.18日本の国連加盟
1960年	5.29李承晩、ハワイ亡命
1964年	4.5マッカーサー死去（享年84）／10.10東京オリンピック／10.16中国最初の核実験成功
1965年	7.19李承晩死去（享年90）
1971年	10.25中華民国国連脱退と中華人民共和国国連加盟
1972年	5.15沖縄返還／12.26トルーマン死去（享年88）
1973年	9.18東西ドイツの国連加盟
1976年	9.9毛沢東死去（享年82）
1989年	1.7昭和天皇崩御（享年87）
1990年	10.3ドイツ再統一（完全な主権回復）
1991年	9.17大韓民国＆北朝鮮の国連加盟／12.25ソ連崩壊
1994年	7.8金日成死去（享年82）

参考文献

★書籍

ストローブ・タルボット編集『フルシチョフ回想録』タイムライフブックス、一九七二年。

NHK（モスクワ・広島）取材班『旧ソ連戦慄の核実験』日本放送出版協会、一九九四年。

森住卓『セミパラチンスク―草原の民・核汚染の50年』高文研、一九九九年。

ジョン・ヘインズ&ハーヴェイ・クレア『ヴェノナ』PHP研究所、二〇一〇年。

長瀬了治『シベリア抑留』新潮選書、二〇〇五年。

住本利男『占領秘録』・上下、毎日新聞社、一九五二年。

袖井林二郎『マッカーサーの二千日』中央公論新社、一九七六年。

袖井林二郎・福島鋳郎編集『マッカーサー』日本放送出版協会、一九八二年。

児島襄『朝鮮戦争』①②③、文藝春秋、一九八四年。

丁一権『原爆か休戦か（朝鮮戦争の真実）』日本工業新聞社、一九八九年。

神谷不二『朝鮮戦争』中央公論新社、一九九〇年。

陸戦史研究普及会編集『陸戦史集・朝鮮戦争史』原書房、一九七三年。

マイケル・シャラー『マッカーサーの時代』恒文社、一九九六年。

饗庭孝典『朝鮮戦争・分断38度線の真実を追う』日本放送出版協会、一九九〇年。

A・V・トルクノフ『朝鮮戦争の謎と真実』草思社、二〇〇一年。

下斗米伸夫『モスクワと金日成』岩波書店、二〇〇六年。

大島信三『異形国家をつくった男』芙蓉書房出版、二〇一四年。

沈志華『最後の天朝』岩波書店、二〇一六年。

李志綏『毛沢東の私生活』文春文庫、一九九六年。

D・ハルバースタム『ザ・コールデスト・ウィンター』文藝春秋、二〇一二年。

ハリー・S・トルーマン『トルーマン回想録』恒文社、一九六六年。

西村熊雄『サンフランシスコ平和条約・日米安保条約』中央公論新社、一九九九年。
Michaer D. Haydock, *City under the siege*, Batsford Brassey, 1999.
Richard Collier, *Bridge across the sky*, McGraw-Hill Book Company, 1978.
Robert Jackson, *Berlin Airlift*, Endeavour Press, 2016.
Georges Rosenthal Bortoli, *Death of Stalin*, Phaidon Press Limited, 1975.
Svetlana Alliluyeva, *Twenty Letters to a Friend: A Memoir*, Harper Perennial, 1967.
Simon Sebag Montefiore, *Stalin: The Court of the Red Tsar,* Vintage Books, 2005.
David Holloway, *Stalin and the Bomb: The Soviet Union and Atomic Energy*, Yale University Press, 1994.
Anne Applebaum, *Gulag: A History of the Soviet Camps*, Penguin Books, 2003.
Alexander Feklisov & Sergei Kotin, *The Man Behind the Rosenbergs*, Eniguma Books, 2004.
Matthew B. Ridgway, *The Korean War*, Da Capo Press, 1967.
Mark Wayne Clark, *From the Danube to the Yalu*, George G.Harrap, 1988.
Eugene Franklin Clark, *The Secrets of Inchon*, Berkley Trade, 2003.
William Henry Vatcher, P*anmunjom: The Story of the Korean Military Armistice Negotiations*, Greenwood Press, 1973.
Noble, Harold Jyoce, *Embasy at War*, University of Washington Press, 1957.
Eben A. Ayers, *Truman in the White House*, University of Missouri Press, 1991.

★ウェブサイト
FRUS／朝鮮戦争　→　https://history.state.gov/historicaldocuments/frus1950v07/comp3
The Berlin Blockde and Airlift a Chronology
Stalin and the Great Terror/Mental Illness（スターリンの病気と残虐性格）
Soviet atomic bomb project
スターリンの原爆　→　Создание советской атомной бомбы

著者

本多 巍耀（ほんだ たかあき）
1945年神奈川県生まれ。東京理科大学理学部卒業。富士通株式会社入社（流通業関連営業部門配属）、2005年定年退職。
現在は戦略研究学会会員、日本尊厳死協会終身会員、日独協会会員、日米協会会員、国家基本問題研究所会員。
著書に『皇帝たちの夏－ドイツ軍戦争計画の破綻』『大統領と共に－動物の謝肉祭イン・ホワイトハウス』『消えた帝国－大統領ウィルソンの挫折』『原爆投下への道程－認知症とルーズベルト』『原爆を落とした男たち－マッド・サイエンティストとトルーマン大統領』がある。

スターリンの原爆開発と戦後世界
――ベルリン封鎖と朝鮮戦争の真実――

2018年 8月15日　第１刷発行

著 者
本多《ほんだ》 巍耀《たかあき》

発行所
㈱芙蓉書房出版
（代表 平澤公裕）
〒113-0033東京都文京区本郷3-3-13
TEL 03-3813-4466　FAX 03-3813-4615
http://www.fuyoshobo.co.jp

印刷・製本／モリモト印刷

ISBN978-4-8295-0742-1